EMPLOYEE RECRUITMENT
MANAGEMENT

员工招聘管理

刘小平 编著

中山大学 出版社
SUN YAT-SEN UNIVERSITY PRESS
·广州·

图书在版编目（CIP）数据

员工招聘管理/刘小平编著. —广州：中山大学出版社，2023.8
ISBN 978 - 7 - 306 - 07797 - 4

Ⅰ.①员…　Ⅱ.①刘…　Ⅲ.①企业管理—招聘　Ⅳ.①F272.92

中国国家版本馆 CIP 数据核字（2023）第 074801 号

出　版　人：王天琪
策划编辑：徐诗荣　廖丽玲
责任编辑：廖丽玲
封面设计：曾　斌
责任校对：赵　婷
责任技编：靳晓虹
出版发行：中山大学出版社
电　　话：编辑部 020 - 84110283，84110771，84113349，84110779
　　　　　发行部 020 - 84111998，84111981，84111160
地　　址：广州市新港西路 135 号
邮　　编：510275　　　　传　真：020 - 84036565
网　　址：http://www.zsup.com.cn　E-mail:zdcbs@mail.sysu.edu.cn
印　刷　者：广州市友盛彩印有限公司
规　　格：787 mm×1092 mm　　21 印张　　476 千字
版次印次：2023 年 8 月第 1 版　　2023 年 8 月第 1 次印刷
定　　价：68.00 元

如发现本书因印装质量影响阅读，请与出版社发行部联系调换
教材配套教学 PPT 可前往出版社官方网站下载

前　　言

　　企业对人才的管理包括人才获取、人才配置和人才留任三个环节。招聘管理涉及人才获取和人才留任两个环节，以人才获取为主。其中，人才获取管理的主要活动是招聘、筛选和录用等，人才留任管理的主要活动是不合格员工的解聘和优秀员工的保留等。本书基于招聘管理的相关理论，阐述了如何在企业战略的指导下制定招聘管理的策略、流程和方法。

　　本书内容可以分为三个模块：招聘管理的基础模块（第一章至第三章）、招聘测评的方法模块（第四章至第七章）、招聘管理的实施模块（第八章至第十三章）。招聘管理的基础模块包括招聘管理的基本理论、人力资源规划和工作分析；招聘测评的方法模块包括人力资源测评量化方法、心理测评、面试和评价中心；招聘管理的实施模块包括招聘管理的实施、外部选拔、内部选拔、人员的筛选与录用、留任管理和招聘管理信息系统建设。

　　为了让读者对现代企业的招聘管理有更全面、深入的认识，本书尝试从以下三个方面努力：一是对招聘管理与人力资源战略、企业战略之间的关系进行说明，明确要从企业战略发展的需要出发来制定招聘管理策略。二是反映最新的数字经济和信息技术对招聘管理产生的影响。例如，数字经济对企业用工形式的影响、利用新媒体进行网络招聘、利用虚拟现实技术和大数据进行人力资源测评和选拔等。三是通过理论与实践的结合，介绍招聘管理的流程和方法，并分析流程和方法背后的理论逻辑，为的是不仅让读者知道应该怎么做，还能启发读者思考为什么要这样做，以便其能够选择并制定最适合自己企业的方案。因此，本书不仅可以作为高等学校人力资源管理专业教学的理论参考书，也可以作为人力资源管理工作者的实践参考书。

　　本书是团队成员共同努力的结果。中山大学管理学院自2004年设立人力资源管理专业以来，就开设了"员工招聘管理"课程，本书就是对这门课程多年来教学内容的总结。历届同学为本书的撰写收集了大量的文献资料，姚岳炜、李文朴、赵瑛洁、刘凯淇、李海欣等最后还对书中引用的资料、参考文献等进行了核对、规范、完善。

在本书编写过程中，笔者参考了国内外大量资料，有些还做了摘引，在此向有关作者表示感谢。感谢中山大学学科建设经费的资助，感谢教育部产学合作协同育人项目的合作企业——领途教育咨询（北京）有限公司对大数据和虚拟现实测评实施的指导和支持。当然，本书还有许多疏漏和不足，诚恳地希望各位同行批评指正，以便在修订时加以完善。

编　者

目　　录

第一章　基于人力资源配置视角的招聘管理

人力资源配置的概念最早可以追溯到亚当·斯密的劳动分工与协作理论。他认为通过社会分工，工人对特定工序更加熟练，且降低了各道工序之间轮岗切换的时间。另外，还可以通过共用生产工具来节约生产资料的成本，通过合作来减少产品制造的时间，从而提高劳动生产率。要达到人力资源的合理配置，就要求企业把合适的员工放到合适的岗位上，通过人员的获取、使用和退出等机制动态调整和优化人力资源。

基于人力资源配置视角的招聘管理，就是着眼于人力资源配置过程中的人员获取和人员退出的管理。招聘管理的具体活动包括为填补岗位空缺而进行的员工招聘、筛选，以及录用后的入职培训、留任和解聘等。它不仅涉及新员工的引进、已有员工的内部应聘和竞聘等入口环节的管理，而且包括不合格员工的解聘、优秀员工的保留等出口环节的管理。因为其目的是保证企业有充足的、高质量的人力资源，如果能够激励优秀的员工留在企业工作，就能减少人才流失，也就减少了招聘需求。

第一节　人力资源配置概述

一、人力资源配置的定义

Judge 等人（2021）认为，人力资源配置是获取、部署和保留足够数量和质量的劳动力的过程，以对企业效能产生积极的影响。Anyim 等人（2011）进一步指出，人力资源配置不应该被看作一个每天、每周或每月招聘人员的过程，而应该是一个建立和管理人力资源在企业内和企业外流动的过程。企业应该使用多个相互关联的系统来管理人力资源流动，包括计划、招聘、选拔、录用、使用和保留系统。

目前，我国对人力资源配置的研究主要集中在人力资源配置现状调查、人力资源测评技术和人力资源配置战略等领域。人力资源配置现状调查主要是通过问卷调查、访谈等形式对我国企业人力资源配置的方法、技术、制度进行描述、研究和分析，以便了解企业人力资源管理各环节的现状与特点。人力资源测评技术研究通常是开发、利用各种人力资源测评工具，了解它们在招募、筛选、留任等人力资源管理各个环节的信度和效度，从而帮助企业提高人员素质评估的准确率。人力资源配置战略是指结合外部环境和企业战略，制订企业的人力资源配置计划，以保持高质量的、合格的劳动力队伍。

二、我国人力资源配置思想的发展历史

（一）古代的人力资源配置思想

中国作为一个拥有五千年文明的国家，虽然在古代并没有提出"人力资源配置"这一概念，但是在许多典籍中可以窥见古人的人事管理活动及相应的管理思想。比较系统的人事管理思想是从汉武帝时期推行将儒家、法家、阴阳家思想混合形成的封建统治思想开始的。到唐宋时期，已经逐渐演变为将儒、释、道三教合一而形成的新的儒学体系。明清时期相比于前朝专制程度更高，但商品经济的发展促使"经世致用"等思想产生，对人事管理有了更深的认识。

随着人事管理思想的演变，古代的选官制度也在不断更迭。从夏商周的世袭制到汉朝的察举征辟制和东汉末年的九品中正制，这几种选官制度或是强调官爵世袭，或是需要上位者推荐，都难以大规模、公正地从民间筛选人才，导致"上品无寒门，下品无势族"的世家垄断局面。直到出现由隋炀帝开创并延续到清末时期的科举制——国家通过举办大型考试来筛选人才，才使得寒门学子得以"朝为田舍郎，暮登天子堂"。科举考试可以被视为古代面向全国的大规模招聘工作。

稳定的国家治理需要正确地将人才分配到合适的岗位上，在人才配置的过程中，统治者都会遵循一定的原则。首先，在人才选拔方面，数千年历史中始终贯穿"德才兼备"与"尚贤任能"两大原则，这两大原则都强调选拔人才时需要注重人的品德与才能。其次，在考核人才方面，古人强调"知人善用"与"不课不用"，即上级要了解下属的能力与品德，并进行相应岗位的考核。最后，在激励措施方面，古人强调"恩威并施，赏罚分明""陟罚臧否，不宜异同"，即无论是赏赐还是惩罚，都要突出程序公平性，按照相对应的章程进行激励（杨新荣，2017）。

（二）计划经济时期的人力资源配置思想

在新中国成立初期，国内面临巩固新生政权、恢复经济秩序、对工商业进行社会主义改造、实施重工业优先发展战略等百废待兴的复杂困难局面。为了解决当时计划经济体制面临的人才不足的问题，我国采取了"统包统配"的企业人力资源规划和调配体制，人力资源由我国政府机关计划性地给企业分配（赵曙明等，2019）。

在这一阶段，通常企业遵循终身制原则，员工一旦被任用，就很少换岗、轮岗或下岗。另外，只有城镇户口的居民才会被安排工作。但是，"铁饭碗"的就业体系弊端同样明显，由于员工的岗位、薪酬都是分配好的，也没有绩效考核指标，导致国有企业存在很多"混子""蛀虫"。在这种环境下难以提高企业员工和管理者的生产积极性，也难以分辨社会上的潜在人才。这些隐患为改革开放后轰轰烈烈的国有企业改革埋下了伏笔。

（三）改革开放后的人力资源配置思想

改革开放后，我国经济、社会、文化等各方面均得到了空前的发展，与之相对应，我国现代人力资源管理也得以发展，取代了传统的劳动人事管理。从改革开放后到21世纪初，我国人力资源管理发展可以分为三个阶段。

第一个阶段是人力资源管理的萌芽阶段（20世纪70年代末到90年代初）。前期我国还处于计划经济时期，人力资源管理并未得到大规模的应用。直到1984年，部分干部管理权被下放到企业，才让企业拥有了部分人事任命、聘用等自主权。

第二个阶段是人力资源管理的发展阶段（20世纪90年代）。1995年，国有企业开始改革，同年首部《中华人民共和国劳动法》也正式生效，结束了多年来的固定用工制度。劳动法的施行不仅从法律上保障了劳动者的权益不受侵犯，也从制度上保障了企业的用工自主权。根据赵曙明等学者对众多企业进行人力资源管理调研的结果可以看出，相比90年代初期，90代中后期更多的企业选择从多个方面（如招聘、绩效考核和薪酬管理）来规范人力资源管理职能。

第三个阶段是人力资源管理的繁荣阶段（20世纪90年代末至今）。由于国际化、市场化和专业化的发展，企业越发重视人力资源管理部门的作用，人力资源管理和开发水平有了显著提升。全国各地招聘人才的平台大量涌现，各企业使用科学的工具来配置人力资源，使我国企业人力资源配置的水平进一步提高。

我国人力资源配置思想发展的历史与国民经济发展的历史息息相关，紧密相连。随着国民经济的不断发展，市场环境也越来越复杂。不仅是企业形态在变化，科技的发展更催生了全新的岗位，人力资源配置越来越细致，对应聘者能力的考核形式也越来越多。企业不仅需要考察应聘者的专业能力，同时也要考察其人际交往能力、办公软件操作能力等通用素质和技能。

三、人力资源配置的内容

（一）从不同学科的角度来看人力资源配置

1. 经济学角度

在经济学中，劳动经济学与人力资源配置结合最为紧密。人力资源配置属于经济学的范畴，即以最小的劳动力成本谋求最大的配置效率，在保证企业经济效益的前提下，实现劳动力成本最小。在劳动经济学中，人力资源是指总体人口在经济上可供使用的所有劳动力的总和，反映在劳动力数量和质量两个方面。经济学家舒尔茨认为人力资本是相对于物力资本而存在的一种资本形态，表现为人类拥有的知识、技能、经验和健康等，是未来收入的源泉。舒尔茨认为人力资本是稀缺资源，其价值可以通过教育、健康等方面的投资来提高。

在解释为什么有些国家比另一些国家更富有这个问题时，人力资本的差距是其中的一个重要方面。人力资本对国家的发展起着核心作用，且人力资本投资收益率比物质资本投资收益率更高。在微观的企业层面，人力资源配置是一种人员管理方式，是指把员工正确地安置到各个部门与岗位，实现人力和物力资源的有效整合。企业只有通过有效的资源配置减少人力与物力资源的浪费，才能取得更好的绩效。

2. 管理学角度

在企业中，人力资源配置的主要目的是发挥人才的潜力，提高企业绩效。人力资源配置是一项复杂的工作，必须将其视为一个受企业内部和外部发展影响的系统。许多研究表明，企业的人力资源配置措施与企业绩效之间存在密切关系，优化人力资源配置可以帮助企业取得更好的财务表现、更高的客户满意度和较低的员工流动率等（Terpstra & Rozell，1993）。人力资源配置的目标是确保一个企业在正确的时间、正确的地点持续拥有正确数量和质量的员工，以成功地完成各项工作。企业人力资源配置的目标是通过吸引、选择、激励和留住有助于实现企业目标的人力资源来改善企业的职能和效率。人力资源配置制度逐渐发展为企业的核心竞争力之一。

3. 心理学角度

管理心理学是管理学与心理学结合的产物，是心理学在管理中的应用，注重研究员工的心理和行为如何对企业管理产生影响。企业对员工进行管理，要先了解员工的心理和行为的活动规律，然后利用这些规律来提升整体的人力资源管理效率，或根据特殊个体的心理活动对具体管理措施进行调整。

从具体应用上来看，管理心理学能有效指导员工与工作环境的匹配，使员工在工作中获得满足感和归属感。例如，在招聘方面，企业可以利用人力资源测评技术建立有效的胜任力模型，具体到工作需要的心理素质与价值观，进一步细化工作职责与要求；在培训方面，企业需要总结出各岗位的心理素质要求，如抗压能力、社交能力等，对新员工进行有针对性的培训；在激励方面，企业不仅需要对员工进行物质激励，同样需要对其进行精神激励。在上述方面，企业管理者都可以通过运用心理学的知识来提高管理效率。

(二) 从不同环节的角度来看人力资源配置

1. 获取——入口环节

人力资源的获取是人力资源配置的开端，指的是企业在特定的内外部环境中，通过招聘、选拔来获取在数量和质量上符合企业需要的人力资源。招聘是吸引那些能够对企业做出贡献的人来填补特定岗位的过程。在招聘时需要通过一系列人力资源测评的方法来判断应聘者是否符合要求，这就是人员选拔。人员选拔需要收集应聘者的各种信息，最终目标是判断应聘者是否适合在某一特定岗位上工作。这些信息需要通过面试、心理测试、体能测试、以往工作绩效评测等人力资源测评方法进行收集。

2. 安置——使用环节

人力资源的安置是人力资源配置的第二个环节，是指企业将人力资源分配到不同的部门和岗位，为他们指定相应的职责，并采取各种激励措施，充分发挥他们的积极性，通过挖掘员工潜力，实现员工个体职业目标和企业目标。这个环节需要确保企业的人力资源持续处于与企业的组织结构和工作岗位需求相匹配的状态。

3. 留任——出口环节

留任管理是指企业为了优胜劣汰，动态调整和优化人力资源而制定的策略。企业应该区分绩效不良和绩效优异的员工，并且努力保留有价值、有贡献的员工。一般情况下，企业希望降低人才流失率，这样可以减少招募成本、培训成本和其他隐性损失。员工离职不仅包括由于企业裁员而引起的被动离职，还包括由于对薪酬福利不满意、与其他员工冲突和其他私人原因等造成的主动离职。留任管理十分重要，当企业的离职率过高时，往往会带来很大的招聘压力，也会使企业无法营造积极的企业文化氛围。

四、现代人力资源配置的发展趋势

（一）战略性人力资源配置

目前，不同行业人才的供需状况不同，这对企业人力资源配置提出了新的要求。例如，在高新技术企业、面临技术转型升级的传统企业和新型服务性企业中，可能会出现高级人才短缺；在传统的劳动密集型企业中，机器会代替大量人工，导致劳动力过剩。另外，市场环境瞬息万变，不同时期的人才供需状况也不一样，此时就需要根据企业的发展战略进行战略性人力资源配置。

战略性人力资源配置，指的是识别企业发展机会，根据企业发展目标和发展计划对人力资源进行相应的配置。战略性人力资源配置的步骤是：①根据企业战略预测将来在特定部门所需人力资源的数量、质量；②确定当前可用的人力资源；③预测将来的人才供应；④确定预期需求与预期供给之间的差异；⑤制定和实施必要的人力资源措施，以避免人才短缺或剩余。

有些企业只根据眼前的任务来制定人力资源规划，而不是根据企业未来发展目标来制定人力资源规划，导致这些企业的人力资源配置通常与企业的长期战略不匹配。因此，战略性人力资源配置应运而生。战略性人力资源配置强调人力资源配置的目标导向和业务导向，成功的关键不仅仅在于其步骤本身，还需要关注人力资源配置的流程是如何开发和实施的。

（二）全球人力资源配置

随着经济全球化的快速发展，人力资源国际化已成为普遍现象。全球人力资源配置是指跨国公司聘用本国、东道国和第三国国民来填补其总部和子公司的关键岗位。许多跨国公司低估了全球人力资源配置的复杂性，传统的外派方法存在成本高昂等许多问题，从而催生了跨国公司内部短期配置、通勤配置、国际商务旅行和虚拟配置等替代方法（Collings et al., 2007）。

全球人力资源配置可以追溯到 Edström 和 Gaibraith（1977）关于跨国企业的研究。他们对跨国公司聘用外籍员工原因的研究激发了学者们对全球人力资源配置的研究兴趣。后来，学界出现了越来越多关于全球人力资源配置的实证研究，这些研究从企业的角度出发，强调全球人力资源配置与国际企业战略的联系。近年来，全球人力资源配置成为理论研究的热点问题，有学者尝试提出了全球人力资源配置的理论框架。

另一个日益突出的研究主题是全球人力资源配置在知识转移中的作用。通过全球人力资源配置，企业可以接触新的思想、新的商业惯例、新的文化，这有助于企业内部的知识创造，也有助于企业建立和保持竞争优势。但是目前学界对于全球人力资源配置的研究还存在一些局限性，尚未形成完整的体系。

（三）大数据在人力资源配置中的应用

大数据时代已经到来，数字化信息系统对企业的生产、销售等环节都产生了重要影响。大数据技术可以帮助企业对员工进行数据化管理，在人力资源测评、工作绩效量化、激励方案制定和员工留任管理等方面都具有很好的应用前景。例如，大数据可以帮助招聘者快速筛选简历，以完成应聘者能力与岗位的匹配，从而迅速确定候选者名单；可以将员工的工作时间与工作内容进行量化处理，用于决定企业员工的薪酬与福利。通过大数据还可以分析离职员工的信息，通过分析离职原因和员工特征，方便企业进行离职管理。但目前大数据在人力资源配置中的应用处于起步阶段，还存在数据规模小、数据存在安全隐患、大数据技术人才短缺等问题，因此，现阶段还难以充分发挥大数据的优势进行人力资源的配置。

第二节 人力资源配置的类型和理论基础

一、人力资源配置的类型

（一）个体—岗位匹配

个体—岗位匹配指员工与岗位的有效匹配，即以岗选人、量人定岗。人岗匹配包含两个方面的含义：一是工作者满足岗位的任职资格要求；二是工作者的潜力和需求可以在该岗位中得到充分发挥和满足。"职得其人，人得其职"的匹配有助于达到人职相宜、相得益彰的成效，取得理想的人力资源管理效果。因此，员工与岗位的匹配是人力资源配置的一个重要方面。

（二）个体—团队匹配

以团队开展工作业务的企业愈来愈多，基于此，Werbel 和 Gilliland（1999）提出了"个体—团队"匹配的概念。

团队是为了特定目标，由 2 个或 2 个以上相互依赖的个体按照一定规则组成的小型组织。从个体层次出发的个体—团队匹配是指员工通过将自身特点与团队特征进行比较而产生的是否一致的感知。从团队层面出发的个体—团队匹配是指成员间、成员与团队任务、成员与团队环境之间的匹配，是通过成员间共享直觉、共同感知的匹配。团队成员间除一致性匹配外，还存在互补性匹配，即不同团队成员具备其他团队成员缺乏的能力或品质，团队成员间的能力和品质形成互补。一致性匹配和互补性匹配都能够为团队绩效带来积极影响。

（三）个体—企业匹配

个体—企业匹配的概念是在个体—环境匹配理论中提取出来的。个体—企业匹配是指个体与所在企业的相容性匹配。Cable 和 Judge（1996）提出三维度模型匹配，即一致性匹配、企业需求—个人能力供给匹配和个人发展需求—企业供给匹配，具体路径见图 1 - 1。

如图 1 - 1 所示，一致性匹配是指个体特征与企业特征相一致。互补性匹配则指从企业角度来看，个体具备企业空缺的特征和能力，从个体角度来看，企业能为个体发展提供支持。

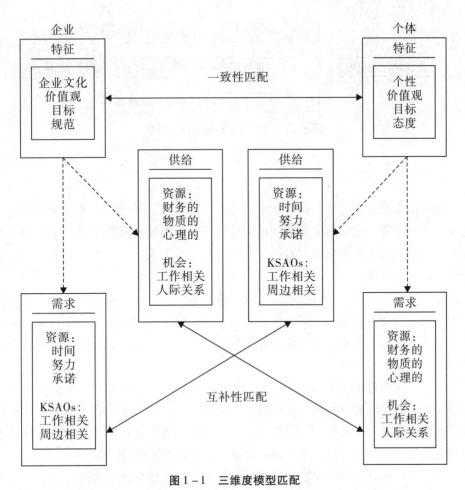

图 1 - 1　三维度模型匹配

注：KSAOs（Knowledge，Skills，Abilities，Other Characteristics）是运用于职业分析的一种方法，它分别从知识、技能、能力和其他性格特点四个方面对工作职责进行评估。

二、人力资源配置的理论基础

人力资源的合理配置是企业获得竞争优势的有力保障。员工与岗位匹配、员工与团队匹配、员工与企业匹配会对员工工作绩效产生积极影响，并进一步影响企业的整体绩效。这种影响路径可以通过能级对应理论、团队信任理论和组织认同理论进行分析（见图 1 - 2）。

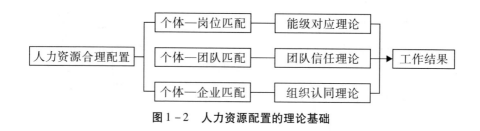

图1-2　人力资源配置的理论基础

（一）能级对应理论

能级概念源自物理学，在管理学意义上的"能级"指根据一定规则将人的能力大小进行分级。这里的能力也就是岗位胜任力。能级对应理论要求基于人的能力差异来设定其任务和岗位，通过分层用人和量才用人，达到人尽其才、才尽其用的个体—岗位匹配。

能级对应理论认为不同能级的人应该承担不同的责任，强调人的能级应与岗位相适应。当个体能力高于岗位要求的能力时，岗位便难以留住人，造成人才流失；当人的能力无法满足岗位要求时，员工工作绩效无法得到保障，企业目标难以实现（廖泉文，2018）。

能级对应理论承认个体在能力大小、类别专长方面存在差异，可以体现为不同职系、不同层级的岗位对个体能力大小或能力结构的要求存在差异。该理论还承认能级的动态性、可变性，即人的能级可以随人的发展产生变化，人的能级需要在个体与企业的发展过程中与企业能级、管理能级等动态对应。

能级对应的影响因素有数量、质量、结构和使用效果四个方面。数量匹配即衡量岗位任务多少和员工数量是否相匹配，以避免人浮于事或人力不足的问题；质量匹配即衡量岗位任务难易、职责繁简与个人能力水平高低是否相匹配，同时需要指出能力的可开发性，即配置的动态性，以实现人—岗质量上的匹配；结构匹配即根据岗位的特性匹配人员的专长、能力类别，从相容性和互补性出发，形成最佳能级结构；使用效果可以从员工工作绩效、工作态度等维度进行衡量。对人—岗匹配的动态衡量与评估又会促进能级对应的发展。

能级对应理论的运用有助于个体—岗位匹配的实现，帮助企业建立稳定有效的组织结构，获得最佳的管理效益。能级对应理论明确了不同能级的责任与权益，要求企业根据员工工作实绩给予相应的评价与结果。责、权、利三者统一有助于个体发挥其主动性与创造性，高绩效完成工作任务。

根据需要理论，能级对应能为员工带来高水平的需求—供给匹配的预期感知，即个体感知到其所具备的能力与岗位需求相匹配时，能更快地适应工作，更愿意投入时间与努力完成工作任务，并对所在岗位产生更高的工作满意度。

（二）团队信任理论

国内外学者对信任进行了很多研究。Rousseau 等人（1998）认为信任是对他人行为具备积极期望而接受潜在风险的意愿。该定义既包含了愿意向对方暴露自身脆弱性的潜在风险，也包含了对他人行为的正面期待。

Lewicki（1995）等人把信任按照发展阶段分为算计型信任、了解型信任和认同型信任。算计型信任阶段带有明显的博弈特征。了解型信任需要具备对他人行为的可预测性，这类信任的建立需要进行反复的互动和频繁的沟通。认同型信任需要达成高度的认同，此外，联合创建产品、设定共同目标、拥有共同的价值观也有利于认同型信任的建立。信任对团队运作与决策有重要的影响，也是团队获得良好绩效的重要条件，三种类型的信任能够进行阶段性演变（见图 1 - 3）。

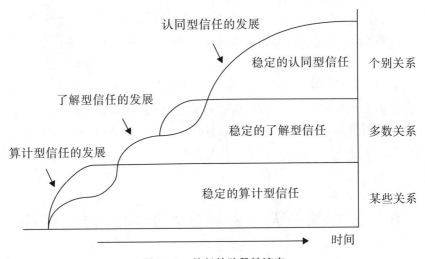

图 1 - 3　信任的阶段性演变

信任会随着团队关系的发展而发展。团队建立初始阶段的信任是基于对成员间行为结果利弊的计算而产生。随着团队互动增加，双方相互熟悉、相互了解推动算计型信任向了解型信任转变，即能对对方行为进行准确预测。当团队建设进入成熟阶段，团队成员开始认同他人的偏好、价值观等，即向认同型信任转变。

成员间相互信任的影响因素研究主要集中于个体特征层面，如诚实、正直、管理者授权、充分沟通、表达关心等。另外，团队构成、团队分工、团队合作和团队认同等团队特征既影响个体特征，也对团队信任水平产生影响。其中，团队构成是指成员结构与团队结构的设计；团队分工是指根据成员和任务对工作进行分配；团队合作是指成员间协调行动以解决问题；团队认同是指团队成员对其他成员及团体总体的态度和行为的的认同，并将其内化为自身人格的心理状态。

研究表明，团队信任可以提高团队绩效。另外，高信任水平团队还能通过团队成员的互信互惠创造积极的团队氛围，从而带来更高的合作意愿。高信任水平团队内的成员能更活跃地共享资源，保持更好的工作态度，并表现出更多的组织公民行为，为团队发展发挥积极作用。

（三）组织认同理论

组织认同是指当一个人感觉到自己属于某一群体时，他就会认同该群体，它包含个体与企业价值观一致性的感知、个体特征与企业特征的一致性感知等（Mael & Ashforth，1992）。O'Reilly 等人（1986）认为，组织认同是个体对企业的心理依恋，是个人连接企业的心理纽带。

影响组织认同的因素包括个体、企业和环境三个方面。其中，个体因素包括人格特质、任职年限、工作态度等；企业因素包括组织结构、内部成员关系、工作效能、企业目标等；环境因素包括企业间差异性、企业间竞争、企业外部形象等。

研究表明，高水平的组织认同感能使员工积极融入企业，主动为企业服务，在工作中保持积极的工作态度，表现出高效的工作行为。组织认同还能够提高员工留职意愿，降低离职率。个体感知自身发展目标与企业发展方向一致，可以促使个体努力去帮助企业达成整体目标，提升个体与企业绩效水平。

第三节　基于人力资源配置的招聘管理系统

人才是有价值、难以模仿和难以替代的资源，能够充分调动人才潜力的企业才能获得核心竞争力。招聘管理作为人力资源配置过程中对员工入口和出口的管理，使企业能够招募和保留足够数量和质量的员工队伍，对提升企业效率具有重要影响。

虽然招聘管理是基于人力资源配置理念实现企业战略的重要机制之一，但管理者往往因为并不熟悉招聘管理系统以致不能发挥其最大效用。下面将结合人力资源配置理念阐述招聘管理的思路和方法，为管理实践者提供参考。

一、招聘管理的系统框架

招聘管理的系统框架如图1-4所示。企业使命能体现企业的目标与任务，从而指引企业制定和实施企业战略及人力资源管理战略。招聘管理策略与活动是上述几方面相互作用的产物，它包含招聘管理的基础性活动和招聘管理的具体实施两部分内容，这些内容一起构成了企业的招聘管理系统。

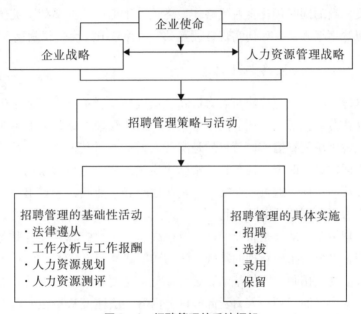

图1-4 招聘管理的系统框架

（一）企业使命

企业使命作为统领性的指引，是企业存在和发展的根本动因，正确的使命能够展现积极的企业特质，明确企业的发展方向。企业使命促进了企业战略和人力资源管理战略的形成，同时它将借助这些战略的制定和实施得以实现。

（二）企业战略

企业战略是指企业为适应未来环境的变化，为实现全局性、长远性的发展目标而做出的谋划或决策。它是企业综合考虑内外部环境之后做出的决策，是管理者为提高企业绩效而制订的行动计划。企业战略可以按照企业层级划分为公司层战略、业务层战略和职能层战略。企业战略作为企业使命的实现方式，它的有效落地需要依托企业内部资源的高度整合和高效利用。

（三）人力资源管理战略

人力资源管理战略是企业为实现企业目标所进行的一系列有计划的人力资源管理决策。它要求以企业战略为基础，通过对劳动力的获取、使用、保留等方式为企业赢得竞争优势。人力资源是企业的基础资源与核心要素，人力资源管理战略作为一种职能层战略，必须与企业战略相匹配。人力资源管理战略在与企业目标保持高度一致的同时优化企业战略，最终致力于提高企业绩效。关于企业战略与人力资源管理战略两者如何实现良性互动，后面章节还会进行阐述。

（四）招聘管理策略与活动

招聘管理策略是企业战略与人力资源管理战略二者相互作用的衍生物，是关于获取、保留劳动力等主要环节的重要策略。招聘管理策略是根据企业发展状况而采取的人力资源配置措施，其目的是实现人力资源与其他资源在数量组合、空间分布等方面的最优匹配。招聘管理策略决定了招聘、选拔、录用、保留环节的流程设计和落实，往往通过企业文化、企业战略和企业实践表现出来，它塑造了企业核心人力资源配置活动的过程。

招聘管理策略与活动是企业使命、企业战略、人力资源管理战略落实到具体行动的体现，可分为招聘管理的基础性活动和招聘管理的具体实施两个部分。

基础性活动是招聘管理的基础和必要成分，主要包括法律遵从、工作分析与工作报酬、人力资源规划、人力资源测评等内容。法律遵从指在劳动力管理过程中，要求企业和劳动者了解相关法律法规，尽力防范相应的法律风险，降低企业人力资源管理成本；工作分析与工作报酬涉及组织结构、部门职能、岗位职责和岗位报酬等方面的分析与设计，它为企业各项招聘管理活动提供基础保障；人力资源规划作为一种工具，主要是在分析内外部关键影响因素的基础上，对企业人力资源配置的数量和质量进行规划。人力资源测评主要是在招聘选拔时，为评估应聘者、竞聘者及区分不同绩效员工的素质和能力提供方法和工具上的支持。

招聘管理的具体实施主要关注劳动力的招聘、选拔、录用和保留的具体落实，主要是依托各种计划、决策、工具、活动，来实现企业制定的人力资源配置的数量目标和质量目标。本书的章节安排就是围绕招聘管理的基础性活动与招聘管理的具体实施来展开。

二、招聘管理的实施原理

Schneider（1987）提出的吸引—选择—磨合理论，从企业成员的个性特征和企业特征双向匹配的视角，阐述了企业人力资源配置的过程。这个理论认为企业的结构、流程和文化都是企业成员特征的反映，基于"相似性导致吸引"这一原理，通过吸引、选择、磨合三个相互关联的过程，企业成员在知识、技术、能力和其他特征等方面会产生同质化倾向（Ployhart et al.，2006），这些倾向最终形成动态统一的企业特征。

下面基于这个理论解释招聘管理过程。首先，具有相同或相似特征的个人和企业会相互吸引，产生选择偏好。个体特征主要指个人的兴趣、知识、能力等；而企业特征则主要通过企业目标、结构、文化和价值观等体现。其次，企业和应聘者之间会进行一致性评估与初步的双向选择，企业的选择主要体现为运用人力资源测评手段筛选与其相似的个体。最后，应聘者入职后，企业与个体会进一步磨合，不匹配的员工将自愿或非自愿地离开企业，而匹配且保留下来的员工则会对企业做出承诺，保持较高的工作满意度，并长期留在企业中。

在相互吸引阶段，信息是影响企业吸引力的重要因素。因为个体能收集到的信息量和信息内容存在差异，所以潜在应聘者对企业特征的了解程度有高低之分，这会导致应聘者认知到的企业特征存在区别，从而影响应聘者对自身与企业匹配程度的感知。如果企业通过人力资源管理制度释放出的信息是应聘者所重视的，就能降低应聘者对未来工作或企业状况的不确定性，进而提高企业对应聘者的吸引力（Turban & Keon，1993）。

信息的获取是一个动态的过程。在员工加入企业后，二者都会持续对双方利益和价值观等方面的一致性进行评估，良好的契合度有助于提高员工承诺和工作满意度，而后续若显示出不匹配的关系则会驱使员工主动离职或企业辞退员工。

由此可知，个体是否进入和留在某个企业是一个双向选择、长期磨合的过程，这种动态演进的最终结果是企业成员的趋同。根据这个理论科学地推进招聘管理工作有助于减少企业和应聘者或员工之间的信息不对称，提高个体感知与企业感知的准确性，推动招聘管理活动的顺利开展。

此外，劳动力市场中的信号理论、MARS 模型、锦标赛理论等，对我们从不同角度理解企业招聘管理的原理非常有帮助，在本书第九章和第十章关于选拔方法理论及其内在逻辑的相关章节会进行介绍。

三、招聘管理的具体实施

招聘管理的具体实施主要包括招聘、选拔、录用和保留，这些活动将直接影响企业招聘管理的效果。

（一）招聘

招聘是指根据企业战略和人力资源规划的要求，寻找和吸引相应人才填补岗位空缺的过程。它是招聘管理的初始阶段，直接影响后续的选拔、录用和保留等环节。有效的招聘管理能够及时吸纳企业所需人才，从而优化企业内部的人力资源配置。

招聘包括企业与潜在应聘者双方识别和吸引的过程。潜在应聘者既有可能来自企业外部，也有可能来自企业内部。一般而言，企业的招聘渠道有很多种，例如招聘广告、招聘会、返聘等，具体选择哪种招聘渠道需要根据企业特点和岗位类型决定。应聘者主要的应聘方式包括向用人单位投递简历、联系中介机构、寻找内部员工进行内部推荐等。

在识别和吸引的过程中，企业与应聘者交换信息，通过招聘的各个环节相互了解对方特征，然后评估匹配性。有效的招聘系统能够吸纳高质量人才，更容易实现战略性人力资源配置目标。

根据吸引—选择—磨合理论的后续研究，建立独特的品牌形象有助于企业将自身的关键特征展示给潜在应聘者，减少应聘者的认知误差，增加信任并降低感知风险，从而更好地吸引潜在应聘者的注意力。企业可以通过商标形象设计、品牌广告传播吸引潜在应聘者，传递企业的内在价值观与文化，建立沟通基础。良好的业界声誉与雇主品牌所提供的积极信号能够大幅增强企业的吸引力，甚至可能比企业的其他招聘手段更有效。因此，在持续变化的内外部条件下，企业应当选择正确的招聘策略和招聘渠道，通过向潜在应聘者传递积极的招聘信息提高招聘的有效性。

（二）选拔

在选拔阶段，企业和应聘者着眼于对对方进行测评和评估。企业一般可以通过背景调查、简历筛选和笔试面试等途径评估应聘者的知识技能及求职动机。企业将了解到的应聘者的信息与岗位需求、团队特质、企业文化和企业发展方向等条件进行对照，就能在一定程度上确定应聘者与岗位、应聘者与团队、应聘者与企业的匹配程度，从而做出选拔决策。企业在对应聘者进行选拔时，需要结合选拔计划、岗位需求和应聘者特质选择测评工具，形成有效、有序的选拔流程。应聘者可以通过参加招聘会、实地参访等方式将进一步了解到的企业信息与自身特质、求职需求进行对比，并将其作为评估企业的依据。

根据吸引—选择—磨合理论的相关研究可知，选拔过程是一个持续发展的双向选择过程，而要在劳动力市场上建立竞争优势，企业必须探索差异化的用人主张，明确能为潜在员工带来的利益与附加价值，才能更大程度地吸引并留住所需人才。另外，内部选拔的应聘者显然比外部选拔的应聘者更容易体现出与企业的高适配度，但由于岗位的变迁、团队的更替等原因，企业仍然需要通过一定的测评手段评估其是否具备胜任新的岗位需要的特质。

（三）录用

录用意味着企业和应聘者做出双向决策并达成阶段性的匹配结果。在这一阶段，企业需要决定向哪些应聘者提供工作机会，哪些应聘者要被拒绝，另外还需要确定所提供岗位的工作内容，以及如何将工作录用需求呈现给应聘者等。而应聘者则需要决定是否接受企业在此阶段提供的工作机会。在这个过程中，企业和应聘者的关注点更多地放在可能的录用机会、工作条件、工作内容的匹配程度上。若经综合研判后，企业成功录用应聘者，那么这一阶段的匹配即可完成，企业与员工正式建立劳动关系。

企业可以综合多种信息对潜在员工与企业的匹配程度做出更准确的预测。在此期间，参与决策的对象显得尤为重要。实际上，为了录用更加专业化及更加符合岗位需求的员工，人力资源专业人员和直属部门经理都应该在此过程中发挥作用，人力资源部门与实际用人部门间需要合理分配决策权重（Judge et al.，2021）。最终企业需要根据录用标准，结合主客观评价结果做出决策。

（四）保留

核心员工的流失会增加企业人力资源的重置成本，降低企业绩效，影响企业发展战略部署。因此，有效的保留计划是降低企业人力资源配置成本、稳定人力资源数量与质量的必要途径。

美国著名心理学家 Lewin（1999）认为个体所处的环境直接影响工作绩效，为实现自身价值会驱动员工流动到更适宜的工作环境。因此，企业必须对招聘管理系统的整体活动加以指导、协调、控制和评估，对招聘管理系统进行统筹式的管理（Judge et al.，2021），通过改善企业环境与氛围保留核心员工。企业需要了解员工离职的原因，并通过优化薪酬福利制度、提供培训支持、塑造优秀企业文化、加强员工认同感等手段实现有效的人才保留计划，通过控制流失员工的数量、质量，减小招聘管理系统的风险和压力。

招聘管理系统是一个整体性强、内部环节相互关联的系统。通过梳理人力资源管理理念，统筹系统中的要素和活动环节，可以使企业人力资源与其他资源高效结合，最终获取与保留企业理想的人力资源。

第二章　人力资源规划

人力资源规划是招聘管理的基础。在进行人力资源规划前，企业首先需要考虑经济环境、劳动力市场、技术和法律法规等外部环境对人力资源规划的影响；其次，企业还应考虑企业战略对人力资源规划的影响，制定基于企业战略的动态人力资源规划。另外，数字经济的发展给人力资源管理带来重大影响，多样化劳动力的利用成为数字经济时代的趋势。企业需要充分发挥多样化劳动力的优势，采取策略规避其带来的风险，最大限度地发挥多样化劳动力的价值。

第一节　外部环境对人力资源规划的影响

人力资源规划是指在企业战略指引下，根据企业发展目标，分析未来人力资源的需求和供给情况，并进行具体预测，制定措施平衡供需，使企业人力资源队伍的数量、质量和结构等方面都符合企业发展的需要。当前企业所处的环境瞬息万变，这对企业人力资源规划提出了更高的要求。在进行人力资源规划时，首先需要对企业外部环境进行分析。

一、经济环境

人力资源是促进经济增长的基础，也是影响社会生产的关键因素。同时，社会经济发展状况，也会对人力资源的供需产生重要影响，人力资源与社会经济的关系密不可分。

（一）经济扩张与收缩

经济的扩张与收缩显著影响着人力资源的供需情况。经济扩张时，市场对企业的产品或服务的需求旺盛。此时，企业将扩大生产规模，对人才的需求会不断增加，企业的人力资源招聘成本也相对较高。经济收缩时，受经济形势的影响，市场需求萎缩，企业会缩小生产规模，对人力资源的需求也会随之减少，人力资源的招聘成本比经济扩张时低。

因此，企业在进行人力资源规划时，必须考虑宏观经济形势，根据经济发展形势来制定人力资源发展规划，并制订更合理的人员配置计划。

（二）工作机会

经济的扩张和收缩除了会影响企业对人力资源的需求，也会影响劳动力市场上工作机会的多少。经济增长意味着工作机会增加，而经济收缩则意味着工作机会减少。当经济增长、工作机会增加时，企业的招聘人数会增加，劳动者也有更多的跳槽机会，职业转换成本也相对较低。此时企业的离职率会升高，对员工流动的预测难度加大，更难制定长期的人力资源规划。当经济收缩、工作机会减少时，求职者难以获得满意的工作，企业的离职率会降低，员工相对稳定，对员工流动的预测难度较小，容易制定出较长远的人力资源规划。

二、劳动力市场

劳动力市场上特定人员的供给和需求情况会影响企业的人力资源规划。企业有自己特定的劳动力偏好和要求，劳动者也有自己的工作偏好和要求。只有企业需求与劳动者需求相匹配，才能建立起就业关系。

（一）劳动力需求

劳动力需求是一种派生需求，是消费者对企业的产品和服务需求的结果。当行业处于繁荣期时，企业会增加生产，该行业对劳动力的需求就会增加；相反，该行业对劳动力的需求就会减少。在制定人力资源规划时，要先了解该行业劳动力市场对人才的需求情况，在此基础上制定企业的人力资源规划。

当劳动力市场中该类人员的需求量大，企业难以在短时间内找到合适的员工时，企业需要制定更长期的人力资源规划；相反，若市场对该类人员的需求量小，企业能够迅速招聘到合适的员工，企业只需要制定短期的人力资源规划。

（二）劳动力供给

从劳动者供给数量上看，随着全球人口老龄化趋势的增强，年轻劳动力的数量将会减少，而55岁以上劳动力数量在逐渐增加。我国虽然是人口大国，但人口红利也在日渐减少，这给未来劳动力的稳定供给带来威胁。

从劳动者供给质量上看，虽然劳动者素质在不断提高，但企业对劳动力素质有更高的要求，这可能会带来人力资源结构性短缺问题。针对关键岗位的员工，企业在制定人力资源规划时往往需要增加相应的培训计划，对刚入职员工进行短期或长期持续的培训，以确保员工素质能够符合岗位的要求。

（三）劳动力短缺与剩余

劳动力短缺或剩余是劳动力市场的供需状况与企业对人力资源的供需状况不匹配时产生的现象。当劳动力需求超过给定工资率下的劳动力供给时，劳动力出现短缺。低失业率、某些职业的劳动力需求激增及劳动者技能不足都会加剧企业的劳动力短缺。劳动力短缺会带来很多影响，企业需要采取一系列吸引和留住员工的措施，如提高员工的薪酬和福利待遇、降低用人标准、延长工作时间等。当劳动力剩余时，这些类型的反应会减少或逆转。

（四）就业安排

就业安排对人力资源规划也有一定的影响。社会上不同的用工制度，如临时员工、兼职员工、共享员工等的使用会影响企业的人力资源规划。相较于招聘、培训和使用正式员工而言，临时员工、兼职员工或共享员工等的招募和使用更为便捷，往往用工成本也较低。若企业对人力资源的需求在时间上存在较大的不确定性，且存在大量的对企业战略影响较小、与主营业务关系较弱、简单或重复的工作时，可以计划招聘更多的临时员工、兼职员工或共享员工，以缓解工作量大或用工紧缺带来的问题。

三、技术

（一）工种淘汰

技术的变化会对人力资源规划产生重大影响。在某些情况下，技术可以替代劳动力，从而大幅减少企业对某些类型劳动力的需求。随着技术逐步取代劳动力作为生产投入，那些不需要特殊天赋、经由训练即可掌握技能，以及需要做大量重复性劳动的岗位被机器人取代的可能性变大，例如电话推销员、打字员、会计、银行职员、接线员、前台、客服等职业的需求将有所下降。而包含社交、同情心及创意和审美等技能要求的工作被机器人取代的可能性较小。因此，企业应该评估工作的复杂性，平衡人力成本和机器人成本，制定相应的人力资源规划。

（二）创造工作机会

随着新的商业机会的出现，技术也可以创造新的就业机会。例如，电子商务和其他基于互联网的服务增加了对网站设计和管理人员的需求。更为直接的是，科技进步带来了社会劳动生产率的提高和企业绩效的提高，同时引起了就业结构的不断变化和就业条件的不断改善，这其中也创造了更多的就业机会。

（三）技能要求的变化

技术的发展也使企业需要更多能够适应新形势、懂得新技术和更加专业化的人才，这就对劳动力素质提出了更高的要求。通常这些新的工作岗位需要的素质和能力与以前的工作岗位完全不同，这意味着企业必须对员工进行再培训或替换现有劳动力。从教育的角度出发，目前全球对人才培养更加讲究全面发展。过去企业对人才的要求可能是精通一个领域，而在全球化的背景下，只懂得一个领域的知识和技能是不够的。因此，企业需要通过合理的人力资源规划，招聘、培养通才。

四、劳动法律法规

随着经济社会的发展，我国在劳动保障方面的法律法规日渐完善。法律法规会影响企业人力资源的规划和实施。人力资源规划的制定需要合法合规、公开透明、周到完善，人力资源规划的实施过程也应符合法律法规的要求。

（一）劳动合同

员工和企业应本着诚信、公平的原则进行谈判，达成一致并形成书面的劳动合同。在签订劳动合同时，许多问题是可以协商的，包括薪酬和福利、人员配置水平、加班和工作时间、晋升和调动、裁员和解雇、素质能力要求、申诉程序、争议解决程序和就业歧视保护等。因此，人员配置过程的几乎所有方面都会受到劳动合同法的影响。有些法律法规在保护劳动者权益的同时，也会增加企业的用工成本，减少企业的用工计划，影响企业人员配置和规划。

例如，根据劳动合同法的要求，企业必须与所有员工签订劳动合同。当出现组织变革或员工不再符合企业要求等情况时，企业难以与员工解除合同，这就在一定程度上提高了解雇员工的成本。因此，企业往往在招聘时就会慎重考虑，选择最符合岗位、团队和企业要求的员工，并签订期限合适的劳动合同。

（二）申诉系统

申诉是指劳动者对有关问题的处理结果不满意时，通过合法途径要求重新处理的行为，是劳动者维护自身权益的重要方法。目前，我国处理劳动争议案件的方法可以称为"一裁二审"制度，即当劳动者与用人单位发生劳动争议时，可以向用人单位所在地的劳动仲裁委员会申请仲裁；如果对仲裁结果不服，可以到法院提起一审诉讼；对一审判决不服的，可以提起上诉。因此，在进行人力资源规划前，企业应考虑到未来可能发生的劳动纠纷和相应的处理方案。

第二节　企业战略对人力资源规划的影响

企业战略与人力资源管理战略、人力资源规划紧密相关，企业需要制定基于企业战略的动态人力资源规划，以提升企业核心竞争力，推动企业持续发展。

一、企业战略与人力资源规划的关系

企业战略与人力资源管理战略密不可分，人力资源管理战略必须和企业战略相适应。这种相互关系可以从两个方面来看：第一，某一时期的企业战略决定了这一时期的人力资源管理战略，而人力资源管理战略会反作用于企业战略；当人力资源管理战略符合企业战略时，人力资源管理战略对企业战略的实施起促进作用，反之则将对企业战略的实施产生阻碍。第二，从发展过程来看，随着外部环境的变化和企业的发展，企业战略和人力资源管理战略会由最初的相互适应发展到不适应，经过双方的动态调整再到相互适应，这种互动推动了企业战略目标的实现。

（一）企业战略决定了人力资源规划的制定

由于企业战略对人力资源管理战略的制约作用，企业战略也决定了人力资源规划的制定。企业战略不同，对人力资源的要求也不同。例如，创新型战略需要快速应对市场需求变化，要求员工具有创新能力和应变能力。这时，企业需要为员工提供多样化的培训和激励，鼓励员工参与企业决策，从而提高企业的创造力。符合企业战略的人力资源规划能够将人力资源管理战略转变为一种切实可行的计划，并建立起一支符合企业战略目标的人力资源队伍。

企业必须以战略目标为导向制定人力资源规划，并采取相应措施使人力资源规划的各项活动——例如招募、选拔、培训、考核、激励和保留等——有助于形成企业需要的员工队伍，为企业实现战略目标、取得长期竞争优势做出积极贡献。

（二）人力资源规划为实现企业战略目标提供了支撑

企业战略目标会随着外部环境的变化而变化，为了顺利实施既有长期安排又不断动态调整的企业战略，企业必须清楚人才在企业发展战略中的重要性。如果没有合理的人力资源规划和高质量的人力资源队伍，企业将处于风险危机之中，而良好的组织结构设计和人力资源配置能够保证企业实现有效运作。

实际上，在制定企业战略时，就应该考虑到企业的人力资源状况。从确定企业战略到落实企业战略，人力资源都承担着重要的角色。高质量的人力资源队伍、合理的人员组织架构和员工积极的工作态度，会推动企业战略目标的实现，保障企业战略的最终落实。

（三）企业战略与人力资源规划衔接的重要性

人力资源规划与企业战略相适应，可以保证人力资源管理活动与企业发展需要相吻合。企业在制定人力资源规划时需要考虑企业发展目标的动态性，使人力资源管理活动符合企业不同发展阶段的需要。把企业战略目标视为人力资源管理的根本目标，企业需要有人才思维的意识，充分调动员工工作积极性，进一步发挥企业人力资源的重要职能，增强企业核心竞争力。

现代企业唯有切实认清所处环境和发展趋势，并制定适合企业发展的人力资源规划，才能推动企业可持续发展。企业的管理者需要有较强的判断力，能够认识到企业存在的问题，并针对企业的问题提出发展目标，然后针对如何实现目标进行包括人力资源规划在内的具体规划。有了企业战略的指导，人力资源规划就有了明确的目标，从而可以有效避免人力资源管理活动脱离正常的发展轨道。

二、企业战略与人力资源规划衔接的方式

（一）纵向衔接

纵向衔接，即时间维度上的衔接。企业战略具有时间维度，它是企业在某一

段时期内的发展规划。企业战略会随着企业发展阶段的变化而变化，人力资源管理战略也必须随之改变。企业战略和人力资源规划的纵向衔接，就是根据企业战略目标不断地进行动态调整，并建立与之相适应的人力资源规划。

人力资源规划是一项战略工程。在较长的时期内，企业人力资源与外界人力资源进行着双向流动，也就是企业一方面要不断地吸收适合企业战略的外部人力资源，另一方面又要剔除不适应企业战略的冗余人员，这说明人力资源规划必然是动态的。企业需要建立动态稳定的人力资源规划，处理好人力资源的输入与输出，实现人力资源规划和企业战略的衔接。

（二）横向衔接

横向衔接是指在企业战略的指引下，人力资源规划与其他资源规划之间的衔接，以及人力资源规划各个模块之间的衔接。

一方面，企业战略要想获得成功，就需要合理配置企业的各种资源。只有利用好人、财、物、信息等多种资源，才能发挥企业资源的最大效率。人力资源规划要与其他资源规划相互协调、相互衔接，才能实现企业战略目标。

另一方面，要使人力资源规划得到落实，还需要人力资源管理各个模块之间相互衔接。只有人力资源管理中的招聘选拔、培训使用和激励留任等管理模块形成一个完整的、规范的操作流程，才能发挥人力资源对企业战略的支撑作用。

同时，在每一个人力资源管理模块上，都要注意人力资源管理部门与其他部门之间的衔接。

在招聘选拔方面，人力资源部门要与其他部门，尤其是部门领导加强沟通，了解他们在落实企业战略时所需要的人力资源，并制订有针对性的人员补充计划。

在培训方面，人力资源部门应及时了解其他部门在落实企业战略时，具体岗位对员工能力要求的变化，并按照岗位的最新要求制订有针对性的培训计划，以更好地契合企业战略。

在使用方面，员工考核体系的构建也应与其他部门进行沟通，这样才能与企业战略规划相适应，并为员工指明发展的方向，使企业战略能够真正落实到员工层面。

在留任方面，要积极考察各部门的优秀员工，结合企业战略建立企业内部的优秀人才储备库，对优秀人才给予重点关注，争取其长期留任，从而持续连贯地完成企业的战略目标。

三、企业战略与人力资源规划衔接的实施

实施企业战略与人力资源规划的衔接，首先，需要企业领导的支持和人力资源管理专业人员的推动；其次，需要具备基于企业战略的人力资源规划和提升人力资源规划的动态能力，建立起基于企业战略的人力资源规划动态系统；最后，要建立企业的内部劳动力市场制度，真正使人力资源规划动态系统得到落实。

（一）获得企业领导的支持，建立专业的人力资源管理队伍

企业领导是企业战略的直接决策者，他们决定了企业发展的方向和战略。人力资源规划只有得到企业领导的认可，才能获得相应的资源来落实，使整个规划从上到下得到更好的执行。

人力资源规划是一项复杂的工程，要建立基于企业战略的人力资源规划，就需要有一支足够专业的人力资源队伍，他们不仅要具备丰富的人力资源管理专业知识，还应具备战略意识和协调能力。战略意识是指人力资源规划要建立在了解企业经营管理模式和价值链的基础上，坚持不懈地发展与创造。协调能力是指人力资源管理与企业战略之间的协调能力，以及人力资源管理部门与企业内外各机构之间的协调能力。

企业可以采取多种方式不断提升人力资源管理队伍的整体素质。例如，企业管理者要鼓励人力资源部门积极参与企业重大经营决策，这既能培养他们的战略意识，也有助于提高决策的科学性；同时，鼓励将信息化技术用到人力资源管理过程中，提高人力资源规划工作的数字化水平。

（二）建立基于企业战略的人力资源规划动态系统

1. 制定基于企业战略的人力资源规划

企业人力资源规划应当服务于企业的发展战略。企业要根据人力资源发展的总体目标，确定人力资源规划内容，如组织结构设计和优化、工作分析与岗位评估、人才招聘与管理、员工培训与绩效管理、薪酬与福利待遇等，使人力资源规划内容切实地与企业战略相适应。企业还需要监控与评估落实情况，如评估人力资源规划内容是否与企业发展战略相符、对人力资源规划落实状况进行分析与评价并及时调整计划内容等，以提高人力资源规划对企业发展战略的适应性。

2. 提高人力资源规划的动态管理能力

为了落实企业人力资源规划，并能适时对其做出调整以适应企业战略上的重

大变化，企业需要提高人力资源规划的动态管理能力。

　　人力资源规划的动态管理主要包括预警分析与预控措施两方面。预警分析的基本过程包括检测、识别、判断、评估。即以企业人力资源管理的活动信息和事件信息为检测对象，识别出与已有人力资源规划不符的情形，判断这种情形的发展趋势，评估这种情形可能产生的不良后果，并预测如不加以改进可能产生的负面影响。

　　预控措施一般分为三个步骤：一是制定企业人力资源规划动态管理的评估准则；二是日常监控，即把日常中的轻度不适应状态逐步调节到适应状态；三是危机管理，即制定好发生危险状况时的干预方法。

（三）建立完善的内部劳动力市场制度

　　内部劳动力市场制度包括入口管理、培训与晋升、考核与激励、出口管理等。健全的内部劳动力市场机制有利于人员的流动管理，有利于人力资源规划的实施。相反，若内部劳动力市场机制不健全，人员难以在企业内外进行合理的流动，则会增加人力资源规划实施的难度。

第三节　人力资源规划流程及其供需预测方法

　　人力资源规划的重点在于预测未来人力资源的需求和供给，通过分析二者的差距来制定具体的人力资源管理措施。本节将介绍人力资源规划流程和预测人力资源供需的具体方法。

一、人力资源规划流程

　　准确预测未来人力资源的需求和供给是企业合理配置人力资源的重要基础。企业必须预测规划期内人力资源的需求和供给状况，并根据需求和供给的预测结果来判断在规划期内人力资源的数量、质量和结构是否满足企业发展的需要。如果两者之间存在较大差距，就需要预先制定相应的对策。人力资源规划流程如图 2－1 所示。

图 2 - 1　人力资源规划流程

（一）预测人力资源的需求

企业根据发展战略，分析未来业务变动趋势，明确在规划期内对人力资源的需求。企业对人力资源需求的预测需要考虑员工的数量、质量和结构三个方面。

预测人力资源的需求可以从宏观和微观两个层面出发。在宏观层面，企业进行人力资源需求预测要考虑到外部经济状况、劳动力市场、行业竞争等因素；在微观层面，企业要基于自身经营状况来预测对人力资源的需求。由于企业未来需要提供产品或服务的数量会直接影响其未来所需的人力资源，企业可以通过确定规划期内的生产和运营目标来确定总任务量，再将总任务量分配给各个部门和岗位，从而预测出未来的人力资源需求。

（二）预测人力资源的供给

内部员工流动和外部劳动力市场是企业在进行人力资源供给预测时需要同时考虑的两个方面。一方面，企业要预测规划期内的内部人员数量、质量和结构的变化情况；另一方面，企业还需要了解外部劳动力市场上人员的可获得性，考虑如何才能找到满足岗位需要的人才。企业可以结合内外部劳动力市场状况预测规划期内人力资源供给的数量和质量。

（三）确定供需差距

在完成对人力资源需求和供给的预测后，企业可以将这两组数据进行对比，判断规划期内的人力资源需求和供给能否达到平衡状态。人力资源供需平衡需要满足三个"相对"条件，即数量上相对匹配、质量上相对接近、结构上相对吻合。具体而言，就是人力资源的供给数量和需求数量相对一致，员工的知识、技能和能力素质与企业岗位任职要求基本契合，并且各类人员分布合理，人员结构与企业战略发展相吻合。在大多数情况下，企业的人力资源需求和供给是不平衡的，二者不可能完全一致。

（四）制定人力资源规划

为了使企业人力资源队伍满足企业战略和人力资源战略实施的需要，同时防止人员冗余或人员不足，保证人力资源的合理利用，降低用人成本，企业需要制定一系列人力资源规划措施，包括人力资源招聘选拔、录用调配、培训开发、考核激励、留任管理等。

二、未来人力资源需求的预测方法

未来人力资源需求的预测可以分为自上而下和自下而上两种不同的分析思路。自上而下的人力资源需求预测是指企业对照行业或标杆企业的人力资源配置情况，或根据客户市场相关信息，如目标市场的客户数量等，预测本企业在规划期内需提供的产品或服务的数量，再计算完成这一目标所要配备的人力资源队伍。自下而上的预测是先考虑每个部门在规划期内的业务变动情况，得出各项变动导致该部门的人员数量变化，并从下往上汇总，从而预测出不同部门、整个企业在规划期内需要的人力资源队伍。

目前主流的未来人力资源需求的预测方法分为定性和定量两大类：定性方法有经验判断法和德尔菲法；定量方法有比率分析法、趋势预测法和回归分析法。

（一）经验判断法

经验判断法是指企业管理人员基于过去的工作经验，对企业所需的人力资源从数量、质量和结构等几个方面做出预估的方法。经验判断法通常需要多个部门管理人员配合进行。首先，每个部门的管理者需要判断出自己负责的部门在规划期内的工作量和人员流动情况，预测其所在部门在规划期内的人力资源需求；然后，各个部门的负责人将本部门的人力资源需求预测结果汇总；最后，由人力资源部门进行适当的平衡与调整，最终得出企业在未来一段时间内的人力资源需求情况。

由于经验判断法依据的是预测者的个人判断，一般只适合小规模企业在短期内人力资源需求的预测，而且要求企业经营状况相对稳定，不会在短期内发生大规模的人员流动。

（二）德尔菲法

德尔菲法是通过专家来预测企业人力资源需求的一种方法。使用德尔菲法需要多名专家或有经验的管理者参与。在预测过程中，这些专家互相不交流，保持独立性。首先，主持人告知各位专家在人力资源需求预测中企业面临的问题，并请专家分别回答。然后，主持人收集所有专家的答案，进行总结和分析，并引出新的问题。接着，主持人将新的问题告诉专家，并由专家再次进行解答。一般来说，经过几轮问答互动后，专家们的答案将会趋同。最后，企业可以根据专家普遍认可的观点预测人力资源需求。

德尔菲法具有以下三个优点：①通过这种方法，企业可以听取许多行业专家的意见，避免由管理者单独预测的局限性；②专家独立表达观点，避免了从众心理对预测结果的影响；③可以得到更一致的意见，预测结果更准确。

德尔菲法也有一定的局限性。例如，企业必须选择有行业经验的人士作为预测专家，但是找到足够数量的专家往往比较困难。同时，企业还必须向每位专家提供准确和详细的信息，以帮助他们做出准确的评估，但这样的信息在获取上也存在难度。

（三）比率分析法

比率分析法需要企业根据行业、标杆企业或以往的经验，先确定人力资源与某些特定指标之间的比例，再根据特定指标要求，计算出人力资源的需求。例如，假定企业人力资源需求与销售收入存在对应关系，就可以将两者量化为一个固定的比例，再将计划期内销售收入目标值乘以这个固定比例，就可以估计出企业的人力资源需求。

使用比率分析法的前提是假定人均生产率不随时间变化而变化。如果在规划期内，由于技术或管理上的变化，人均生产率发生了变化，从而影响了产出指标和人力资源需求之间的关系，则无法应用该方法来预测人力资源需求。

（四）趋势预测法

趋势预测法是指企业将过去的人员数量变化趋势绘制成散点图，根据散点图对企业规划期内的人力资源需求进行大致预测的方法。在实施趋势预测法时，企业首先需要统计出最近若干年的员工数量，以年份为横轴，以员工数量为纵轴，将每一年员工数量对应的点描在坐标系中，绘制成一幅散点图。通过观察散点图，对企业规划期内的人力资源需求变化做大致的判断。

如果人力资源的需求是随着其他指标（如产量）变动，也可以将横轴替换为其他指标，从而提高趋势预测法的预测准确度。因此，趋势预测法在企业的实际经营中，是一种相对实用的人力资源需求预测方法。但趋势预测法只能预测出企业人力资源需求变化的大致趋势，无法对人力资源的变化做出精确的预测。同时，趋势预测法的使用前提是企业未来的技术水平和管理模式没有发生较大的变化，否则变化因素会破坏原有指标间的关系，导致预测结果不准确。

（五）回归分析法

企业将影响人力资源需求的特定因素作为自变量，将人力资源需求作为因变量，建立一个函数模型。在建立模型时，首先，需要找出与人力资源变动有强相关关系的因素，并收集这些因素的历史数据。然后，根据这些历史数据和企业人员变动情况的数据，建立回归分析方程。最后，将未来各个自变量的数据代入回归分析方程，就可以得出企业在规划期内的人力资源需求。

企业人力资源需求变化的回归分析模型，可以是较为简单的一元回归模型，也可以是多元回归模型。多元回归模型需要考虑影响人力资源需求的多个自变量，虽然模型本身相对复杂，但预测准确度通常更高。同时，需要考虑回归方程的线性问题，线性回归模型相对于非线性回归模型更易操作，因此更多地被企业用于人力资源需求预测。

三、未来人力资源供给的预测方法

人力资源供给预测也可以分为定性和定量两种。定性预测主要以专家主观评价为基础，定量预测则以历史数据和相关因素的统计分析为基础。随着企业技术水平和经营环境的不断变化，人力资源供需预测不仅要基于历史趋势，还要基于专家的主观判断，即将定性与定量两种方法相结合，从而得到相对准确的预测结果。目前，企业人力资源供给预测的方法主要有人员替换分析法和马尔科夫分析法。

（一）人员替换分析法

外部招聘和内部晋升是人力资源供给的两种来源。通过建立内部晋升渠道，企业可以让技术熟练、有能力的员工承担更多的责任，把他们转移到更具影响力的岗位，以充分发挥这些员工的潜力。人员替换分析法旨在评估特定岗位当前候选人的优势和劣势，并挖掘适合该候选人的岗位。这种方法不仅考虑到了人力资源的数量，最重要的是还考虑到了人力资源的质量。

人员替换分析法主要用于管理层和关键岗位人才的晋升。该方法的基础是构建人员储备库，提前准备一份可能晋升到各个岗位上的人员名单，并判断哪些人员有可能离开目前的岗位。一旦有岗位空缺，企业就可以结合名单寻找合适的替换人选，缩短岗位空缺时间。

例如，针对关键岗位，企业需要列出所有可能晋升或调动到这个岗位的人员名单，然后根据他们的工作年限、绩效水平和晋升准备度，确定能够胜任该岗位的顺序名单，确保一旦有岗位空缺马上就有人员替补上。

为了成功获得晋升，候选人需要采取相应措施，在人员替换分析法的各种量化指标上超越对手。这有助于提高他们的工作能力和工作积极性，从而提高工作绩效。从企业角度来看，人员替换分析法能够挖掘企业内部人才，节省招聘成本，及时填补空缺，减少人力资源供应不足带来的损失。

（二）马尔科夫分析法

马尔科夫分析法是企业基于多个岗位之间的历史流动数据，计算出某一段时间内从某些特定岗位流向另一些特定岗位的员工数量和员工流动率，以此来预测在规划期内人员在不同岗位间的流动情况。马尔科夫分析法的基本原理是数学中的转移矩阵。该矩阵会显示企业中的任意两个岗位之间人员流动的概率，以及不同岗位的离职率。

员工岗位变动主要有五种情形：留职、晋升、平级调动、降职、离职。

马尔科夫分析法需要计算所有岗位的留职率、晋升率、调动率、降职率和离职率。这些数据是在某一特定时期内，原岗位人员发生变动后，变动人数与变动前原岗位的总人数之间的比率。例如，岗位离职率就是从原岗位离职的员工人数与原岗位总人数之间的比率。马尔科夫分析法需要保证每个岗位的各种比率之和为1（见表2-1）。将每一个岗位的留职人数加上其他岗位流动过来的人数，就可以得出未来某个时间该岗位的供给总量，以及这些供给的来源。

利用马尔科夫分析法，企业可以了解各个岗位之间的流动情况和离职情况，同时明确每个岗位的内部劳动力来源，预测每个岗位在规划期内能够得到的人力资源供给的数量和质量。这种方法是基于过去的人力资源流动情况来预测未来的人力资源流动，具有一定的科学性，但不完全准确，适用于比较大型的、人员流动比较有规律的企业。

表 2 - 1　使用马尔科夫分析法预测员工供给状况示例

岗位变动前		岗位变动后			
转移预测矩阵	本期人数	A1	A2	A3	离职
A1	10	8 (0.8)	0 (0.0)	0 (0.0)	2 (0.2)
A2	20	2 (0.1)	16 (0.8)	1 (0.05)	1 (0.05)
A3	60	0 (0.0)	3 (0.05)	48 (0.8)	9 (0.15)
合计	90	10	19	49	12

马尔科夫分析法存在一些缺陷：①规模小的企业不适用于马尔科夫分析法，因为每个工作岗位的员工数量少，这会导致即使员工流动人数不多，计算出的流动率也会很大；②马尔科夫分析法只注重流动结果，然而在实际情况中，在给定的时间段内可能会发生多次员工流动，而转移矩阵无法体现特定时间段内的多次流动；③马尔科夫分析法并没有揭示出员工流动的各种原因。

第四节　人力资源供需平衡

如何实现人力资源供需平衡是人力资源规划中需要解决的一个主要问题。企业在进行人力资源供给和需求预测的基础上，应当遵循人力资源配置的相关理论与方法，把合适的人放到合适的岗位上，以最大限度地发挥人力资源的作用，促进企业持续、稳定发展。

一、人力资源供需平衡的概念

人力资源供需平衡是指企业根据一定时期内的发展战略和总体目标，在人力资源供需预测的基础上，采取一定的策略调节供给与需求的关系，使人力资源的供给和需求达到动态平衡。

简单来说，人力资源供需平衡就是企业通过采取增员、减员和人员结构调整等措施，使企业人力资源供需基本趋于平衡状态。

二、人力资源供需平衡分析

在企业发展过程中，人力资源的供给和需求总是在不断地变化，人力资源规划的目的之一就是在这种变化中寻求动态的平衡。这里的平衡是相对的，指的是一种状态，而不是绝对的相等。即人力资源的供给与需求处于一种均势，不会出现较大的人力资源不足或过剩，真正意义上的供需完全平衡是不存在的。在实际情形中，人力资源供需处于失衡是一种常态，企业的人力资源或多或少都会存在数量、质量或结构上的失衡。

（一）数量上的供需平衡分析

数量上的供需平衡分析涉及员工和岗位在数量上的对应关系。这种数量关系受企业内外部因素的影响而变化，往往处于一种动态的变化过程中，因此，数量上的供需平衡主要是指在岗人数与未来需要人数的匹配。

按照供给和需求的对应关系，企业处于数量上的供需失衡可以分为供不应求和供过于求两种情况，即人力资源紧缺和人力资源冗余。企业所处的发展阶段可分为成长期、成熟期和衰退期，发展阶段不同，企业所面对的人力资源状态亦不相同。处于成长期时，企业对人力资源的需求旺盛，人力资源供不应求；处于衰退期时，企业对人力资源的需求减少，人力资源供过于求；处于成熟期时，竞争格局、经济环境或劳动力市场的变化及业务波动等内外部因素都可能造成企业人力资源供给和需求发生一定的变化，导致人力资源供不应求或供过于求。

（二）质量上的供需平衡分析

质量上的供需平衡分析主要涉及岗位的任职要求与员工的素质能力之间的关系。随着企业的不断发展，每个岗位的任职要求也在不断地变化。在实际情形下往往存在着这样的问题，即员工被招募或提拔到某个岗位时，员工的知识、技能与该岗位的任职资格要求是匹配的，然而随着企业的发展，就可能出现不匹配的情况。例如，现有员工可能无法适应变化后的工作岗位，导致工作效率降低甚至无法完成工作任务；或者其能力超出了岗位的要求，导致人才浪费，从而出现质量上的供需失衡。因此，质量上的供需平衡要求企业根据员工的素质差异将其调整到相应层次的岗位上，使员工素质与岗位任职要求相适应，同时还应当将在岗人员的待遇要求与岗位的福利待遇相匹配。

按照岗位任职资格和员工素质能力之间的关系，企业处于质量上的人力资源失衡时有两种情况：一是现有人员素质低于岗位的任职资格要求，即高职低配；二是现有人员素质能力高于岗位的任职资格要求，即低职高配。有些规模小、待遇差的企业在招聘时，无法吸引高素质的员工前来应聘，可能导致在岗人员的素质低于岗位的要求；或是因为企业的快速发展导致老员工无法满足未来岗位的要求，出现高职低配的情况。有些企业由于高级岗位不足或缺乏高效的晋升机制，将高素质员工安排在要求较低的岗位上，于是出现低职高配的情况，导致人才浪费。

（三）结构上的供需平衡分析

结构上的供需平衡指企业现有不同类型人力资源的数量、质量与企业发展要求的数量、质量之间的匹配。企业人力资源是由所有部门的人力资源构成的，有时会出现企业人力资源在总体数量上供需平衡，但由于人力资源分布不合理，导致某些部门人手紧缺而另外一些部门人浮于事，或某些岗位出现高职低配，而另外一些岗位却出现低职高配的情况。

企业处于结构上的人力资源供需失衡一般有两种情况：一是数量结构不合理，即有些部门人浮于事，有些部门人手紧张，或基层人员紧张，高层人员冗余等。二是质量结构不合理，即现有员工的知识、能力结构与岗位不匹配，有些岗位是低职高配，有些岗位是高职低配。

三、人力资源供需平衡策略

基于企业发展战略以及人力资源供给和需求预测结果，企业管理者需要采用一定的配置策略，调整人力资源的供需状态，以实现人力资源供需的动态平衡。

在数量上，人力资源供需平衡策略主要有超额配置、等额配置、缺额配置；在质量上，供需平衡策略主要有高职低配和低职高配。

（一）超额配置

超额配置就是实际配置人数多于需要的人数。一方面，当市场对产品或服务的需求下降时，企业仍然雇用相同数量的员工，此时超额配置可以保证一定的灵活性来应对需求的波动，当需求增加时可以快速扩大生产；另一方面，有时候企业难以在短时间内招聘到大量人才，会为了储备人才而超额配置。但是，超额配置会带来企业运营成本增加、人力资源浪费等不良后果，因此，超额数量需要限定在企业可以接受的范围内。

（二）等额配置

等额配置就是实际配置人数与需要的人数一致。大多数企业都会选择等额配置来充分利用企业的人力资源，有效控制人工成本，提高劳动生产率。但是，这种平衡往往只是暂时的，受退休、离职、休假等因素影响，可能会产生岗位空缺，进而影响企业的正常运营。

（三）缺额配置

缺额配置就是实际配置人数少于需要的人数。这种情况可能并不是企业主动造成的，而是因为该岗位长期面临劳动力短缺问题，招募不到足够的员工所致。当企业预测到经济衰退或需求持续下降时，可能会主动选择缺额配置来避免即将到来的裁员。但是这种做法可能增加员工的工作量和不安全感，降低员工的士气，甚至伤及企业文化。

（四）高职低配

高职低配指的是岗位任职人员的素质和能力低于岗位的任职资格要求。企业有时会主动采取高职低配，最直接的原因就是为了有效控制人工成本。同时，将员工安排在一个高于其能力的岗位上，可以激发员工的潜能，给员工提供锻炼和成长的机会，有利于其发展进步。但是，企业也要面临员工无法圆满完成岗位任务的风险。因此，企业在选择高职低配时要控制在一定风险范围内。

（五）低职高配

低职高配指岗位任职人员的素质和能力高于岗位的任职资格要求。企业在招聘时会在可接受的成本范围内尽可能选择具有较高能力水平的劳动力，并将其安排在一些层次较低的岗位上。低职高配可以为企业储备人才，并且能够获得其在低层次岗位上卓越的绩效，但同时也存在着大材小用、难以留住人才的缺点。

四、人力资源供需平衡的调节方法

虽然人力资源供需失衡是常态，但是企业也需要尽力保持供需平衡，以实现人力资源规划的目标。企业可以根据供求失衡的具体原因和特点，采取不同的调节方法。

（一）人力资源紧缺的调节方法

1. 充分利用现有员工

充分利用现有员工是解决人力资源紧缺最常用的方法，具体包括延长工作时间、回购假期和节日、培训后转岗、提高工作效率等。在人力资源紧缺的调节方法中，充分利用现有员工的成本最低、时效性最强。

（1）延长工作时间，也称加班。当人力资源出现临时短缺但不严重，且员工不排斥加班时，企业可以根据《中华人民共和国劳动法》等有关规定，适当延长工作时间并提供相应的报酬。延长工作时间可以降低重新招聘的成本，并且相对于临时工，加班的工作质量更加可控。但是，长期延长工作时间会降低员工的工作意愿，从而导致工作质量下降。

（2）回购假期和节日。当人力资源出现临时短缺时，企业可以要求员工在假期和节日正常上班并提供相应的报酬，或者调整节假日以达到充足的人力资源供给。

（3）培训后转岗。当企业出现人力资源结构上的失衡，即有的岗位供过于求、有的岗位供不应求时，可以考虑从人员过剩的岗位选拔具有一定基础的员工，对其进行培训后调至人员短缺的岗位。

（4）提高工作效率。有时人力资源短缺是由于工作效率低下导致的，企业可以通过优化工作流程、改进工作方法、采取一定的激励措施、提高员工的工作技能等方式提高员工的工作效率。

2. 增加雇用

如果企业的人力资源短缺问题无法通过充分利用现有员工来解决，那么企业可以尝试通过增加雇用，例如返聘、外部招聘、雇用临时工等来解决短缺问题。增加雇用可以解决企业人力资源短缺问题，但是增加雇用意味着成本的增加，从招聘、录用到培训上岗也需要耗费一定时间，时效性较差。

（1）返聘。当企业急缺具有一定能力水平的员工时，可以考虑返聘退休或即将退休的员工，以及以前被裁减的员工，这些员工具有丰富的工作经验，能够更快地胜任工作。

（2）外部招聘。当企业人力资源存在长期的缺口时，可以考虑到外部招聘新员工来满足内部某些岗位的需要。但是在关键岗位的人员选择上，企业应当优先考虑内部招聘，对现有员工进行调整，其次再考虑外部招聘，这有利于降低招聘的财务和时间成本。

（3）雇用临时工。如果企业人力资源的短缺是由于临时性或者季节性波动造成的，那么企业可以通过雇用临时工来解决。在企业不需要临时工的时候，可以立即解除与临时工的劳动关系。但是，企业需要考虑业务的难度和重要性，以及临时工的工作能力和绩效表现较差的风险。

3．减少对人力资源的需求

当企业的人力资源供给小于需求时，可以采取一定的方法减少对人力资源的需求，例如工作外包、增加机器设备等。

（1）工作外包。企业可以根据自身情况，将非核心业务外包给其他在该业务上具有优势的企业，从而提高自身的效率，同时减少所需员工的数量，降低人力成本。工作外包有利于企业专注于核心业务，但长期而言，企业将会逐渐失去在该业务板块的知识、资源和能力。

（2）增加机器设备。企业可以通过增加自动化或半自动化设备来代替人工劳动，从而减少企业对人力资源的需求。增加机器设备替代人工符合技术发展的趋势，但前期需要有较大的资金投入。

（二）人力资源冗余的调节方法

1．限制雇用

当人力资源出现冗余时，企业应当减少雇用员工的数量，并通过退休、调整岗位等自然减员的方式减少人力资源的供给，并且不再补充。只有当该岗位的空缺可能影响到企业的正常经营活动时，才需要进行补充。

2．减少工作时间

完成一项工作所需的时间往往是固定的，企业可以通过减少员工每天工作的时间来减缓工作完成的速度。但是这种方法更适用于采用计时工作制的岗位，因为只有减少这些岗位员工的工作时间才能更有效地降低企业的人力资源成本。

3．鼓励提前退休

许多企业制定了提前退休的制度，鼓励员工提前退休，从而减少员工的数量，以此减轻企业人力资源冗余的压力。

4．降低工资或限制工资增长

企业可以通过限制工资增幅或者适当降低工资的办法来降低人工成本，并且会有员工因为薪资降低或增长缓慢而选择主动辞职，从而有效缓解人力资源冗余的压力。但企业需要控制降薪的幅度，避免过度打击员工的工作积极性而引起员工大量流失，特别是要避免高价值员工离职。

5．工作分担

工作分担指的是由两名或多名员工共同完成一份工作。这种情况一般出现在企业临时性的经营不佳且企业不愿裁员时。企业会待经营状况好转时再恢复正常工作分工。

6. 裁员

企业有时会选择裁减那些主动希望离职或工作绩效低下的员工。在正常情况下，企业通常都是不愿意大规模裁员的，因为这会传递出企业经营不善的信号。有时候企业为了求得良好的发展不得不进行裁员，但这会带来许多问题，比如关键性人才和核心技术的流失、员工士气低落等。

第五节　数字经济时代多元化劳动力的利用

数字经济快速发展，已成为拉动经济增长的新引擎。在数字经济时代，出现了原有岗位被淘汰和新岗位产生等变化，劳动力多元化的趋势也日渐明显。企业在对未来人力资源进行规划时，既要把握劳动力多元化带来的机遇，积极顺应新的发展趋势；也要正视劳动力多元化带来的诸多挑战，并制定应对策略。

一、数字经济对劳动力市场的影响

（一）数字经济时代的特征

数字经济是通过对数字化的知识与信息的识别、选择、过滤、存储和使用，引导并实现资源的快速优化配置与再生，实现经济高质量发展的经济形态，包括技术层面的大数据、云计算和应用层面的新零售、新制造等。

根据中国信息通信研究院的测算，2018 年我国数字经济规模为 31.3 万亿元，增长率为 20.9%，占 GDP（国内生产总值）比重为 34.8%。2020 年我国数字经济规模已经达到了 39.2 万亿元，占 GDP 比重达 38.6%。数字经济的高速发展，催生了大量的新模式、新业态，为我国整体产业格局、人民的日常生活都带来了深刻的变革，推动了社会的繁荣与进步。[①]

数字经济对社会生活的各个方面都产生了巨大的影响，在人力资源管理领域

---

① 中国信息通信研究院：《中国数字经济发展白皮书（2021 年）》，参见 http://www.caict.ac.cn/kxyj/qwfb/bps/202201/t20220126_396162.htm。

也不例外。在岗位方面，替代效应和创造效应伴随着数字经济的发展而产生，数字化技术淘汰了大量的旧岗位，创造了大量的新岗位。在管理方面，企业的用人理念日趋开放，用工方式也更加多元。数字经济对人力资源管理实践产生了巨大影响，企业应积极顺应数字经济潮流，在进行人力资源规划时充分考虑数字经济发展的影响。

（二）替代效应

在数字经济时代下，很多工作将会被成本更低、效率更高的技术取代，导致大量的失业现象。世界银行在《2016年世界发展报告》中预测，中国目前的就业中有77%的岗位将因技术水平低而被人工智能或自动化取代，如果考虑到推行时间的问题，这一比例将达55%（见图2-2）。

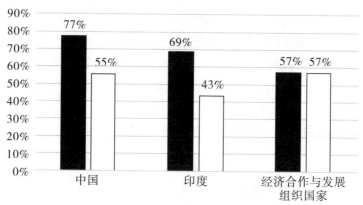

图2-2　被技术替代的就业比例

在具体职业上，传统制造业一线人员、传统农业等低技能要求的职业最可能被先进技术替代。这些工作岗位往往对技术要求较低，从业者的工作技能和工作效率都远不如人工智能，在技术发展的进程中，这部分从业者将成为第一批面临失业风险的人。

（三）创造效应

在低技术岗位被不断取代的同时，技术的深度应用也创造了大量与先进技术相关的新兴岗位。以制造业为例，2018年、2019年和2020年我国工业互联网带动的新增岗位数分别达135万个、206万个和255万个（见图2-3）。工业互联网软件开发工程师、架构师等大量新岗位不断涌现，为人们提供了全新的高质量就业机会，推动着我国就业结构的升级。①

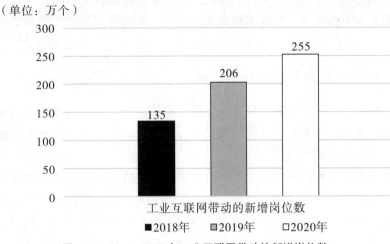

（单位：万个）

图2-3　2018—2020年工业互联网带动的新增岗位数

二、数字经济时代劳动力多元化的概念

我国数字经济的不断发展与壮大，为我国的劳动力市场带来了深刻的变革，使劳动力多元化的趋势日益明显。受到替代效应与创造效应的影响，越来越多的企业开始重视对多元劳动力的招聘与培养，以在人力资源方面构筑强大的竞争优势。

一方面，多元化的劳动力储备能更好地规避劳动力替代效应的风险。数字经济的发展正在淘汰部分职业与岗位，若企业保有大量能力相同、思维相似的员工，一旦相关类型的职业被淘汰，极有可能对企业的人力造成巨大冲击，为企业带来巨大的风险和成本。

另一方面，多元化的劳动力能够更好地适应创造效应带来的新岗位、新机会。当数字经济创造了全新的岗位时，劳动力的多元性意味着企业内部极有可能拥有与该岗位高度适配的人才，企业可以通过对现有员工进行简单的培训实现内部转岗，快速获取适合于新岗位的优秀人才，及时适应新形势、把握新机遇。

数字经济的发展也为企业的多元化劳动力利用提供了丰富的条件和契机。在数字经济的时代背景之下，技术的进步不仅创造了更加多样的沟通工具与工作方式，也使企业的用人理念日趋开放，让企业内部的劳动力多元化成为可能。

---

① 中国信息通信研究院：《工业互联网产业经济发展报告（2020年）》，参见http://www.caict.ac.cn/kxyj/qwfb/bps/202012/t20201229_367255.htm。

数字经济的发展要求企业必须保有更加多元化的劳动力，同时也为其多元化劳动力的利用创造了更好的条件。因此，在数字经济时代背景下，企业劳动力多元化现象正在不断发展，具体表现为人口结构、文化背景及用工方式等方面的多元化。

（一）多元化的人口结构

在当代社会，越来越多女性进入劳动力市场，成为劳动力来源的重要组成部分。此外，随着中国老龄化社会的到来和人口寿命的逐渐延长，老年人也成了后续劳动力的一个重要组成部分。

企业内人口结构的多元化，主要得益于数字经济下生产力的快速进步。经济基础决定上层建筑，在经济发展到一定水平后，人们会讨论和解决歧视等社会问题。因此，随着经济的快速发展，企业的用人观念会有所改变，性别歧视、种族歧视等问题也会得到较好的解决，各种性别、年龄的员工都将被接纳，从而促进劳动力人口结构多元化。

（二）多元化的文化背景

在数字经济时代，越来越多来自不同地域、民族甚至不同国家的人开始聚集到一起。不同文化背景的员工共同参与工作，是劳动力多元化的重要表现。

随着信息技术的不断发展和全球化进程的不断推进，世界各国、各地更紧密地联系在一起。一方面，劳动力在全球范围内流动，跨国从业的规模不断扩大；另一方面，随着经济全球化的深入发展，更多企业选择"走出去"，参与国际市场的竞争。跨国企业的生产运营和劳动力在全球的流动，使越来越多不同国家、不同地区的人聚集在一起共同工作，从而推动了员工文化背景的多元化。

（三）多元化的用工方式

在现代社会，企业的用工方式日趋多样，雇用兼职工、短期合同工和临时工成为企业灵活应变、降低成本的一种选择。此外，员工的工作方式也发生了变化，在新冠疫情影响和通信技术发展的背景下，远程办公这一工作方式已成为现实。

数字经济的发展进一步改变了用工方式，由线下到线上、由雇用到租赁或外包、由使用本地的人才到使用全国各地甚至全球各地的人才，企业用工方式正不断地朝多元化方向发展。

三、数字经济时代劳动力多元化带来的优势

数字经济的发展推动了企业劳动力在人口结构、文化背景和雇用方式等方面的多元化，极大地促进了劳动力的发展。这种劳动力多元化的现象，为企业的组织管理带来了机遇。因此，在数字经济浪潮之下，企业必须抓住机遇，认识到多元化劳动力的优势所在，并充分利用这种优势，在更高程度上挖掘员工的潜力，推动技术创新和管理创新，通过劳动力多元化形成更强大的核心竞争力。

（一）充分发挥各种劳动力的潜能

劳动力多元化能够更好地发挥不同员工的潜能，为企业提供更丰富的思维和更开阔的视野，使企业的决策能够更加全面且富有创造性。相关研究表明，高效率、工作效果显著的工作群体往往由不同背景的人员组成，企业可以通过雇用多元化背景的员工来保持思维的创新和多元。因此，为了更好地发挥各种劳动力的潜能，保持思想的活跃性，企业需要不断向劳动力多元化转型，吸引、培育更加多元的员工队伍。

（二）有利于技术创新

数字经济时代下的劳动力多元化有利于推动技术的创新。有研究指出，拥有大量外裔员工、来自不同文化背景的员工占比大、全面多元化的企业更容易实现技术创新。因此，劳动力多元化的企业往往拥有更加强大的创新活力，能够更好地推动技术的进步与发展，实现技术创新。

（三）有利于管理创新

数字经济时代下劳动力的多元化为管理带来了诸多挑战，同时也推动了新的用人理念和用工方式的产生，促进企业利用新兴技术进行管理创新。

如在工作方式方面，由于多元化团队中不同人才所处的家庭环境、家庭需求不同，部分员工存在照料子女、照料长辈等需求，为了寻求工作和家庭之间的平衡，企业可以利用现代化的技术为员工兼顾工作和家庭提供便利条件。远程办公的发展为员工提供了在家工作的机会，弹性工作制为员工提供了更合适的工作时间。

综上所述，数字经济时代下劳动力多元化改变了企业的用人理念和用工方式，推动了企业的管理创新。

四、数字经济时代劳动力多元化带来的挑战

劳动力的多样化在带来众多机遇的同时，也为企业的组织管理带来了巨大的挑战。劳动力的多元化意味着更多的冲突和矛盾，也意味着评价标准难以确定，在管理上带来了诸多问题与困难。企业不仅要看到劳动力多元化的种种好处，更要正视其带来的诸多问题，才能更好地利用多元化的劳动力。

（一）思想观念滞后

即使多元化劳动力的重要性日益凸显，国内仍有许多企业在用人理念上未能及时跟进，拒绝雇用、培养多元化的劳动力。在职场中，对女性的偏见依旧存在，对特定地域或民族的歧视仍未根除。企业抱着滞后、守旧的思想观念，不愿意接纳不同类型、不同背景的人才，将大大阻碍企业多元化劳动力的利用与发展，不利于企业长期竞争力的构建。

（二）转型成本巨大

与招聘背景一致的员工相比，企业需要花费更多的时间和财务成本用于搜寻、吸引并留住不同背景和能力的人才。在培训环节，员工的多样性意味着需要对不同背景的员工开展有针对性的培训，这也会提高财务成本。总之，成本问题是企业向多元化劳动力管理转型的一大阻碍，如果企业在后续未能处理好对多元化劳动力的管理问题，劳动力的多元化会增加企业的人力成本，带来较高的用工风险。

（三）管理难度加大

企业不仅在招聘、培育多元化的员工方面存在困难，如何对这些员工进行管理也是一大难题。

首先，在沟通方面，由于员工背景不同，员工之间的价值观、沟通习惯可能会存在较大差异，这将导致沟通成本增加，容易引发矛盾。

其次，对多元化劳动力的激励较为困难。不同类型员工的个人目标与需求各不相同，对激励措施的偏好也不同。如何对多元化的员工进行激励，以实现对不同人群都有较好的激励效果，是企业在多元化员工管理过程中面临的一大难题。

再次，员工的绩效评估标准难以明确。在劳动力多元化的背景之下，员工在服务理念、工作方式等方面都不同，使绩效评估的标准更加难以确定。如何对多元化的员工进行统一的绩效评估并保证公平性，同样是企业在管理多元化劳动力

过程中面临的难题。

最后，多元化的用工方式加剧了管理的复杂度。企业内既有核心员工，也有兼职工、短期合同工和临时工等辅助员工；既有集中办公，也有远程办公。多元化的雇用形式和工作方式大大加剧了管理的复杂程度，如何管理不同待遇和工作方式的员工，维持企业的正常运作，是企业在人力资源管理过程中需要解决的重要问题。

五、数字经济时代多元化劳动力的应对策略

数字经济时代下的劳动力多元化为企业带来机遇的同时也带来了诸多挑战。因此，在利用多元化劳动力的过程中，企业不仅要充分发挥多元化劳动力的优势，也要采取策略规避其带来的风险与劣势，最大限度地发挥多元化劳动力的价值。

（一）推动人才内涵转型

在数字经济时代，企业的用人理念发生变化，但大量企业在人员配置上仍未能及时调整。这类企业必须推动企业内部人才内涵的转型，认识到人才可以且需要是多元的，摒弃狭隘的人才观念，以开放、包容的态度接纳更多样化的人才。

在对员工素质和能力的认识上，企业不应只关注员工在某一个方面的专业素质，局限于某一类人才，而应构建通用胜任力模型，更看重员工的综合素质与胜任力，培养背景、能力各异，但具备较高胜任力的高素质人才。

在数字经济时代，"数字人才"成为企业招聘和培养员工的重要方向。数字经济技术对岗位的创造效应与替代效应使越来越多低技术要求的岗位面临淘汰，与数字化、新兴技术相关的岗位需求增加。企业在培养多元化劳动力的同时，需要引导人才向数字化相关领域发展，紧跟数字经济时代潮流，提高数字化硬实力，打造互补协同的多元化跨界人才队伍。

（二）改进人才管理制度

劳动力多元化意味着企业内部需要更丰富的用工方式和面临更多的矛盾与冲突。为此，企业必须根据内部劳动力多元化的情况，建立、调整人才管理制度，最大限度地发挥多元化劳动力的优势。

首先，企业需要建立畅通的内部沟通机制。企业可以利用现代化信息技术开发内部专用的办公交流软件，打造内部员工社区，打破多元化成员之间的沟通障

码。企业上下级沟通应针对不同背景的员工采用不同的沟通方式，尽量消除信息的不对称性。

其次，在激励方面，企业应当了解员工多样化的需求，针对多元化的员工提供个性化的激励方式，兼顾效率与公平，达到良好的激励效果。

再次，在绩效考核方面，企业的绩效管理应该与多元化的劳动力相协调。企业需要明确自身的核心价值观与工作目标，在此基础上有针对性地设计绩效考核标准，建立绩效考核系统。

最后，面对复杂多样的雇用形式和工作方式，企业需要建立一个全面、完善的人才管理制度，将不同用工方式纳入管理当中，明确规定对不同用工方式的管理办法。对不同雇用方式的员工，企业需要确定其工作责任与义务，尽可能实现公平对待。例如，对远程办公的员工，企业应加强监督、明确绩效考核标准，保证远程办公的工作质量。

（三）建立信息化人力资源管理系统

在数字经济时代，企业同样可以利用数字化知识和信息技术协助管理，通过建立信息化人力资源管理系统强化对多元化人才的管理，实现多元化劳动力价值的最大化。

通过信息化人力资源管理系统，企业能够快速获取人力资源管理的基础数据和业务数据，尤其在面对高度复杂的企业成员构成的情况下，信息系统的运用能更好地帮助企业提高人力资源管理效率。

在具体的决策支持方面，人力资源管理信息系统能够更好地协助企业在劳动力多元化的过程中解决招聘选拔、绩效考核、薪酬福利等问题。

在招聘方面，识别、筛选多元化人才通常需要耗费更多的时间和财力。而通过建设人力资源管理信息系统的招聘模块，企业能够自动分析、处理应聘者的初步信息，快速高效地识别多元化人才，筛选出满足多元化配置要求的候选人，从而更高效地实现多元化人才的招聘。

在绩效评估方面，绩效管理信息系统使企业能够自定义项目与类别，多渠道收集绩效信息，针对不同的人才建立不同的考核标准，以对多元化人才的绩效进行更加公平合理的评估。

在激励方面，管理信息系统能够协助企业针对不同人才的需求，选取不同的薪酬架构与计薪模式，并实现其他福利的计划与发放，满足多元化人才的个性化需求。

第三章　工作分析

第一节　工作分析的概念及其作用

工作分析作为人力资源管理的基础工作之一，具有十分重要的作用。工作分析的结果不仅可以用来确定工作岗位的任职资格以作为招聘选拔的标准，还可以用于培训开发、绩效评估、薪酬福利等其他人力资源管理职能。

一、工作分析的概念

（一）工作分析的含义

工作分析主要是指对工作岗位进行研究、描述，明确岗位工作性质、工作内容，以及岗位承担者所应具备的任职资格的过程。

工作分析有两种不同的分析思路：一是基于岗位任务的工作分析思路；二是基于岗位所需胜任力的工作分析思路。其中，基于岗位任务的工作分析需要完整展示出某一特定岗位具体的任务职责、工作环境、任职资格等相关信息。基于岗位所需胜任力的工作分析则以工作过程中普遍要求的能力素质，如专业知识、经验技巧、个体特征为基础，对岗位胜任力要求进行识别和描述。二者均始于企业的使命和目标，都需要列出岗位所需的知识、技能、素质清单，以便高效地开展人力资源管理工作。

（二）工作分析的起源

工作分析思想起源于公元前 5 世纪苏格拉底的社会分工学说，即人们只有根据自己的能力去做相应的工作才能充分发挥自己的能力，为社会做出更大的贡献。狄德罗在1747年编纂百科全书时，发现贸易、艺术等方面的工作分类似乎并不完整，缺乏对工作目的的描述，因此，他对这些工作的性质和内容进行了调查并重新分类。可以说，他进行了一次大规模的工作分析。

20世纪初，工作分析这一学术用语才开始出现在管理学文献中。1916年，科学管理之父泰勒提出了时间—动作分析，这被认为是科学工作分析的开始。此外，吉尔布雷思夫妇所开发的动作研究方法对早期的工作分析也产生了重要影响。

（三）工作分析的发展

由于社会经济和科学科技的快速发展，企业环境经常发生变化，这意味着工作分析要顺应企业战略和企业发展目标的变化，不断地进行调整，这时就需要战略性工作分析。

战略性工作分析的主要思想是结合企业发展战略，对组织结构、工作流程和工作岗位进行重新设计，并对每一个部门、每一个流程、每一个岗位的功能进行清晰的界定，使它们相互协调、相互配合，能够对企业实现战略目标起到支撑作用。这一思想将工作设计与工作分析放在实现企业战略目标的大背景下来进行。

为了将工作分析与企业战略更好地结合起来，提前收集有关外部环境、企业发展等可能影响未来组织架构、工作流程、岗位安排等各方面的信息是十分有必要的。

战略性工作分析的方法主要分成四个方面：环境分析、当前工作分析、差距分析和效果检验。

1. 环境分析

环境分析即对企业内部与外部环境进行分析。参与工作分析的人员除了人力资源管理者以外，还应包括企业战略制定者、岗位相关部门的管理者和技术专家等。他们能够提供引起工作环境变化的相关信息，使工作分析能准确反映未来的发展趋势。

2. 当前工作分析

当前工作分析即对目前存在的工作岗位进行分析，工作描述和任职资格要求是其中两项重要的内容。工作描述包括工作内容、任务职责、关键绩效指标等；任职资格要求指员工需要具备的专业知识、工作经验、能力素质等。

3. 差距分析

差距分析即将企业目前的组织架构、工作流程、岗位设置、任职资格要求和将来最可能发生的情况进行对比。因为随着外部环境、企业战略的变化，上述各个方面也会发生相应的变化。当差距很小时，企业可以继续使用目前的工作分析结果；当差距很大时，企业需要根据对未来的预测，调整组织结构、工作流程、岗位设置和任职资格要求，在此基础上重新进行工作分析。

4．效果检验

如果发现工作分析结果与企业实际情况不符，就需要按照上述步骤重新进行工作设计与工作分析。

二、工作分析在人力资源配置中的应用

工作分析是人力资源管理的基础，其结果可应用到人力资源管理的各个环节。从人力资源配置的视角来看，工作分析对人力资源规划、招聘、选拔、录用、留任等都起着重要的作用。

通过工作分析，可以了解企业需要完成的任务和需要履行的职责，也可以了解完成这些任务、履行这些职责需要的人员数量和类型，这就为人力资源的需求预测提供了依据。

通过工作分析，可以深入了解各个岗位的工作内容、任务职责等，以及该岗位从业人员的任职资格要求，在招聘时就能向应聘者传达准确的岗位信息，使应聘者更好地衡量自身与岗位的匹配性，提高应聘者群体的总体质量，节约招聘成本。同时，企业通过工作分析明确了岗位的任职资格要求，就可以制定恰当的选拔标准。依据这些标准来对应聘者的能力和素质进行评价，就更有可能选择到符合企业要求的应聘者。

工作分析结果可以为培训提供依据。因为企业可以根据工作描述和任职资格要求来明确培训目标，制订培训计划，确定培训内容。同时，员工也可以根据岗位任务和要求来选择个性化培训课程，减少时间浪费，提高培训效率。

工作分析有助于激励和留住优秀员工。工作分析结果明确了工作任务职责，便于确定关键考核指标，避免了考核内容笼统、主观性过强等潜在问题。通过这些关键考核指标对员工绩效优劣进行区分，可以提高绩效考核的可行性、公平性与全面性。同时，工作分析对工作内容、工作强度的正确描述，可以为薪酬基准的确定提供依据；对员工绩效的准确评价，可以为浮动薪酬、奖惩的设定提供依据，从而实现多劳多得、奖勤罚懒的效果。

第二节　工作分析的原则、流程和方法

一、工作分析的原则

在工作分析的过程中，为了保证工作分析结果的科学性、准确性与严谨性，应当遵循以下六个原则。

（一）系统原则

企业中各个岗位都不是孤立存在的，这就要求在工作分析过程中要考虑每一个岗位在整个企业组织结构中所处的地位，结合组织结构和工作流程进行系统性的工作分析。

（二）动态原则

企业的内外环境、发展战略、任务目标不是一成不变的，工作分析需结合实际情况进行动态调整。

（三）目的原则

工作分析的目的不同，收集信息和分析信息的方法也会不同。因此，要明确工作分析的目的，以确定工作分析的侧重点和工作分析的方法。

（四）经济原则

工作分析是一项费时、费力的工作，需要一定的时间和金钱成本，企业需根据工作分析的目的，按照经济性原则，选用合适的工作分析方法。

（五）应用原则

工作描述与任职资格说明作为工作分析的结果最终需应用到企业管理实践当中，企业的人力资源规划、招聘、选拔、培训、考核和薪酬等环节均须在工作分析的基础上进行。

（六）参与原则

工作分析不仅需要人力资源部门的参与，更需要高层管理者的支持和各业务部门的配合。不同部门人员的参与有利于工作分析的开展。

二、工作分析的流程

工作分析虽然没有一个最佳的流程，但可以按照相关步骤分成几个不同的阶段：计划阶段、准备阶段、实施阶段、编制阶段、维护与调整阶段。

在计划阶段，需要明确工作分析的目的，决定分析岗位的范围和分析方法的选择；此外，在计划阶段需获得管理者们的认可、组建分析团队等，以便工作分析的进行。在准备阶段，需对现有的工作分析进行回顾与整理，并向利益相关者进行解释说明，介绍工作分析的开展计划。在实施阶段，分析人员需根据计划，采用合理的方式收集信息并进行分类整理。在编制阶段，分析人员需起草工作描述及任职资格说明书，并反馈给管理者和员工进行商讨与审核。在维护与调整阶段，进行工作分析结果的使用时，需根据企业战略、组织结构、业务流程等变化对工作描述及任职资格说明进行调整；与此同时，定期的审查与修订也是十分重要的。

三、工作分析的方法

工作分析的方法主要是指收集岗位信息的程序和技术。工作分析常用的方法主要包括观察法、工作日志法、问卷调查法、访谈法、关键事件法和资料分析法6种。企业需要针对行业或岗位的工作性质、工作内容等使用不同的工作分析方法，保证分析结果的准确性与合理性。

（一）观察法

观察法是工作分析人员到工作现场去观察员工的实际工作情况，予以记录、分析、归纳，并整理成适用的文字资料的方法。观察法的基本操作流程如图 3 – 1 所示。

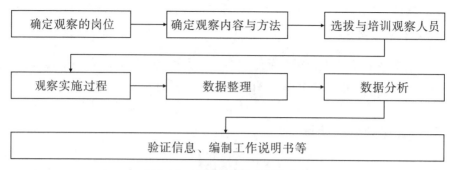

图 3 - 1　观察法的基本操作流程

　　观察法与其他方法相比，能够更深入地了解岗位的特点，收集到岗位的直观信息。观察法适用于外显行为特征显著的工作岗位，主要是对体力劳动者，如车间的操作工人、从事装卸搬运的工人等的观察。观察法对观察人员的专业知识和素质的要求比较高，需要观察人员具备所观察岗位的相关技能或工作经验。在使用观察法之前，为了让观察的结果更加全面、准确，避免遗漏，一般需要制定一份观察内容清单，在清单中罗列出所需要观察的各个要素，准备好相关的观察表格。为了提高观察的质量与效率，需要消除被观察员工的疑虑，让被观察员工能够平静地接受观察，不至于对其工作产生影响。

（二）工作日志法

　　工作日志法是通过员工写的工作日志来了解员工在实际工作中所需要完成的工作内容、工作职责、所拥有的工作权力、所承担的工作负荷等，然后经过归纳提炼，取得所需信息的工作分析方法。员工需要按照时间顺序，尽可能详细地把自己一天的工作情况及时记录下来，使工作记录完整、准确、真实、可靠。

　　这种方法对记录人员的技能要求不高，但需要记录人员拥有一定的书面表达能力。工作日志的记录需要花费大量的时间，若记录人员在工作中忘记记录或者没有时间记录，将导致资料收集不全、不完整，不能反映岗位实际工作情况。

（三）问卷调查法

　　问卷调查法通过发放调查问卷来收集有关岗位的信息，是工作分析中最常用的一种方法。通过在岗人员对岗位信息的填写，收集岗位工作信息并加以分析总结，形成工作描述和任职资格说明。问卷调查法具有调查范围广、样本量大、信息指向性强、收集速度快、成本低等多种优点，但同时也存在一些问题，例如问卷内容陈述可能不准确、被调查者主观性强、被调查者的文化水平达不到要求等，使收集的信息与实际情况存在偏差。

常用的问卷调查法有职务分析问卷法、工作要素法、管理人员职务描述问卷法和任务清单法四种方法。

1. 职务分析问卷法

职务分析问卷法是由 McCormick 在 1972 年提出的一种数量化的工作分析方法。该方法最初的设计理念是开发一种适用范围广的可量化的方法，用以准确描述岗位的任职资格；同时，它还可以用于岗位评估，估计每个岗位的价值，为制定薪酬方案提供依据。问卷包括 6 个部分，即信息获取渠道、完成工作的脑力及心理活动、体力工作及设备操作、与他人的关系、工作环境以及其他工作相关信息，共 194 个项目。问卷项目以人员导向为主，即描述员工在工作中的活动特征。

该方法的优点在于，与任务导向的问卷相比，其人员导向的性质使其几乎适用于所有类型的岗位，且这种方法操作性强，收集到的信息数据高效可靠。但使用该方法进行工作分析时，由于其涉及的范围广、项目多，需要耗费大量的时间成本。

2. 工作要素法

工作要素法是一种人员导向的工作分析系统，着重研究工作组成要素及其任职者特征。

工作要素的抽取主要包括四个步骤：第一，工作分析小组基于企业内岗位特点，通过头脑风暴及讨论，列举出相关的工作要素；第二，分析人员通过专家咨询等方法对工作要素进行筛选与整理，得出工作要素清单；第三，对清单中的工作要素进行评估并划分维度，确定各一级维度、子维度下的工作要素；第四，确定各类工作要素，并整理得出工作分析维度表。

由于该方法能根据具体企业探索其独特的工作要素，具有较高水平的开放性。但这种方法也存在一些缺点，例如要素抽取和分析过程相对复杂、细分工作要素中存在大量的干扰信息等。

3. 管理人员职务描述问卷法

管理人员职务描述问卷是专门针对管理人员设计的工作分析系统。随着企业的不断发展，管理岗位变得越来越重要，而管理人员的工作是复杂多变的，管理人员职务描述问卷由此产生。

管理人员职务描述问卷与职务分析问卷十分相似，它包括 274 个用来描述管理人员工作的问题，例如管理者需要关心的问题、需要承担的责任、受到的限制以及需要具备的各种其他特征。它主要收集和评价与管理工作相关的活动、决策、人际交往能力等方面的信息，通过相应的数据分析制作出各种与工作岗位相关的信息报表,为甄选、评价、提拔管理者,向管理者提供合理的薪酬,以及正确地界定管理者的岗位职责提供信息支持。

4. 任务清单法

任务清单法是一个任务导向的工作分析系统。任务清单法要求工作分析人员首先构建一个任务清单。清单的构建可以通过整理工作日志、分解企业目标等多种方法进行。然后,利用一个高度结构化的任务清单收集信息,并对信息进行整理分析,编制工作说明书。

任务清单法具有信息全面、可靠的特点,还能够针对结果间接调查员工的满意度。但同时该方法也存在对工作任务范围难以把握、仅适用于任务周期短且稳定的工作等缺点。

(四)访谈法

访谈法作为一种应用广泛的工作分析方法,指的是工作分析人员针对具体岗位对任职者、主管或专家等面对面地进行询问。访谈可分为结构化、半结构化和无结构三种方式。通常情况下,采用结构化访谈并进行记录,更便于控制访谈内容,以及对不同岗位的比较;而半结构或无结构访谈更便于挖掘非标准化信息。

访谈法的优点是运用面广,可以收集多方信息,同时可以深入了解到观察法所不容易发现的问题,还有助于加强管理人员与员工之间的沟通。但访谈法要付出更高的时间成本和经济成本,并且其对访谈者的访谈技巧有较高的要求。

(五)关键事件法

关键事件法要求工作分析人员详细记录员工在工作过程中出现的对工作成功或失败存在显著影响的事件,并在累积大量信息后,对岗位特征和要求进行分析。该方法有利于把握工作中的动态事件,对事故防范和绩效提高有重要作用。

关键事件法通常被应用于绩效评估的行为观察中,可以建立更加准确的行为标准。但是这个过程需要花费大量的时间,同时还可能遗漏平均绩效水平的事件。

(六)资料分析法

资料分析法指的是利用现有资料,大致了解每个工作岗位的任务、责任、权力等情况,进一步结合企业的具体情况,形成一份完整的工作说明书。

现有历史资料的获取成本低,但信息可能不够全面。而且,工作内容会随着时间不断发展变化,历史资料的时效性存疑。因此,在进行分析时,需要结合当前的实际情况，并与其他的工作分析方法结合起来，以达到信息收集的目的。

（七）各种分析方法的优缺点及其适用范围

不同岗位的工作性质与工作任务存在一定差异，在进行工作分析时，应根据具体岗位采取不同的工作分析方法。这就要求工作分析人员对每种工作分析方法的特点、优缺点和适用范围有全面的认识，对所需要分析的岗位有一定的理解。表 3 - 1 和表 3 - 2 分别总结了各种工作分析方法的优缺点和适用范围。

表 3 - 1　工作分析方法的优缺点比较

工作分析方法	优点	缺点
观察法	直观感受工作内容和工作环境，信息收集成本低，可信度高	对观察人员的要求高，信息收集的周期长
工作日志法	收集的信息可信度高，信息全面	信息难以量化分析，对记录人员的书面表达能力有要求
问卷调查法	耗时短，不影响正常的工作，应用范围广，能对信息进行量化处理	问卷设计难度高，对被调查者的文化水平有要求
访谈法	适用范围广，有利于挖掘边缘信息	需要较高的访谈技巧，受访者的态度影响大，时间成本高
关键事件法	员工认可度高	记录周期长，易遗漏平均绩效水平的事件
资料分析法	历史信息获取成本低	资料时效性差，对分析人员能力有要求

表 3 - 2　工作分析方法的适用范围比较

工作分析	适用范围
观察法	标准化、重复性高的工作
工作日志法	工作循环周期短、工作状态稳定的岗位
问卷调查法	各类工作都适用
访谈法	各类工作都适用，但样本数量应较少
关键事件法	行为突出、职责不清晰的工作
资料分析法	常见、正规且有一定历史的工作

四、基于胜任力的工作分析

(一)胜任力的概念

胜任力是指能将工作中有卓越成就者与普通者区分开来的个体深层次特征，比如知识、行为、技能、动机、特质、态度和价值观等。

管理学中常用冰山模型展示胜任力，并将其划分为外显胜任力与内隐胜任力两个部分，如图 3 - 2 所示。

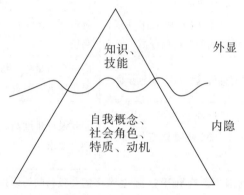

图 3 - 2　胜任力冰山模型

外显胜任力是指浮于水面易被观察到的，能通过学习去改变的知识与技能；内隐胜任力则是隐于水中难被认识到且难以改变，但对工作绩效十分重要的属性，如自我概念、社会角色、特质、动机等。

(二)基于胜任力工作分析的优势

基于胜任力的工作分析在基于岗位任务的工作分析的基础上，加入对胜任力模型的分析与设计，是一种人员导向的工作分析模式。

从胜任力冰山模型中可以看到，基于岗位任务的工作分析更多地考虑外显胜任力，即关注知识、技能这类易于观察的任职资格。但在技术革新加速、知识经济发展快、岗位变化日新月异的时代，对任职者知识、技能的要求随工作内容及技术发展不断变化，基于岗位任务的工作分析难以与时俱进，需要不断修订，成本很高。

基于胜任力的工作分析由于加入了对内隐胜任力的考虑，从而具备了内隐胜任力持久、难以变化的特征，使工作分析结果能更好地适应企业内外环境的变化和时代发展的需求。同时，基于胜任力的工作分析综合考虑了任职的硬性与软性指标以及企业环境的特性，便于实现"人—岗—企业"的匹配与平衡。

与基于岗位任务的工作分析相比，基于胜任力的工作分析方法更加灵活。随着经济、技术的发展，新工作岗位源源不断地产生，与此同时，大量工作岗位亦在逐渐消失。工作岗位的不稳定性使得以胜任力为基础的工作分析在企业中的使用越来越普遍。

（三）基于胜任力的工作分析流程与方法

基于胜任力的工作分析流程与基于岗位任务的工作分析大致相似。在计划阶段，需要明确工作分析的目的，并成立工作分析小组。在准备阶段，需对现有资料进行搜集与分析，并进行工作宣传。在这一阶段，基于胜任力的工作分析还需要判断员工的绩效水平，选取一般绩效员工与高绩效员工两个群体作为参考样本。在实施阶段，分析人员采用合理的方式收集资料，并提炼出与绩效密切相关的胜任力特征。在编制阶段，需要根据收集的信息，并针对目标岗位建立胜任力模型，编制工作说明书。胜任力模型建立完成后需要对其有效性进行验证，工作说明书也需要审核与定稿，并定期进行修订。

第三节　基于团队的工作分析

一、团队的概念及其类型

团队是指为了特定目标，由两个或两个以上相互依赖的个体按照一定规则组成的小型组织。在工作过程中，团队中的每个人都被分配了特定的角色或职能，与普通的群体不同，他们的技能彼此互补，彼此承担共同责任。团队一般具有四个特点：①团队成员的能力具备互补性；②团队成员的工作相互关联；③团队成员为共同的目标承担共同的责任；④产出团队共同的工作成果。

根据任务、目标不同，可以将团队分为四种类型：工作团队、并行团队、项目团队和管理团队。工作团队是指负责生产商品或者提供技术服务的团队，成员通常是全职的、稳定的，团队职责清晰。平行团队通常由来自不同工作部门或工作岗位的人组成，以解决某个问题或改进某个流程为存在目的，一般并行于正式的工作岗位和组织结构。项目团队通常由来自不同职能部门的成员组成，为项目完成提供专业知识，项目完成后，团队成员将返回其职能部门，或继续投入下一个项目。管理团队是企业的最高层，成员多为企业的管理者，他们为企业的战略提供方向指引。

二、基于团队进行工作分析的原因

团队是一种相当重要的组织形式。在知识增长越来越快、工作内容越来越复杂的情境下，员工之间只有协调配合、分工合作，才能使企业更敏捷灵活地响应外部环境的变化（Rego et al., 2018）。随着我国企业海外拓展速度加快，企业中跨地域、跨文化的工作团队占比也呈现上升趋势。基于团队的工作分析有利于企业加强对团队的认识，提高人力资源管理效率。

基于岗位任务的工作分析的优势是可以清晰、明确地定义各岗位的工作要素，从而形成有效的人力资源管理。岗位与团队最大的差异在于：团队强调共享和协调，团队中每位成员的职责难以明确界定。因此，团队工作难以用传统的工作分析方法进行。贝尔宾提出的团队角色理论进一步解释了为什么现代企业需要进行基于团队的工作分析。

（一）贝尔宾团队角色理论

贝尔宾在 1981 年提出了团队角色理论。他指出团队成员必须分担不同的角色——协调者、实干者、监督者、创新者、推进者、信息者、凝聚者、专家等。其中，协调者是团队的领导者和控制者；实干者是有效的执行者；监督者负责分析问题，以确保团队的努力方向是正确的；创新者会为团队带来突破性的想法，并提出初步解决方案；推进者负责实施团队制订好的计划；信息者则负责为团队带来新的信息；凝聚者负责内部协调，以营造和保持团队的和谐气氛；专家则专注于为团队提供智力支持。

团队成员同时承担了职能角色与团队角色。职能角色是由每位成员的专业知识和技能决定的，是由其本身工作所赋予的角色。团队角色则取决于员工的气质和性格，是难以通过培训去塑造或改变的。每位团队成员都应该对自己的团队角色有准确的认识，并且不断提升自身与职能角色相关的知识与技能。

（二）团队成员需要具备的知识和技能

Stevens 和 Campion （1999）基于行为心理学的研究与实践，提出了 14 种团队技能，主要分为两类：人际交往技能和自我管理技能。这些知识和技能可以通过测评方法来评估。

工作模式的改变，对个人的综合素质提出了更高的要求。员工个人要在团队工作方式下创造佳绩，仅有专业知识与技能远远不够，沟通表达能力、团队协作能力等软技能也十分重要。合作是团队行为的重要组成部分，是团队发展的必备条件。若成员不能合作，便无法融入团队，还可能给其他成员的发展带来一定程度的阻滞，影响整个团队的绩效，这也是传统工作分析难以考察到的。

三、基于团队进行工作分析面临的挑战

团队工作中，岗位之间的职权大多会重叠，界限较模糊，经常会出现"无边界工作"的情况。如果团队在设计每个职位的职责和权限时没有通过工作说明书进行清晰的界定，就容易出现职责划分不清晰、员工之间推脱责任的情况，长此以往可能会影响团队的工作效率。

传统体力型工作正逐渐被知识型工作取代，即岗位的显性行为特征逐渐被员工的隐性思维过程取代。然而，传统的观察、访谈、问卷调查等工作分析方法都是基于员工的行为特征和外部工作活动收集信息。这导致在工作分析时，大量知识型岗位中核心、本质的信息难以获取。

四、基于团队进行工作分析的方法

（一）多阶段职能分析系统

多阶段职能分析系统从团队成员的工作和使命出发，探究企业成员为了完成共同目标需要承担的职务，最后再决定该职务需要肩负的任务。多阶段职能分析系统的运行原理与传统工作分析方法相似，其分析模块是参考传统工作分析方法建立的。两者的不同之处在于，多阶段职能分析系统会根据团队类型重新构建分析模块，相较于传统工作分析方法会更加有效。

多阶段职能分析系统的运行步骤为：首先，确定团队的使命和目标，以及团队的其他重要因素；在此基础上，通过个体访谈、小组访谈、技术性会议等方式向任职者、任职者上级、专家等搜集团队相关信息，明确团队任务清单及团队知识技能特征；最后通过分析，评价团队任务清单和知识技能特征的有效性和准确性。总体上，多阶段职能分析系统实现了三个转变：岗位分析转向角色分析；角

色内分析转向角色间分析；个人任职资格分析转向团队素质结构分析。它有助于应对前面提到的团队工作分析面临的挑战（葛玉辉，2014）。

1. 角色分析代替岗位分析

团队工作需要团队成员之间信息共享、相互协调。因此，岗位界定对于团队成员来说过于呆板，不能灵活地反映工作需求。基于团队的工作分析方法与基于岗位任务的工作分析方法相比，能更好地平衡每位团队成员的职能角色与团队成员之间的团队角色，更适合用来做团队的工作分析。

角色分析是指在团队内部进行集体讨论，以明确每位成员在团队中的角色及职责。在角色分析过程中，团队成员不仅要了解自身的团队角色，还要了解其他团队成员对自身团队角色的期望。角色分析分为三步：第一步为角色陈述，每位成员需要对自身的团队角色进行定位，陈述自身角色在团队里应该承担的职责，还需要对其他成员的工作角色进行展望。第二步为角色讨论，所有团队成员对自己及团队其他成员的工作角色职责发表意见，整个团队再基于意见不一致的内容进行讨论。第三步为角色固化，团队对讨论结果进行总结，并以书面形式记录团队所有成员的职责与权限。

团队成员在讨论过程中需要思考自己在团队工作中应承担的责任，也要思考与自己工作相关的同事应该承担的职责，以解决岗位之间界限模糊不清的问题。同时，还能避免团队内部"搭便车"情况的出现，减少问题出现时的相互推诿，提高工作效率。

2. 角色间分析代替角色内分析

团队要实现整体大于部分之和，就需要依靠团队成员间的协调与互动，避免团队中出现小团体、各自为政的现象，否则将导致整个团队的目标难以实现。团队各角色在岗位职责、团队任务等方面存在相互依赖的关系，这种依赖关系需要通过角色间的流程分析得到最大限度的体现。

3. 团队素质结构分析代替个人任职资格分析

在基于团队的工作分析中，每位成员的任职资格评估应被团队整体的素质评估所替代。团队需要完成整体使命，提高团队绩效目标，构建具备差异性、互补性与协作性的团队素质结构。

（二）360 度工作分析法

360 度工作分析是基于团队角色理论的岗位分析方法，即通过多渠道的信息评估，对团队中各工作岗位的职责进行充分评判，从而有效解决团队工作分析中岗位职责交叉重叠、人际互动信息难以收集等问题，促使任职者不断调整自身角色以符合团队期望。

该工作分析方法通过三个步骤实现：首先，组建一个由不同角色成员构成的分析小组，通过观察、体验等方法提出对该角色职责的期望；其次，通过小组讨论商议、总结，明确不同角色的特质与职责；最后，以书面形式阐述分析结果。

第四节 数字经济时代的工作分析与工作激励

一、数字经济时代工作岗位的特点

互联网、云计算、大数据、物联网、人工智能、虚拟现实、区块链等数字技术的出现，推动数字化经济不断发展，也正在潜移默化地改变着很多岗位的工作性质和工作方式。数字化转型对工作性质及工作方式的影响可以总结为以下四个方面。

首先，数字化转型改变了工作性质和工作内容。很多工作岗位由确定的工作转变为不确定的工作，由烦琐重复的工作变成高灵活性、需要创新能力的工作。例如，在仓储企业中，原本偏体力型的操作逐渐变成偏技术型的操作，各岗位间的界限也呈现模糊化发展趋势。根据卡恩的"角色组重叠"模型可知，过多的角色组会带来工作上的冲突和矛盾，导致工作不协调、低效率。

其次，工作方式随着数字化经济的发展发生了很大转变。一方面，小团队工作模式代替单人形式的工作模式，整体工作效率得到提升；另一方面，随着互联网的发展，很多工作内容能够在线上友好高效的平台界面完成，手工操作能够被智能的器械操作替代。

再次，数字化经济带来了就业结构与模式的转变。伴随数字化技术的发展，企业对高技术、高创新从业者，以及低知识、低技能从业者的需求同时增加，而有一定技术门槛但重复性高的工作岗位，在人工智能技术的替代作用下，从业人数呈现下降趋势。数字化的发展与人工智能技术的逐渐成熟，不断强化其就业替代效应，很多岗位将被人工智能等新兴技术替代。

最后，数字化转型使就业更加灵活。长期稳定的劳动关系将被更灵活、更自主的用工方式取代，如零工经济的兴起。这是由于互联网平台的兴起让劳务供需方可以清楚地了解到双方的需要，利用数字化的高新技术，如算法调度供需，可以实现大数据下的精准、高效的供需匹配。

二、数字经济时代传统工作分析面临的问题

（一）岗位任务职责的不确定性增加

随数字化经济发展而产生的新型岗位，若沿用传统工作分析方法进行分析，会存在较大的缺陷。因为这些岗位的具体工作职责存在很大不确定性，人们对这些新岗位是陌生的，采用传统的工作分析方法，如问卷调查、访谈、工作日志等将难以取得预期效果。

传统的工作分析方法是以确定的、可重复性的工作任务作为前提条件的，由工作分析编制的工作说明书是对工作中确定的、可重复的工作内容的阐述，这类工作说明书难以运用于灵活变化的新型岗位。工作分析人员如何沿用传统工作分析方法来对新型岗位做出细致的工作说明，或者如何运用新的工作分析方法对新岗位的工作进行描述和说明，是亟待解决的问题。

（二）岗位界限模糊化

许多新出现的岗位和企业已有的工作岗位呈现界限模糊化发展趋势，在应用传统工作分析方法时，可能会出现工作职责冲突、重复等问题。这是由于人们往往会基于已有传统工作岗位去理解新型工作岗位，在运用传统工作分析方法收集信息的时候，就会产生与已有工作岗位内容重复或起冲突的工作描述。由于新型工作岗位的不确定性，什么样的工作内容应该包含在工作说明书中，什么样的工作内容不应该包括在内，也将难以界定，导致传统的工作分析方法难以全面收集某些特定岗位的信息。

（三）岗位性质由个体导向转变为团队导向

前面提到，现在很多岗位的工作性质已经从个体导向转变为团队导向，部分工作需要通过团队协作、合作共赢的方法来完成，这对传统工作分析方法提出了新挑战。

传统工作分析方法主要是针对个体任务收集工作岗位信息，是个人导向的分析方法。如果采用传统方法对团队任务、职责密切相关的岗位做工作说明，可能难以考虑到团队合作的工作职责和内容，导致工作分析结果可能是片面的、不完善的。

（四）传统工作分析方法费时、效率低

无论什么时候，工作效率往往都是企业所重视的。传统工作分析需要大量的线下操作，而且访谈法、问卷调查法、工作日志法等方式受个人主观因素的影响，可能导致收集到的信息是过时的、凭空想象的。如何利用人工智能技术、复杂精密的大数据算法和互联网技术来提高工作分析的效率和准确性，是研究者和企业需要考虑的重要问题。

三、数字经济时代工作分析方法的改进

（一）强化对工作分析的动态认识

随着数字经济技术的不断发展，进行工作分析时要充分考虑企业未来的变化，认识到数字化给工作岗位带来的冲击，采用合适的工作分析方法，动态地调整岗位的工作内容和工作职责。

此外，企业要意识到在数字化经济背景下，部分工作岗位随时可能被新技术取代。企业需要根据宏观环境变化、实际战略部署及业务发展计划，定期对工作说明书进行全面的审核、修改和调整，以避免工作职责发生冲突或产生误导等问题，确保人力资源策略有效执行。同时，企业也要探索出适合自己的、行之有效的工作分析方法，运用新的工作分析技术来识别不同工作岗位对应的工作内容和任职资格要求，以确定各种岗位工作职责的动态变化。

那么，企业应如何加强工作分析的动态化呢？有学者提出可以运用年度工作分析、适时工作分析和弹性工作说明等分析方法；也有学者提出基于未来导向的工作分析方法和战略性工作分析方法。这些分析方法的核心思想均在于接受和把握环境变化对工作造成的冲击，认识到经济环境变化导致的工作体系的转变，及时调整工作职责，形成更全面、更客观、更有价值的工作说明书。

（二）传统工作分析方法的数字化转型

数字化经济发展迅速，企业应基于传统模式下的工作分析方法，提出更有未来导向、更符合当下数字化环境的新技术工作分析模式，形成新的工作分析理念。基于数字化的工作分析工具能更高效、细致地分析工作，达到更好的人力资源管理的效用。

如问卷调查法，传统的问卷调查法需要耗费大量的时间在问题设计、问卷发

放和回收上。同时，在发放和回收问卷的过程中也可能发生遗漏缺失，或回收到没有参考价值的问卷结果。在数据的汇总、处理和分析过程中也将面临数据量大、分析难度大、分析耗时长的问题。而随数字化网络发展出现的问卷平台，拥有良好的交互界面和简洁明了的操作流程。通过与高流量软件，如微信、钉钉等密切合作，可以大大提高线上发放和回收效率。对于工作日志法，语音录入的方式可以帮助写作能力较弱的任职者完成日志。对于观察法，运用数字化智能监控系统不定时地对工作进行观察，不仅能对工作岗位进行长期全面的观察了解，还能观察到员工较为真实的一面，有效解决其应用范围小、易导致员工起疑念等问题，提高了收集信息的准确性和有效性，使工作分析更有意义和价值。

传统工作分析方法大多是基于结构化数据，如具体的数字和文字描述进行的。而数字化时代下的数据，诸如视频、音频、弹幕等半结构化和非结构化的数据信息，难以沿用传统方式直观地去分析，需利用大数据的一些具体应用来处理这些问题。虽然目前还没有学者将大数据分析作为工作分析的方式，但是企业可以尝试利用大数据作为工作分析过程中的辅助工具，帮助分析人员对工作岗位进行更全面的认识。例如，运用网络爬虫等方法去网上搜集关于岗位分析的数据，并利用数据处理软件对数据进行预处理、关联和预测等操作，得到基于大数据的分析结果。

利用工作分析方法收集到的数据并不是一次性数据，企业可以通过建立信息管理系统，对各工作岗位的数据进行收集汇总，再根据不同阶段的数据来预测未来这些工作岗位可能的发展趋势，进而提前制定人力资源规划，为即将发生的变化做准备。此外，如果企业之间的岗位信息实现部分共享，不但能帮助企业之间消除信息壁垒，还能借鉴彼此相似的工作岗位信息，高效地推进工作分析。

四、数字经济时代的工作激励问题

企业在进行工作分析的过程中，不但要研究岗位的职责任务和任职资格要求，制定出工作描述和任职资格说明书，而且要注意分析岗位的激励要素，即岗位必须具备哪些特征才对任职者产生激励作用。因为在招聘过程中，不仅企业会根据岗位的任职资格条件筛选应聘者，应聘者也会根据岗位对自己的吸引力筛选企业。只有企业和应聘者相互满足对方的需要，才有可能建立、维持劳动关系。

（一）激励对象的特征

在数字经济蓬勃发展的环境下，更多年轻群体进入劳动力市场。由于该群体所处的生活环境和内在价值观的转变，传统的工作激励方法可能不再适用。如何用新方式去激励这群富有知识和能力的年轻工作群体，是企业需要解决的迫切问题。这个时代的年轻工作群体具有以下四个特征。

1. 社交数字化，注重企业智能化

随着数字化不断发展，移动端社交网络遍布人们生活的每个角落，移动智能设备是生活不可或缺的一部分。中国互联网络信息中心发布的第50次《中国互联网络发展状况统计报告》显示，截至2022年6月，我国网民规模为10.51亿，我国网民使用手机上网的比例达99.6%，20～39岁的网民占比高达37.5%，他们对互联网的依赖程度较高。移动网络有助于实现高效多元的沟通，提高了人们对新鲜事物的获取速度，拓宽了人们的视野，因此，人们对工作环境的要求也更高了。一个企业要想激励这样一群年轻人，就要注重企业内部环境的建设，包括更智能的办公场景、更现代化的装修风格，以及不可或缺的网络基础设施。现实中曾有过年轻员工因为企业没有移动网络而辞职的例子，这也正说明了数字化背景下的年轻人对互联网有着很高的要求和依赖程度。

2. 要求交流平等化，希望得到尊重

新生代员工敢于发声，敢于表达想法与建议，希望能与同事和领导进行平等有效的沟通，渴望在企业中得到足够的尊重。这对以往那套上级对下级的压制和固化的沟通模式提出了新的挑战，领导与员工在沟通中需要更突出平等与相互尊重的理念，鼓励员工主动沟通、反馈意见。

3. 注重自身发展

新生代员工拥有较强的独立性，强调自我意识，因此在工作中更依赖于自己的能力，重视自我发展的机会。但在企业层面，部分工作已从个人导向转向团队导向。虽然新生代员工注重维护同事之间的和睦友好关系，但他们更希望能够与志同道合的同事一起工作，因价值观念和能力不同而与同事产生分歧的概率更大。

4. 富有创造力

新生代员工在互联网高速发展的时代中成长，更容易通过网络接触来自各地不同的事物，因此，他们对新鲜事物更感兴趣，创新思维也更活跃，对新环境的适应能力和对新事物的接受能力也更强。这有益于企业的持续创新，但也对企业管理提出了新的挑战。如果企业需要他们去做重复乏味的工作，他们可能会产生厌烦心理，导致工作绩效降低。

（二）激励需求和管理方式的变化

传统的激励方式主要是依据员工的绩效考核结果来对员工进行激励，而绩效考核多是依靠管理人员的主观印象进行，在客观性上略显不足；另外，激励手段较为单一，一般为加薪、奖金等物质激励。而数字经济时代下的新生代员工对非物质层面的激励有更高的要求。根据马斯洛的需求层次理论，企业对新生代员工的激励应该从满足物质需求转为满足社交需求、尊重需求和自我实现需求，并依此来制定相应的激励管理方法。

五、数字经济时代基于工作分析的工作激励策略

工作分析应随经济技术发展而变化，只有基于新技术的工作分析方法制定针对新生代员工的激励策略，才能提升员工的工作绩效，达到企业价值和管理效率的最大化。在数字经济时代下，岗位的激励要素应具备以下三个特征。

（一）因人而异，随机应变

基于数字化技术发展衍生出的新型岗位，对工作分析提出了新的挑战。在面对新型工作岗位时，工作分析需要准确评估该岗位所需的人才素质要求和具体的工作内容细节。企业只有通过工作分析得到这些信息，才能更好地对新型岗位的员工做出相应的激励措施，并根据每个员工独特的需求采取不同的激励策略。通过工作分析获得准确信息，是实施因人而异的激励策略的前提条件。

（二）积极使用智能化、网络化设施设备

新型工作岗位一般具有高知识、高智能化、高技术的特点。相应地，企业如果不能提供一个良好的操作平台和智能化的办公环境，将难以保证员工的满意度。企业要关注办公场所的数字网络服务质量，提高办公场所的网络服务速度。企业还可以利用数字化办公设备和软件，如借助钉钉、企业微信等网络通信软件优化工作流程，减少烦琐的纸面审批，提高企业整体办公效率。除此之外，企业可以根据自己的目标定位、价值观和企业风格来打造企业的工作环境。例如，科技先进的企业，其装修风格可以突显现代化、智能化和科技感，根据企业特性打造更具吸引力的工作环境与氛围，激发新生代员工的工作动力。

（三）注重员工的精神需求，更多采用非物质激励

新生代员工更加注重精神层面的激励，因此，企业应注重在精神上关照员工，给予他们挑战性工作、目标激励和荣誉成就等。此外，在数字化、智能化的环境中，利用互联网、大数据和人工智能等技术进行员工激励的管理，可以帮助

企业提升激励效率。例如，设置弹性工作时间、设计有趣且富有创造性的工作内容、充分地授权等，能让员工更好地感知到企业对人才的重视，从而获得满足感和成就感。这些激励措施更能提高员工的工作满意度，提升他们对企业的忠诚度，激励他们为企业创造更高的价值。

第四章 人力资源测评量化方法

第一节 人力资源测评概述

一、人力资源测评的概念

素质是指完成特定工作或活动所需要的能力、气质、性格、兴趣、动机等个体特质，它是完成工作或活动的必要基础。

人力资源测评是指采用科学的方法收集被测评者在主要活动领域的信息，并根据这些信息对其素质做出判断的过程，或者直接从这些信息中引发与推断某些素质特征的过程。

人力资源测评是建立在心理学、管理学、计算机技术等基础上的一种综合方法体系。它通过心理测评、面试、评价中心、绩效考核等多种手段，对个体的知识、能力、性格等方面进行综合评价，为相应的人力资源管理决策提供信息支撑。

二、人力资源测评的特点

人力资源测评主要有以下三方面的特点。

（一）人力资源测评是对心理现象的测量

人力资源测评主要是对个体心理现象的测量，包括知识、能力、性格、气质等。而心理现象具有内在性、隐蔽性和无形性等特点。

（二）人力资源测评以抽样测量为手段

人力资源测评是对个体的心理特征进行评价。从理论上讲，人力资源测评实施时，涉猎的范围越广，收集的信息越全面，测评结果就越有效。但在实际操作中，在有限时间内不可能掌握反映被测评者素质的全部信息，只能本着"样本反映总体"的原理，对素质信息进行抽样，保证样本有足够的代表性。

（三）人力资源测评是相对测量

测评是测量和评定的结合。测评主体的主观性决定了即使再严格的人力资源测评也可能存在误差。一方面，测评方案的设计、实施都是凭借测评者的经验进行的，测评者对测评目标的理解、测评工具的使用及测评结果的解释难免带有个人色彩；另一方面，测评对象的心理现象和心理特征抽象模糊，构成极其复杂。因此，测评结果与真实情况难免有不同程度的偏离。

三、人力资源测评的必要性和可能性

（一）人力资源测评的必要性

对一家企业而言，有没有竞争力，并不仅仅取决于资金是否雄厚、生产设备是否先进、规模是否宏大，更重要的是如何科学地管理人力资源，充分发挥人的积极性和创造性。

然而，人又是最复杂的资源，受到社会环境、文化背景、价值观念、生理特征等诸多因素的影响和制约。为了建立科学合理的招聘制度和用人机制，很多企业引入了人力资源测评，其必要性有以下三点。

1. 人力资源测评为企业科学用人提供必要的信息

为了对个体的知识能力、个性特征、发展潜力等进行准确定位，做到人岗匹配，就要进行测量和评价。人员配置是一项复杂的系统工程，现代企业内部分工细密，各个环节、各个岗位工作性质复杂，对人员的素质要求具有多样性。

为使各类人员适应企业发展的需要，就需要对人员的知识能力、个性特点有深入的了解。在此基础上对被测评者进行客观科学的评价，再根据岗位需求和企业特性确定是否予以录用和如何培养，从而将最合适的人员安置到最适合的岗位。

2. 人力资源测评是开发人力资源的有力工具

企业在招聘人员时，虽然经过了严格的筛选程序，但并不是所有被录用者都完全具备了胜任工作的能力，企业需要有计划地对他们进行培训，以达到提高员工素质的目标。

除此之外，在进行人员的晋升、调动和轮换时，不仅需要测评其业务知识，还要科学评价其智力、体力、心理素质等个体特征。通过素质测评，为企业制定人力资源规划，有针对性地对人员进行培训、使用和管理提供依据。总之，要达到科学选才、合理用才的现代人力资源开发标准，必然要求对人员的素质进行科学测评。

3. 人力资源测评是自我管理的有效手段

就业是一个双向选择的过程，素质测评不仅仅为招聘者服务，被测评者也可以根据测评结果来明确自己的职业及其发展规划。通过科学的素质测评，使人们对自我素质的认识科学化，促使个体素质的培养向着社会所需要的方向发展，提高被测评者的素质与能力水平。

（二）人力资源测评的可能性

人力资源测评之所以能够得到广泛的应用，是基于其自身所具有的信度和效度特征。当今科学技术的飞速发展使测评思想得以更好地实施，这是毋庸置疑的。从1879年德国心理学家冯特设立世界上第一个心理实验室开始，测评工作越来越依赖于科技的发展。

目前的测评方法有心理测试、面试、评价中心、系统仿真等多种形式，测评技术日新月异。与传统测评依靠个体主观判断不同，科学的测评技术能够从发展的角度，将潜在的个体特征科学地评价出来。

四、人力资源测评需要遵循的原则

（一）科学性

人力资源测评是用来招聘选拔、培训开发和指导个人职业发展的，因此，方法的科学性非常重要。人力资源测评一般有四个步骤：首先，进行工作分析，确定岗位所应具备的资格条件、能力要求；其次，根据工作分析结果确定所要测评的内容；再次，选择测评方法，实施测评；最后，分析与评价测评结果，为相关决策提供依据。

人力资源测评的科学性体现在四个方面：第一，人力资源测评要按照科学的程序来进行；第二，人力资源测评工具的选择要体现出科学性，要使用经过实践证明有较高信度和效度的测评工具；第三，人力资源测评结果的解释要科学；第四，人力资源测评结果只是为决策提供信息，不能取代决策。最终的决策要根据企业实际情况、岗位情况和人员情况来决定，这样才是科学的态度。

（二）实用性

人力资源测评最终的目的是达到人岗匹配，将合适的人安置到合适的岗位上，实现个体和企业的最大绩效。人力资源测评的实用性主要体现在三个方面：第一，要根据岗位的需求设定测评的目的和程序，不同的岗位需要设计不同的测评方案。第二，测评工具的选择要以实用为标准，而不能只看其新颖性。例如，一般基层人员的测评就不需要用评价中心这种复杂的形式。第三，测评结果的分析要体现实用性。

（三）动态性

企业中的岗位处在不断的变化之中，员工的能力水平也是随着工作实践经验的积累逐步提高的。人力资源测评要反映这种快速的变化，就必须具有动态性。人力资源测评的动态性体现在两个方面：一是测评工具的选择要体现动态性，在实用性的前提下，尽可能选择那些动态的测评工具，如评价中心中的无领导小组讨论、管理游戏等。二是对测评结果的使用要具有动态性，不能用静止和僵化的眼光看待员工的能力，而应该用动态发展的眼光去发现员工的潜能和未来企业的需求。

（四）针对性

人力资源测评的最终目的是为人力资源管理决策，比如个体的职业选择，企业的招聘选拔、培训开发、考核激励等提供信息。测评要做到有针对性，主要应从以下两个方面努力。第一，测评的目的一定要明确，不能含糊不清。例如，测评是为了选拔行政管理人员，那么就应该针对行政管理人员的素质和能力要求设计具体的测评方案。第二，测评工具的选择要有针对性。对一般认知能力的测评，使用普通智力测评就可以了；但是对领导能力、组织能力、行为风格的测评就必须设计相应的测评工具，如评价中心等。

第二节　人力资源测评结果的量化

一、人力资源测评量化的定义

量化指的是将数值与事物的属性相关联，通过数字形式表达事物。人力资源测评量化即通过某些测量标准和准则，用统一的数学方法，为被测评者的素质特性等分配序号，同时将测评者对不同被测评者素质特性的感知差异准确地反映在序号的数学差异上，进而反映被测评者素质的水平和差异。简单来说，就是以一致的数学方法处理被测评者在以往定性评价中不便于处理的水平特征和质量特征，通过数量差异反映不同被测评者素质特性的感知差别，从而对被测评者素质水平进行比较，为人员配置决策活动提供定量依据。

二、人力资源测评量化的常见问题

（一）测评方法定量判断少、定性判断多

萧鸣政（2015）指出，目前人们对个体素质的认识与研究都局限于"只能意会，不能言传"的第六感觉阶段，难以用语言表达，无法使之形成群体的共识。同理，人力资源测评结果量化也存在这样的困境。感性的、非量化的测评方法所获得的结果被局限于测评者的感性认知内，很难通过正式、准确的语言向外表达，对被测评者的评定结果难以达成共识。

（二）测评工具缺乏科学性、操作性不强

有些企业使用的测评量表存在内容宽泛、缺乏具体尺度和存在主观臆断成分的问题，使被测评者最终得到的评价结果与其本身真实的素质水平存在较大的出入，导致企业人岗不匹配，打击了员工的工作积极性，浪费了大量的企业资源。

（三）测评过程缺乏有效反馈机制

有些企业在测评后，不把量化结果反馈给被测评者；即便反馈了，申诉渠道

也形同虚设。这导致被测评者没有机会了解测评结果，或没有机会对有疑问的测评结果进行申辩，也无法知道自己的知识能力与企业要求是否匹配，影响被测评者的工作积极性及提升自身素质的动力。

（四）测评结果使用不恰当

如果最终的量化结果未被运用到奖优罚劣中，则会让被测评者有"走过场"的感觉，这样的话，无论测评量化工具做得如何完美，测评结果也起不到其应有的作用。

三、人力资源测评量化的可行性与必要性

（一）量化以个体素质特征的客观可比性为基础

人力资源评价指标中，有些指标本身就是数量化指标，如身体素质方面的指标、文化素质方面的指标（考试成绩、技能等级）等。有些指标看似是抽象的"软"指标，如心理素质方面的指标，实际上也是可以借助一些手段进行量化的，只是在直接性和间接性上有所差异，因为人力资源测评所测量的人员素质特性是客观存在的。

萧鸣政（2015）提到，素质测评量化除了方便简洁的表述功能外，还有助于促进测评者对素质特征进行细致、深入的分析与比较，为企业人力资源配置活动提供较为科学准确的决策依据，最大化地实现人岗匹配和人员协调发展，提高人力资源使用的质量与效率。

（二）量化可以由感性认知上升为理性认知

传统的人力资源测评一般为定性评价，容易局限于测评者的感性认知，难以看出不同被测评者之间的素质差异，导致不能恰当地测评和利用人力资源。量化人力资源测评结果，不仅可以使模糊的、主观的测评成为更加准确的、理性的测评，还可以使测评者突破感性认知的局限，将测评结果上升到群体理性测评的阶段。

（三）量化结果更具有激励效应

量化把很难进行比较和评价的测评结果转化成简洁、直观且容易比较的具体分数，使测评结果更加客观、准确，有助于将选拔录用环节采用的测评指标落到实处，保证人员配置活动的公平公正。通过量化得到的测评结果可信度更高，能

够被大多数群体认可，有助于通过外部的动力机制激发员工的内部工作动机，提高员工的工作积极性，从而达到对被测评者的正向激励作用。

四、人力资源测评量化的形式

人力资源测评的量化可以分为以下几种形式。

（一）一次量化与二次量化

一次量化是指对被测评者直接进行定量的描述。例如，员工的缺勤次数、请假次数、奖励次数等情况都可以用数据来记录说明，同时可以真实反映员工的某些素质特性。因此，我们可以认为，一次量化所量化的特性具有明显的数量关系，能够用数据直接描述对象的实质特征，理论上也可以将其称作实质量化。

二次量化与一次量化不同的是，它一般不直接定量描述被测评者的素质特性，而是先定性描述对象，然后用赋值的方法对对象的素质特性进行定量刻画。例如，在测评一个员工的学习能力时，我们可以用"低下""一般""优秀"等形容词语来定性描述，然后分别对学习能力的三个不同程度进行赋值，假设"低下"为1、"一般"为2、"优秀"为3，然后将所得数据综合，就可以得到一个简单的定量描述结果。这种量化方式就是二次量化。

一般来说，二次量化所得出的特性不具有明显的数量关系，而具有不同程度的素质特性，可以定性描述。由于二次量化没有直接描述被测评者，其表现形式与具体内容并没有直接的数量关系，因此，理论上也可以将其称作形式量化。

（二）类别量化与模糊量化

某家企业将其所有的员工分成三类：管理人员、技术人员和生产人员。如果分别为他们赋予数字符号，如管理人员为1、技术人员为2、生产人员为3，这时就产生了一种形式上的量化，即类别量化。所谓类别量化，就是把测评对象划分成几个类别，然后分别为每个类别赋予数字符号。这个数字符号并没有大小差异之分，而是作为被测评者分类的一个标志，只有符号作用。

如果考虑到员工不同方面的能力特性，即一个员工在一定程度上能够担任两个或者两个以上的岗位，那么可以就他不同方面的胜任能力同时给出几个不同的赋值。例如，一个员工胜任管理岗位的能力为0.1，胜任技术岗位的能力为0.9，这样就可以同时将该员工归到几个不同的类别中。这种量化方法就是模糊量化。所谓模糊量化，就是把被测评者归属到已经划分好的几个不同类别中，同时根据被测评者在各个类别中的胜任能力，对其进行分别赋值。

可以看出，类别量化和模糊量化都是二次量化的一种，但是类别量化与模糊量化之间存在着明显的区别，并不能互相替代。首先，在类别量化中，被测评者只属于一个类别，而在模糊量化中，被测评者同时具有多个类别的特性。其次，类别量化的数值仅仅是一个数字符号，没有描述被测评者的素质特性，因此，可以说类别量化只是形式上的量化；而模糊量化的数值虽然不能直接准确描述被测评者的素质特性，但是这个数值可以反映出被测评者在几个素质特性上不同程度的能力差异，因而具有重要的实际意义。最后，类别量化适合于量化那些界限明确而且测评者能够充分把握的素质特性，而模糊量化的对象则是那些界限不够明确，或者测评者不能充分把握的素质特性。

在人力资源测评中，类别量化和模糊量化都有着广泛的应用。例如，划分员工类型时，可以用类别量化的方法把员工分成管理型、技术型、生产型等。若是考虑到划分界限的不明确性，或者对员工素质特性的掌握不够充分，也可以根据模糊量化的方法，评价员工在不同类型中所展示的素质特性，在三个类型中同时进行测评，从而对员工的素质倾向有更深的认知。选择量化方法的时候，还应该考虑到人力资源测评的目的是简单地区分员工，还是了解员工在不同类别中的素质表现。根据测评目的，结合实际情况，选择合适的量化方法有助于人力资源测评工作的顺利进行。

（三）顺序量化、等距量化与等比量化

顺序量化是用数字来表明物体所拥有的特性的相对程度。顺序量化一般是根据测评的某一种素质特征，将所有被测评者进行比较排序，并且按顺序对被测评者赋予相应的数值。顺序量化标明了被测评者之间的相对位置，但不能反映出他们的真实差距。例如，对生产线员工的工作效率进行顺序量化，工作效率最高的赋值1，其次的赋值2，依此类推。

等距量化是用数字上相等的距离表明被测特征的差异程度。等距量化不但要对被测评者的顺序进行排列，还要对被测评者之间的差别进行定量的描述。每个测量尺度之间的距离相等，可以对被测评者之间的差距大小进行比较。例如，将生产效率最高的员工赋值为1，与最高生产效率差距一个等级的员工赋值为2，依此类推。赋值分别为1和2的员工之间工作效率的差距相当于赋值分别为2和3的员工之间工作效率的差异。

等比量化拥有顺序量化和等距量化的性质，除了赋值数字上的排序及距离差异的描述，它还能反映出数字之间的比值，即倍数关系。此外，等比量化有一个

绝对的零点。例如，在对生产线员工的工作效率测评中，若一个员工没有参加工作，则他的工作效率为0，这就是一个绝对的零点；若第一个员工的生产效率赋值为1，而第二个员工的工作效率是第一个员工的2倍，则可以将之赋值为2，若第三个员工的工作效率是第一个员工的0.5倍，则可以赋值为0.5，依此类推。后续的每个被测评者都与第一个被测评者进行倍数比较。

五、人力资源测评量化的实施过程

人力资源测评量化的实施可以分为三个步骤：企业首先要明确需要量化的素质，然后在此基础上选择测评方法和开发测评工具，最后利用测评工具进行测评。下面对人力资源测评量化的实施过程进行具体介绍。

（一）明确需要量化的素质

素质测评指标体系和量化标准是开展人力资源测评的必要前提，没有明确、规范的标准体系，人力资源测评的开展就会成为无源之水、无本之木。企业在实施人力资源测评工作时，首先需要明确需要量化的素质，确立素质测评指标体系和各个指标的量化标准。企业确定的测评指标要与测评目标一致，确保指标体系合理完善，避免重复或缺漏。

（二）选择测评方法和开发测评工具

企业在确定需要量化测评的素质后，需要在此基础上选择合适的测评方法和测评工具，这是测评过程中必不可少的一个环节。企业只有借助科学的测评方法和测评工具，才能达到理想的测评效果。如果选择不恰当的测评方法和测评工具，就有可能使测评结果与测评目标不一致，甚至会收集不到有用的信息，进而影响决策的制定。

在选择测评方法和测评工具时，要注意以下三点：第一，测评方法和测评工具应适应不同测评岗位的要求和特征，实现测评方法、测评工具与测评目标的一致性；第二，测评方法和测评工具要适应测评对象的特征和要求，通过分析测评对象的相关特点来确定恰当有效的测评方法和测评工具；第三，要保证测评方法和测评工具的信度与效度，根据信度和效度选择最有效、最合适的测评方法与工具。

（三）利用测评工具进行测评

企业在选择合适的测评方法和测评工具后，即可利用测评工具开展测评活动。测评主要分为三个部分：测评前的组织动员、测评时间和测评环境的选择、测评操作程序及注意事项。

1. 测评前的组织动员

测评前的组织动员是人力资源测评实施阶段的一项重要活动，它是一个互动的过程，需要被测评者的配合才能完成。测评前需要进行组织动员，通过对被测评者做动员工作，让他们明确本次测评工作的价值和意义，确保测评对象享有一定的知情权，避免测评对象因不了解测评内容而产生抵触情绪，从而保证测评工作的正常开展。

2. 测评时间和测评环境的选择

测评时间和测评环境的选择应该同时从被测评者和测评者出发，选择最便捷、最有效的时间和环境，以提高测评的效率。

（1）测评时间。测评时间应该选择被测评者的最佳表现时段，使被测评者最大限度地表现出自己的真实水平。在正式实施测评前，测评人员可以设置多个测评时间选项供被测评者选择，以先到先得、自愿原则决定测评时间和测评顺序。此外，测评人员要注意被测评者之间的测评时间间隔，留出一定的时间间隔以应对突发状况，同时避免过长的时间间隔导致的时间浪费和效率低下。

（2）测评环境。测评环境既包括实施测评的物理场所，也包括测评活动的安排。一方面，测评环境应舒适、安静、明亮，有利于被测评者保持自然轻松的状态，使其能最大限度地表现自己真实的能力水平和素质水平，保证人力资源测评真实有效；另一方面，在实施测评前应对测评人员进行专业的培训，确保测评过程程序化、标准化，避免由于测评人员不恰当的行为干扰被测评者的表现，影响真实的测评结果。

3. 测评操作程序及注意事项

测评操作程序主要包括测评指导工作、实施测评和回收数据三个环节。

首先，在正式进行测评工作之前，测评人员应进行测评指导工作，即提前将测评目的、测评标准和测评实施操作流程准确地传达给被测评者，并提醒被测评者测评规则及注意事项等，保证被测评者按照统一的程序和标准进行测评，避免被测评者因为不了解测评相关事宜而造成测评行为失误，进而导致测评结果产生偏差。

其次，在实施测评的过程中，测评人员应密切关注被测评者的测评表现，及时搜集被测评者具有代表性、有价值的具体表现，并使用恰当的辅助工具准确、灵活地记录被测评者的行为特征，以便准确衡量被测评者的测评表现和测评结果。同时，测评人员应及时发现被测评者在测评过程中遇到的困难，努力协助被测评者纠正错误和解决问题，避免测评结果受到与测评内容或测评标准无关的因素干扰。

最后，在测评实施后，测评人员应该严格遵守规定统一回收测评结果，严格执行数据回收的程序，保证数据回收过程的严谨性和公正性。

第三节　人力资源测评工具的信度和效度分析

人力资源测评结果作为人员配置决策的基础，其准确性会直接影响人员配置的质量，而测评结果的准确性取决于测评工具或测评方法的信度和效度。本节将对测评工具或测评方法的信度和效度进行介绍。

一、信度分析

（一）信度的概念

1. 信度

信度是指使用某一测评工具对某一特质所测结果的一致性程度。如果使用一个测评工具测量某特质的结果是稳定的，则说明该测评工具的信度高。

2. 信度系数

信度高低的衡量一般用相关系数表示。例如，对同一批测评对象进行前后两次测量，前后两组测量数据之间的相关系数就可以作为测评一致性的指标，称为信度系数。信度系数最小为 -1，最大为 $+1$。理论上，信度系数越大越好，因为信度系数越大表示测评的可靠性越高，具体评价标准见表 4-1。

表 4 - 1　信度系数评价标准

信度系数 r	评价标准
$r \leqslant 0.30$	不可信
$0.30 < r \leqslant 0.40$	勉强可信
$0.40 < r \leqslant 0.50$	稍微可信
$0.50 < r \leqslant 0.70$	可信
$0.70 < r \leqslant 0.90$	很可信
$r > 0.90$	十分可信

（二）信度的类型

测评方式不同，信度系数的计算公式也不同。测评方式可以分为主观评价或客观评价，以及一次性测评或不同时间段的多次测评。不同测评方式对应的信度系数计算公式不同，具体情况见表 4 - 2。

表 4 - 2　信度的类型

测评方式	T1 或 T2 内分数比较	T1 和 T2 间分数比较
客观评价（测评项目）	内部一致性信度	重测信度
主观评价（评分者）	评分者间信度	评分者内信度

1. 重测信度

重测信度是指用相同的测评工具，按照相同的测评方法，在类似的外部条件下对相同的被测评者在时间 1 和时间 2（T1 和 T2）进行前后两次测量，得到的前后两次测量结果之间的相关系数。重测信度反映了测评中随机误差的影响，随机误差主要来源于时间变化的随机影响。因此，在评估重测信度时需要谨慎考虑重测间隔的时长。

重测信度系数的计算，一般采用计算两次测量结果的积差相关系数的方法：

$$r = \frac{n \sum XY - \sum X \cdot \sum Y}{\sqrt{\left[n \sum X^2 - (\sum X)^2 \right] \left[n \sum Y^2 - (\sum Y)^2 \right]}}$$

如果测量结果以等级或名次表示，则使用等级相关法计算：

$$r = 1 - \frac{6 \sum D^2}{n \left(n^2 - 1 \right)}$$

其中，n 是测量结果的总个数（被测评者数量）；D 是同一个被测评者在两次测量结果中排列等级或者名次的差。

一般来说，在较短的时间间隔内，大多数特质是稳定的，重测信度也很高（$r > 0.90$）。如果时间间隔较长，通常得到的 r 值也较小，这取决于受测对象的特质。例如，当时间间隔超过 6 个月时，一个人对机械原理知识的了解程度就会发生改变，那么重测信度也会较低。需要注意的是，重测信度一般反映的是由随机因素导致的测量结果的变化，不反映被测评者行为的长久变化。

重测信度的优点是能够提供有关测量结果是否随时间改变的信息，可作为预测被测评者将来行为表现的依据（郑日昌等，1999）。其局限性有以下两点：第一，重测信度的测量易受练习和记忆的影响，前后两次测量时间间隔的长短务必适宜。如果相隔时间太短，则被测评者记忆犹新，受到练习的影响较大；如果相隔时间太长，则被测评者身心的发展与学习经验的累积等均足以改变测量分数而使重测信度降低。第二，重测信度适用于测量那些不会随时间的变化而改变的特质。

2. 复本信度

复本信度是用两个等值但测评题目不同的测评工具（即复本）测量同一个被测评者群体，进而求出被测评者在两个复本测评上得分的相关系数。

复本信度的测量有两种方式。一种是在同一时间段内连续进行两次测量，该测评方法可以判断两次测量的内容是否等值，用该方法得到的信度系数被称为等值系数；另一种是间隔一段时间后再进行第二次测量，该测评方法不仅可以判断两次测量的内容的等值情况，还可以反映时间因素对被测评者属性的影响程度，用该方法得到的信度系数被称为等值稳定系数。相较于等值系数，等值稳定系数对测量结果的评估更严格。因此，在进行复本信度的测量时，要注意考虑两个复本实施的时间间隔。

复本信度有以下优点：第一，两个及两个以上的复本意味着对同一种属性的测量具有多个行为样本。由于测评材料数量的增加，测量结果对与被测评特质相联系行为的总体代表性也会增强。第二，等值稳定系数既可以反映不同测评题目的一致性程度，又可以反映测评题目在一定时间段内的稳定性，因而反映了两个层面的信度。第三，如果用于测量的两个复本在同一时间连续使用，可以避免重测信度的一些缺点，包括首次测量对再次测量在记忆、练习效果上的影响，被测评者在间隔期间获得新知识的影响，两次测量实施的环境不同和被测评者主观状态不同的影响，以及为了应付测量提前训练的影响，等等。

复本信度也存在一些局限性：第一，编制两个测量效果完全相同的测评题目是很困难的。如果两个复本过分相似，那么测量就变成了重测的形式；如果两个复本差异过大，又不满足复本测量中等值的条件，那么两个复本在某种程度上可能测量了不同的特质，将会导致测评的信度被低估。第二，被测评者在连续接受性质相似的两个测评的情况下，可能会降低其完成测评的积极性。第三，虽然两个复本测量的题目材料不同，但被测评者一旦掌握了特定的解题模式，触类旁通，就有可能失去复本的意义。

3．内部一致性信度

内部一致性信度用于测量同一个概念的多个测量指标间的一致性程度。内部一致性信度主要反映测评题目之间的相关关系，考察测评量表的各个题目是否测量了相同的内容或特质。内部一致性信度分为分半信度和同质性信度。

（1）分半信度。分半信度是指将一个测评量表分成对等的两半后，所有被测评者在这两半测评量表上得分的一致性程度。分半信度的相关系数越高，表示测评量表的信度越高，或量表的内部一致性程度越高。分半信度是常用的信度检验方法之一。

分半信度有以下优点：第一，降低测评的难度，减少测评成本。第二，信度较高。分半信度的系统误差主要源自题目本身，是由于两半测评题目内容取样的不同造成的，时间因素不会对分半信度的结果产生影响，因而该方法得到的信度往往较高。

分半信度的局限性有以下三点：第一，分半困难。在使用分半信度时，最大的挑战在于合理地将一个测评量表分半。对于大多数测评量表而言（尤其是按题目顺序编制的测评量表），前半部分题目和后半部分题目的难度可能不同，因此无法对题目进行合理分半，即便是采用奇偶性分半法仍然无法避免该问题。在实际操作中，如果遇到紧密相关的题目或一组解决同一问题的题目时，这些题目应放在同一半中，否则将高估测评量表的分半信度。第二，不适用于速度测评。速度测评是一种由简单题目组成的、在时间允许的情况下绝大多数人都能做出所有题目的测评。在速度测评中，因为被测评者基本上都能正确答出所有题目，所以分半后的两份量表的得分会相等，从而高估量表的分半信度。第三，分半信度的系数值不是唯一的。由于将一个测评量表分成两半的方法很多（如按题号的奇偶性分半、按题目的难度分半、按题目的内容相关性分半等），因而同一个测评量表通常会有多个分半信度值。

（2）同质性信度。同质性信度是指测评量表中所有题目间的一致性程度。当各个测量题目的得分之间高度正相关时，这些测量题目为同质的；相反，即使所有题目看起来好像是测量同一特质，但题目的得分之间相关性很低或为负相关时，这些测量题目为异质的。同质性不仅仅要求测量题目测量的是同一种特质，而且也要求这些测量题目的得分之间高度正相关。

4. 评分者间信度

评分者间信度是指多个测评者对被测评者同一素质评分的一致性程度。影响评分者间信度的因素主要是测评人员本身，包括测评人员的知识水平、经验水平、对测量量化及测量标准的理解和掌握程度、其他动机、正常的心理效应等。

5. 评分者内信度

评分者内信度指在不同的时间段（T1 和 T2），相同测评者对被测评者同一素质评分的一致性程度。其测量方法为：在两个不同的时间段，分别由同一个测评者评估被测评者的某一特质，若两次评分的一致性程度较高，则测量具有较高的评分者内信度。

（三）影响信度的因素和提高信度的方法

1. 影响信度的主要因素

（1）测评的长度。一般来说，在适当范围内，符合同质性要求的测评题目越多，测评的信度就越高。

（2）被测评者间的差异。在其他条件类似的情况下，被测评者素质水平的分布范围越广，测评的信度就越高。

（3）重测信度或复本信度中二次测评的间隔时间。两次测评的时间间隔越短，所得的信度就越高。

2. 提高信度的方法

影响测评信度的因素主要为测评本身和测评者，因此可以从以下两个方面提高测评信度：一方面，可以从测评本身出发进行考虑，如测评量表的长度、区分度、计分方法、速度、环境条件与程序等；另一方面，从测评者角度出发，制定明确的评分标准，降低测评者的主观性。在此主要介绍以下六种提高测评信度的方法。

（1）适当延长测评量表的长度。测评量表的长度是指测评量表中编制的题目数量。测评量表包含的题目数量越少，被测评者的得分越容易受到偶然因素的影响，测评信度越低；反之，当测评量表长度延长，测评题目增多时，被测评者得分范围的扩大可以在一定程度上减少偶然因素的影响，进而提高测评信度。需要注意的是，在延长测评量表的长度时还需要考虑其他因素的影响，如被测评者回答问题时是否感到疲倦或产生厌烦情绪，延长测评量表所需的时间、人力、物力和财力是否足够，测评题目是否符合测评目的，等等。

（2）测评的难度要适中。测评的难度即测评题目对于被测评者的难易程度。当测评难度过高时，被测评者的得分普遍较低，得分整体上呈负偏态分布；当测评难度过低时，被测评者的得分普遍较高，得分整体呈正偏态分布。太难或太易的测评会使被测评者的得分差距缩小，被测评者内部的分数方差降低，进而降低测评信度。

（3）测评的内容尽量同质。内容同质的测评工具，对被测评者能力、知识和技能方面的要求相似；而内容异质的测评工具，则要求被测评者有差异化的能力、知识和技能。因此，为了提高测评的信度，测评内容应尽量同质。

（4）测评的时间要恰当。一个测评应保证绝大部分被测评者可以在规定时间内完成。如果测评内容过多、测评时间过长，就容易使被测评者产生厌烦心理，测评结果就不能反映被测评者的真实情况，进而对测评结果的真实性产生负面影响。

（5）测评的程序要统一。测评程序的统一包括测评题目统一、回答方式统一、分发和回收试卷的方法统一、测评时间统一等。统一的测评程序可以减少测评的不确定性，进而提高测评信度。

（6）制定明确的评分标准。评分是否客观对测评信度有直接影响。因为客观性题目的评分标准明确，评分者的主观性受评分标准的制约，所以评分的客观性更能得到保障；而主观性题目的评分结果受评分者主观影响较大，评分很难做到完全客观。可以通过制定明确且易于掌握的评分标准，采取一卷多评或一人评一题等措施，尽可能做到客观评分。

二、效度分析

（一）效度的概念

效度是指一项测评工具能够准确测量出其所需测量的特质的程度。需要注意的是，效度是一个表示程度的概念，只有高低之分，不能简单分为有效和无效。

如图4-1所示，某企业开发了一套有关机械原理的知识测试题，并准备把测试结果作为选拔决策的一个依据。左边圆圈表示这次测试需要测量的知识，右边圆圈表示现在的这套测试题实际测量的知识。可以看到，这套测试题中含有很多超出了测试范围的知识（即右边圆圈内白色部分），而真正需要测试的知识中还有很多没有测试到（即左边圆圈内白色部分），只有两个圆圈的交集部分才是有效的测试题（中间的灰色部分），即测量到了应该测量的内容。这个交集越大，测量效度就越高；反之，测量效度就越低。

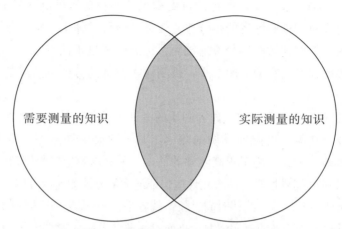

图4-1　机械原理知识测试的效度原理

（二）效度的类型

效度的类型主要包括三种：内容效度、构思效度和关联效度。下面进行具体介绍。

1. 内容效度

内容效度是指测评工具对需要测评的特质取样的适当程度，或一项测评的内容能够代表它所要测评的特质的程度，即对测评内容的代表性。

内容效度高的条件主要有两点：第一，特质的内容范围定义完好；第二，测评题目应是在定义完好的内容范围中进行的有代表性取样。内容效度的主要测量方法有专家比较判断法和经验判断法。

2. 构思效度

构思效度是指测评工具对理论上的构想或特质的反映程度，或测评工具能够准确测量理论上的特质的程度。它表示测评结果在多大程度上可以反映所要测评的特质的结构。

构思效度的主要影响因素包括对该特质结构的理解，以及构建构思的过程。构思效度的主要测量方法有探索性因素分析、验证性因素分析和多特征—多方法矩阵。多特征—多方法矩阵是用来建立区分效度和聚合效度的主要方法。

3. 关联效度

关联效度也称为效标关联度，是指测评结果与效标数据的一致性程度。根据效标数据的获取时间，关联效标可以分为同时效标和预测效标。其中，同时效标是指测评结果与同一时间取得的效标数据之间的相关性高低，用于评估目前的行为；预测效标是指测评结果与实施测评后一段时间所取得的效标数据之间的相关性高低，用于预测未来的行为。

（三）影响效度的因素和提高效度的方法

1. 影响效度的因素

（1）测评工具。如果一个测评工具本身存在严重误差，那么测评结果是不可靠的，即测评效度低。测评工具的误差越大，测评结果就越不可靠，效度也越低。测评工具误差大具体表现为测评内容的难度不恰当、测评内容的区分度不高、测评题目过多、测评内容的范围过广等。这些测评工具本身存在的问题对测评效度的影响是不可忽视的，企业在开发和选择测评工具时需要提高警惕，注意降低由测评工具引起的系统误差。

（2）样本情况。人是复杂的，被测评者在参加测评时会受到各方面因素的影响。被测评者的情绪、动机、兴趣、身体状况、态度等方面的因素都会影响测评的效度。由于效度受到被测评者总体分数分布的影响，在其他条件相同的情况下，被测评者的异质性越高，测评的效度越高。

（3）效标的选择也是影响效度的一个主要因素。效标是衡量测评效度高低的参照，因此，选择适合的效标才能准确地进行效度分析。同时，效标获取间隔时间的长短也会影响效度。一般来说，间隔时间越短，测评结果与效标的关系受到的外界影响越小，测评效度越高。

2. 提高效度的方法

（1）控制系统误差。导致系统误差的主要原因包括仪器不准、存在暗示性题目和指导语、题目编排不合理等。系统误差是影响测评效度的主要因素，控制这些干扰因素可以有效降低系统误差，提高测评效度。

（2）精心编制测评题目。首先，测评题目的内容要与测评目的相匹配。例如，知识性测评的题目不能反映被测评者的智力情况，因为知识不能等同于智力。其次，测评题目要清楚明了，用语要让被测评者易于理解，排列由易到难。最后，测评题目的难度和区分度要恰当。

（3）严格按照测评程序进行测量。测评者要严格遵循编制好的测评手册进行测量，不能做过多的解释，以免对被测评者产生引导效果。同时，需要按照测评手册的标准评分，两次测评的间隔时间安排要适当。

（4）样本容量要恰当。一般情况下，样本容量不低于30。当样本容量较大时，样本对总体的代表性较强，被测评者的内部差异性较大，测评实得分数的方差较大，测评效度较高。同时，抽样方法也需谨慎选择，随机抽样是常用的抽样方法。当抽样群体很大时，还可以采用系统抽样、分层抽样等。

（5）正确处理好信度与效度的关系问题。信度是效度的必要条件。信度高的测评，其效度不一定高；而效度高的测评，其信度一般也比较高。信度与效度之间有着明显的区别：信度是测评工具的稳定性，而效度是测评内容的有效性。增加测评的长度可以在提高测评信度的同时提高测评效度，但增加测评长度对提高信度的影响要大于对提高效度的影响。

三、信度与效度的关系

测评工具的信度与效度之间既有明显的区别，又相互联系。信度衡量测评结果的一致性、可靠性和稳定性，效度则主要衡量测评结果的准确性和有效性。

在测评中，测量值、真实值与误差的关系可以表示为：

$$X_O = X_T + X_S + X_R$$

其中，X_O 为测量值（由测评工具测量出的分数值）；X_T 为真实值（被测特质的真实分数情况）；X_S 为系统误差（由测评工具不精准引起的误差）；X_R 为随机误差（由操作不精准引起的误差）。

效度和信度的关系可以用测量值的构成公式 $X_O = X_T + X_S + X_R$ 来理解。如果测评工具是完全可信的，其随机误差 X_R 为 0；如果测评工具是完全有效的，没有任何误差，即系统误差 X_S 为 0，随机误差 X_R 也为 0。因此，从理论的角度来看，若测评工具有效则一定可信，信度是效度的必要条件，但不是充分条件。

第四节 人力资源测评数据处理过程与方法

一、人力资源测评数据的收集、处理及整理

（一）数据收集阶段

数据收集阶段主要针对信息或数据资料展开收集、调查和测量的工作。收集的资料包含日常工作记录、统计报表、档案材料等；调查指用科学的方法及手段深入实际收集一手资料，常用的调查方法包括典型调查、抽样调查等；测量指以数据为记录形式并依据一定标准记录测评对象的特质。

（二）数据处理阶段

在系统收集完所需的数据资料后，需要对不同类型、不同来源的各种数据进行汇总处理。数据处理有以下五种常见的方法（高日光、郭英，2014；许明月，2017）。

1. 累加法

累加法，也称作加法汇总法，指将测评对象的各个测评项目的分数直接相加得到测评对象的综合素质总分的方法，其计算公式为：

$$S = \sum_{i=1}^{n} x_i$$

其中，S 为综合素质得分；n 为测评指标的总数；x_i 为针对第 i 个指标测评对象所得的分数。

该方法适用于各指标同质且计算单位大致相同的情景。

2. 平均综合法

平均综合法，也称作算术平均法，指将各项测评指标得出的分数进行算术平均运算处理得出总分的方法，其计算公式为：

$$S = \frac{1}{n} \sum_{i=1}^{n} x_i$$

87

其中，S 为综合素质得分；n 为测评指标的总数；x_i 为针对第 i 个指标测评对象所得的分数。

该方法常用于有多位专业人士同时参与一个特定测评的情景。

3. 加权综合法

加权综合法，也称作加权求和法，指根据指标的重要性差异，将每个指标的分数适当放大或缩小一定比例后再汇总相加的一种方法，其计算公式为：

$$S = \sum_{i=1}^{n} w_i x_i$$

其中，S 为综合素质得分；n 为测评指标的总数；x_i 为针对第 i 个指标测评对象所得的分数；w_i 为第 i 个测评指标的权重。

权重的确定通常有两种方法：一是按照单个指标在当前测评指标体系中的重要程度确定权重，重要性越高则权重越大；二是按照测评的目的为各项指标赋予权重，所有项目的权重之和一般为 1。

4. 连乘综合法

连乘综合法指将测量后得到的不同指标分数进行连乘后得到总分的方法，其计算公式如下：

$$S = \prod_{i=1}^{n} (x_i)$$

其中，S 为综合素质得分；n 为测评指标的总数；x_i 为针对第 i 个指标测评对象所得的分数。

该方法的优点是有利于体现各个被测评者的差距，灵敏度较高。其缺点是容易产生晕轮效应。

5. 指数连乘法

指数连乘法指将测量后得到的不同指标分数以幂的形式赋予一定的权重，再进行连乘后得到总分的方法，其计算公式如下：

$$S = \prod_{i=1}^{n} x_i^{w_i}$$

其中，S 为综合素质得分；n 为测评指标的总数；x_i 为针对第 i 个指标测评对象所得的分数；w_i 为第 i 个测评指标的权重。

相较于连乘综合法，该方法在综合考虑各个指标分数的同时，还体现了指标之间的相对重要性。

（三）数据整理阶段

在对数据进行基本处理后，需要将其按照测评要求分类、汇总和整理，最终形成反映总体特征的数据分析图或数据分析表。常用的数据整理方法有统计表与统计图两种。

1. 统计表

统计表是反映统计资料的表格，主要作用是使测评指标呈现为一种合理叙述的形式，使其变得更加简明、清晰。同时，统计表有利于检查数据的准确性和完整性，还可以进行数据对比，便于后续的分析。

统计表的制作一般需要经过三个步骤：首先，需要对所有被调查者的统计数据进行科学化的归类分组。其次，在数据归类的基础上对资料或数据样本进行处理、汇总，得到能够深刻反映人力资源测评特征的统计数据。最后，将统计数据遵循规定的顺序排列在表格内就形成了统计表。

编制统计表要遵循四点要求：第一，标题需概括性地说明表格的内容；第二，表格的内容应分别以横、纵等形式加以说明；第三，数据书写精确度（如小数点位数）要统一；第四，表格中的横竖线不宜过多，表格的两端竖线可以省略。

统计表中最常用的是频数分布表，也称次数分布表。频数分布表是展现统计数据分布情况的主要形式之一，包括简单频数分布表、累积频数分布表和累积百分比分布表。

简单频数分布表，又称简单次数分布表，指根据在某一区间内测评数据的分数值出现的总次数编制而成的统计表。其编制步骤为：①计算组差（全距）。在全部数据中找出最大值和最小值，计算二者的差值为全距。②计算组数与组距。组数通常为 10～15 个，全距和组数的比值为表的组距，组距一般为奇数个单位。③计算组限。组限指每组数据的起止范围，每组数据的最小值为下限，最大值为上限，上限和下限的算术平均值为组中值。④登记频数。分组完成后，将全部数据归入不同的组内，并求出组内数据出现的总数，计为频数 f。⑤做出频数分布表。

累积频数分布表，即将简单频数分布表中的频数按照一定规律次序逐个累加得到的统计表。累加的方法一般是根据简单频数分布表中分组的顺序依次由小至大累加。

累积百分比分布表，即在累积频数分布表的基础上，计算每组的累积频数占数据总频数的百分比，将结果记录在对应组的累积百分比一栏内，形成累积百分比分布表。

2. 统计图

统计图是以点、线、面、体来表示各种数据间数学关系的工具，与统计表相比要更为直观、形象，常用于数据间的比较。常用的统计图包括散点图、条形图、柱形图、饼状图、堆积图等。

绘制统计图要遵循八条基本规则：第一，根据分析的目的和资料的性质，个性化选择需要的图形和表述方法。第二，统计图的标题要兼具简洁和概括性，既要准确概况内容，又不能太过繁杂。此外，统计表格的标题一般写在表格的上方，统计图的标题一般写在图的下方。第三，统计图的尺度线与基线要相互垂直，线上标明各点的尺度，且同一尺度的计数单位的性质要统一。第四，统计图的横坐标与纵坐标的数字分别为自左向右由小到大、自上而下由大到小排列。第五，在统计图中用不同粗细的线条表示数据的重要程度。第六，在同一个图例中比较两个或两个以上的对象时，各个对象的尺度要保持一致，建议使用相同宽度的条形图进行数量大小方面的比较。第七，对统计图中需要加以注解的内容，可以用图注做辅助性说明。图注应简洁，通常以相对小的字号写在图的下方。第八，图形的高度与宽度之比宜接近 3∶5，使其更加美观。

二、数据分析的方法

经过上述对数据资料的收集整理，测评对象的部分特征已得到反映，接下来可以进行下一步的数据分析。常见的数据分析方法有描述性统计分析和验证性统计分析，下面进行具体介绍。

（一）描述性统计分析

描述性统计分析主要对调查总体变量的数据进行统计、描述，主要包括集中趋势分析和离散程度分析。

1. 集中趋势分析

集中趋势，指观测值的分布存在向某个数据集中的趋势，这个数据对所有观测值具有代表性。衡量集中趋势的常用指标包括算术平均数、中位数和众数。

（1）算术平均数，又称均值，指该组数据总和与该组数据总个数的比值，计为 $\overline{X}$，其计算公式如下：

$$\overline{X} = \frac{\sum_{i=1}^{N} x_i}{N}$$

其中，N 为总体的数量；x_i 为第 i 个数据的分数。

若各个数据的重要程度存在差异，可用加权平均数替代算术平均数，即将每一数据与其相应的权重之积进行加总求和，再除以总体的数量。其计算公式如下：

$$\overline{X} = \frac{\sum_{i=1}^{N} x_i w_i}{N}$$

其中，N 为总体的数量；x_i 为第 i 个数据的分数；w_i 为第 i 个数据的权重。

平均值易受极端测量值的影响。因此，在存在极端数据的情况下，平均值难以准确反映数据的集中趋势。

（2）中位数，又称中值，是一组按大小顺序排列的测评数据中居于中间位置的数，记为 M_d。当数据的个数为奇数时，顺序排列后居于中间位置的一个数为中位数；当数据的个数为偶数时，顺序排列后居于中间位置的两个数的算术平均值为中位数。中位数是位置平均数，不容易受极端测量值的影响。

（3）众数，指一组数据中出现次数最多的数，记为 M_0。在频率分布表中，众数常以次数最多的组的中值来代替；在频率分布图中，众数通常为曲线上纵坐标最大的点对应的横坐标。众数是位置平均数，不容易受极端测量值的影响，常用于需要快速估计出集中趋势或需要知道发生次数最多的典型情况。

2. 离散程度分析

离散程度，指观测值偏离中心位置的趋势，反映了所有观测值偏离中心的分布情况。观测值分布的离散程度越高，则其集中趋势的代表性越低。衡量离散程度的常用指标包括全距、方差与标准差和变异系数。

（1）全距，又称极差，是一组数据中最大值与最小值的差值，记为 R，其计算公式如下：

$$R = 最大值 - 最小值$$

全距常用于显示数据分布的大小范围。由于全距仅由一组数据中的两个数值计算得出，因此其具有变化幅度大、相对不稳定的特点。

（2）方差与标准差。方差是每个数据与该组数据平均值之差乘方后的均值，记为 σ^2，其计算公式为：

$$\sigma^2 = \frac{\sum (x_i - \mu)^2}{N}$$

其中，N 为总体的数量；x_i 为第 i 个数据的分数；μ 为总体的均值。

标准差是方差的算术平方根，记为 σ，其计算公式为：

$$\sigma = \sqrt{\frac{\sum (x_i - \mu)^2}{N}}$$

其中，N 为总体的数量；x_i 为第 i 个数据的分数；μ 为总体的均值。

在实际应用中，有时难以获得测量总体的全部数值，只能通过样本对总体进行估计，即通过样本方差与标准差估计总体的方差与标准差。样本方差记为 S^2，样本标准差记为 S，其计算公式如下：

$$S^2 = \frac{\sum (x_i - \bar{X})^2}{n-1}$$

$$S = \sqrt{\frac{\sum (x_i - \bar{X})^2}{n-1}}$$

其中，N 为总体的数量；x_i 为第 i 个数据的分数；$\bar{X}$ 为样本的平均数。

（3）变异系数，又称差异系数，是标准差与平均值的比较，记为 CV。其计算公式如下：

$$CV = \frac{S \times 100}{\bar{X}}$$

变异系数是一种相对差异量。当两组测评数据单位相同且平均数差异程度不大时，可用差异量直接比较两组数据的离中趋势。但当两组测评数据单位不同或平均数差异程度较大时，应采用变异系数进行两组数据离中趋势的比较。

（二）验证性统计分析

验证性统计分析主要对调查总体进行推导与假设检验，包括差异性检验和相关性检验。

1. 差异性检验

差异性检验是比较两个或多个样本的差异是否显著的检验，主要包括 Z 检验、t 检验和卡方检验。

（1）Z 检验，也称 U 检验，是平均值差异性检验的常用方法之一。其原理为用标准正态分布的理论推断均值差异发生的概率，从而比较两个平均值的差异是否显著。

Z 检验适用于以下三种情况：①大样本（样本量不低于 30）均值与设定值的差异性检验，要求总体服从或近似服从正态分布；②小样本（样本量低于 30）均值与设定值的差异性检验，要求总体服从或近似服从正态分布且其方差已知；③两个大样本均值之间的差异性检验。

（2）t 检验，也是平均值差异性检验的常用方法之一。其原理为用 t 分布的理论推断均值差异发生的概率，从而比较两个平均值的差异是否显著。t 检验主要用于小样本（样本量低于30）、总体服从或近似服从正态分布且标准差未知的情况。

（3）卡方检验，是将实际观察次数与理论次数之间进行比较，得出差异并判断差异是否显著的统计方法，常用于分类数据的统计推断。

2．相关性检验

相关性检验是对变量之间是否相关以及相关程度如何所进行的统计检验，主要包括相关分析和回归分析。

（1）相关分析。相关分析是研究两个或两个以上处于同等地位变量之间的相关关系的统计分析方法，侧重于发现变量间的相关特征。两个变量之间的相关程度通过相关系数 r 表示，其取值介于 -1 到 1 之间。计算相关系数的方法有很多，常用的方法有积差相关法、等级相关法和点二列相关法。

两个变量之间的相关关系有多种。第一，依据相关的方向，相关关系可以分为正相关和负相关。正相关表示两个变量的数量变动方向一致，即同增或同减，此时相关系数 r 介于 0 到 1 之间；负相关表示两个变量的数量变动方向相反，此时相关系数 r 介于 -1 到 0 之间。第二，依据相关的程度，相关关系可以分为完全相关、不完全相关和不相关。当相关系数为 1 或 -1 时，两变量间的关系为完全相关；当相关系数为 0 时，两变量间的关系为不相关；当相关系数大于 -1、小于 1 且不为 0 时，两变量间的关系为不完全相关。第三，依据相关的形式，相关关系可以分为线性相关和非线性相关。若一个变量的数值和另一个变量的数值在直角坐标系中确定为一点，则两变量的相关关系称为线性相关。

（2）回归分析。回归分析是通过定量分析确定两个或两个以上不确定对应关系的变量之间关系的统计分析方法。回归分析运用数据统计原理，通过对大量统计数据的数学处理，确定因变量与一个或多个自变量之间的相关关系，并通过建立相关性较优的回归方程对变量间的因果关系进行描述，用于对因变量未来变化的分析与预测。

回归分析有多种。第一，依据自变量的数量，回归分析可以分为一元回归与多元回归；第二，依据因变量的数量，回归分析可以分为简单回归与多重回归；第三，依据因变量和自变量的函数表达式的类型，回归分析可以分为线性回归与非线性回归。

三、数据分析结果报告的内容和形式

（一）数据分析结果报告的内容

数据分析的结果通常以人力资源测评分析报告的形式展示，其内容主要包括四部分：首先，报告应表明本次测评的目的；其次，报告应简述数据收集、处理与整理的过程；再次，报告应展示数据分析的过程与结果；最后，报告应得出结论并给出相应的管理建议。

在数据分析报告中还需引入一个重要的参考标准，即常模。在人力资源测评中，某一测验分数必须与某种标准比较才可显示出其代表的意义。常模是人力资源测评中用于比较和解释测验结果的参考分数标准。常模由标准化样本测试结果计算而来，通常为某一标准化样本的平均值和标准差。

常模的建立主要包括三步：第一，确定标准化样本，根据测评的目的确定总体，通过科学抽样的方法从总体中抽取数量足够大且具有代表性的样本作为标准化样本组（又称常模组）；第二，采用规范化工具与方法对标准化样本组进行测评，收集所有测评结果；第三，对收集到的结果进行数据分析，计算平均值和标准差，建立常模。

（二）数据分析结果报告的形式

数据分析结果报告的表现形式主要有文字表述法、图形表述法和表格表述法三种。

1. 文字表述法

文字表述法，指运用文字对测评结果进行书面阐述的方法。文字表述法的优点是能够将内容丰富化，更易对结果进行详细阐述，提供更多细节，方便读者阅读和理解测评结果。其缺点是不够直观，且读者在文字阅读时容易产生理解偏差，影响测评结果的准确性。因此，文字表达法要求撰写者必须具备较强的文字功底，能对测评结果进行清晰、简洁、准确的描述。

2. 图形表述法

图形表述法是一种定量的表述方法，指通过定量处理后用图形表达测评所得数据结果的方法。图形表述法的优点是简明、直观，易于读者理解。其缺点是不能提供图形以外更多的信息，难以满足读者对测评结果深层挖掘的需求。因此，在实践中，图形表述法常与文字表述法组合使用。

3．表格表述法

表格表述法，指通过归类、统计等处理后用表格表述测评所得数据结果的方法。表格表述法的优点是有利于读者对结果进行归纳总结和整理归档。其缺点是不够形象直观，且表格中的专业术语或专业表达可能会给读者造成理解障碍。因此，表格表述法要求撰写者有一定的统计学知识基础，并在撰写报告时根据目标读者的特点对相关专业术语进行适当解释。

第五节　基于大数据的人力资源测评

一、基于大数据的人力资源测评的意义

数据信息的增加为人力资源管理提供了新机遇，企业大数据运用经验的不断积累和大数据分析技术的逐渐成熟，为人力资源测评提供了新的技术手段。在大数据背景下，利用技术更有效地进行人力资源测评，对企业人力资源建设至关重要。

大数据是指利用传统的或者目前主流的软硬件无法在合理时间内识别、获取和管理，而需要进行更高效的流程优化以后才能运用的多类型、高时效的海量数据（李国杰、程学旗，2012）。大数据具有信息数量大、信息形式多、信息速度快和信息价值高等优势，被学者运用于人力资源测评中。例如，利用大数据的多样性、容错性和数据挖掘技术，采用碎片化的数据采集方法，通过多维、广区域测评信息和大数据分析，可以提高人力资源测评的有效性。

基于大数据的人力资源测评相较于传统人力资源测评的优势，主要体现在以下四个方面：一是数据来源，大数据技术帮助企业从只能获得某个时段的某些指标的测评数据，转变为获取日常全方位数据；二是测评方式，传统模式下企业采用的单一评价方法难以达到测评目的，而大数据技术有助于整合多种评价方法；三是评价技术，传统的标准化测试和描述性统计分析等数据处理方法不适合处理大量数据，而伴随大数据兴起的大数据挖掘、分析技术能够处理海量且多样化的数据，极大地提高了数据处理的效率；四是测评思维模式，与传统的人力资源测评相比，基于大数据的人力资源测评要求测评者具有全局的眼光，能从多角度、多层面、宽领域、长时段对人员素质进行测评，改变了测评者的思维模式。

二、基于大数据的人力资源测评的可行性和重要性

（一）可行性分析

当前，各行业对大数据的需求与应用与日俱增，大数据相关工具、软件的供给不断完善，促使企业有效运用大数据技术进行人力资源测评的门槛降低，可行性增强。利用大数据进行人力资源测评的可行性可以从下面三个方面进行分析。

第一，大数据的运用促使大量相关数据生成，数据生成不再受时间和地点的限制。在国家层面，政府制定政策推进数字化变革，实体企业将大数据、物联网、AI 等技术与原先业务融会贯通，推动产业发展逐渐以数据为核心。在企业层面，随着人力资源管理系统的数字化和企业内部物联网的打造，企业多维数据的数字化处理和量化管理成为可能。在个人层面，随着智能手机、运动手环等移动性强、全天候接入网络的设备的普及，主动或被动地全方位记录个人数据成为可能。与此同时，社交平台上的表达让个体主动或被动地生成大量数据。

第二，大数据应用建立在大数据分析结果的基础上，致力于为数据的实际应用提供可靠支撑，并能从数据挖掘中探索到从原先的小样本中未能预料到的价值。根据数据应用深度的差异，大数据应用可以分为描述性分析和预测性分析。描述性分析的主要功能是对数据进行整合性的描述统计；预测性分析的主要功能是在描述性分析的基础上通过数据属性之间的关系预测未来发展趋势（张引等，2013）。

第三，大数据分析工具不断发展，企业运用大数据更加方便高效。大数据分析工具的发展对大数据技术的运用至关重要。大数据分析工具为解决数据科学中的算法失效等问题提供了具体的意见。近年来，随着大数据技术的不断发展与运用，大数据分析工具不断发展普及。目前，市场上的大数据分析工具包括免费的开源软件和付费的商业软件两类，企业可根据自身情况进行选择。其中，RapidMiner、R 语言和 Apache Mahout 三种大数据分析工具最受企业青睐。RapidMiner 是一款世界领先的数据分析软件，被国内高校广泛使用。其最大的特点是不需要编程，使用拖放建模，方便用户快速理解使用。同时，RapidMiner 还支持程序员使用通用语言代码进行编程。R 语言与 RapidMiner 性质相似，是一款统计分析软件。R 语言的自有网站 CRAN 有众多第三方应用包、程序包可供用户下载和使用，用户无须自己写代码。Apache Mahout 与前两种工具稍有不同，它是一款开源软件，在遵守开源协议的条件下，用户可以通过修改代码定制满足自身需求的个性化产品（杨京等，2015）。

（二）重要性分析

与传统的人力资源测评相比，基于大数据的人力资源测评具有客观、全面、高效的特点。

1. 客观

基于大数据的人力资源测评使个人评价和群体测评更加客观。在个人评价中，基于大数据的人力资源测评可以从等级、薪酬、社会关系等各个方面对人员进行长期的持续评价。因此，基于大数据的个人评价可以通过大量历史数据对个人未来的发展前景进行更客观的评估，从而对人员素质、发展潜力和未来行为进行更准确的预测。

在群体测评中，基于大数据的人力资源测评可以打破常规技术的局限，通过抽取随机样本或提取所有样本的部分属性，生成更加客观合理的样本数据进行分析。在算力充足的情形下，测评可以不进行抽样，直接用收集到的全部数据进行分析，最大限度地减少统计误差，使测评结果更加客观有效。

2. 全面

内容多样化、多维度覆盖是大数据应用为人力资源测评带来的另一个优势。与传统的人力资源测评方式相比，基于大数据的人力资源测评让被测评者有更多的机会与途径展示他们的知识、技能等素质，企业因此可以更全面地记录被测评者的行为。例如，通过对被测评者的微信等社交网络产生的数据进行分析，结合人才评价理论，可以更真实准确地反映被测评者的性格、气质和特点，为人员配置决策提供更科学全面的依据。

3. 高效

基于大数据的人力资源测评将测评与多种互联网工具相结合，使测评过程更加便捷高效。在线上测评中，企业可在测评的同时对测评结果进行分析，并根据实时测评分析结果灵活调整测评方式和测评题目，方便企业对被测评者素质的深入、定向挖掘，节约测评时间，使测评更加便捷高效。

三、基于大数据的人力资源测评实施流程

李育辉等人（2019）认为，人力资源大数据转换应用主要经历四个层级：数据层、派生数据层、建模层和应用层。数据层主要是产生于真实工作场景的结构化数据；派生数据层主要是分析处理原数据后产生的二级数据；建模层通过需求分析、建模等程序构建分析体系；应用层则实际产出相关产品或服务，为相关人

员提供管理决策、科学研究等数据支持。

根据上述观点，基于大数据的人力资源测评思路可以总结为三个步骤：首先，企业需要进行长期、大规模的人员素质相关数据的收集与整理；其次，企业需要将收集的数据转化为人力资源测评的数学模型；最后，企业将建好的模型应用于人力资源测评实践中，为企业人员配置决策提供支持与建议。

举例来说，企业若希望对员工工作积极性进行测评，则首先需要对员工的工作行为进行大数据挖掘，大量收集与员工积极性相关的数据信息，包括员工主动提出部门或企业发展建议的频率、搜索行业最新发展状况的频率、提前完成任务的频率、上下级沟通的频率等。然后，企业选取与"工作积极性"相关性最强的几个指标作为评价指标，根据收集的员工信息建立员工积极性的拟合模型。最后，企业将建立的测评模型应用于员工工作积极性测评实践中，进行员工工作积极性的评估和未来行为的预测。

下面对基于大数据的人力资源测评的三个步骤做进一步的说明。

（一）基于大数据的人员素质信息的收集与整理

企业需要根据人力资源测评的目的与内容，对相关信息进行收集与整理。大数据信息的收集与整理是大数据人力资源测评的基础，信息的数量与质量决定了模型的质量，从而对人力资源测评的结果产生重要影响。

利用传统方法对人员素质进行测评时，信息收集的类型比较有限。对于企业外人员，由于被测评者未与企业有深入接触，数据来源主要是被测评者向企业有选择性提供的应聘材料及过往的信息。对于企业内人员，除了上述数据来源途径外，还包括企业记录的员工工作行为、绩效等信息。

随着企业数字化转型的深入开展，员工素质测评的信息来源更加多样化，信息更加丰富、全面，企业需根据测评目的选择合适的数据类型进行收集。根据数据产生场合的差异，可以将数据分为工作情境下的数据和非工作情境下的数据。工作情境下的数据以结构化数据为主，主要包含员工在工作时间段内生成的数据，即工作行为数据、绩效数据等；非工作情境下的数据以半结构化数据和非结构化数据为主，是员工在非工作时间段产生的数据，包括微信、微博等社交平台的用户数据。

大数据技术有助于企业人力资源测评信息的收集，主要体现在两个方面：第一，大数据拓宽了信息收集的范围。在合法的前提下，大数据使企业收集的信息范围从特定时间和场合的数据转变为日常场合的数据，使得收集的信息更全面、更真实。第二，大数据丰富了信息收集的种类。传统测评方法的数据局限于结构化数据，大部分半结构化数据和非结构化数据因为价值密度低被排除在测评体系之外。伴随着大数据技术和数据分析工具的发展，现在这类数据也可以被利用，使得收集的信息更加丰富、全面。

（二）基于大数据的人力资源测评的模型验证

基于大数据的人力资源测评第二步是利用已有的数据构建数学模型。传统的素质测评建模方法可以结合大数据技术进行改进，成为基于大数据的人力资源测评建模方法。以心理测评的改进为例，主要分为四个步骤：第一，明确测评素质的一级指标的类型和含义；第二，将一级指标细化分解为二级指标，明确二级指标的类型和含义，同时根据已有数据生成与测评素质有关的关键词库；第三，将关键词库和以往信息数据库内置于人机交互平台，配合相应的评分标准和反馈机制，通过机器学习等技术建立最优素质评价模型，输出各维度的评价报告；第四，将完成测评后得到的新数据添加到以往信息数据库中，通过机器学习使评价模型不断更新优化。

基于大数据的人力资源测评有助于企业人力资源测评建模从经验驱动向数据驱动转变。传统的测评建模以经验驱动为主，预测指标、评分标准和决策逻辑大多以有限的数据为基础。基于大数据的人力资源测评建模以数据驱动为主，基于大量、全方位、多维度的数据，通过机器学习、人机交互等技术不断优化模型，从而确定最优的预测指标、评分标准，降低人力资源测评的成本，同时使测评更加准确、高效。

（三）基于大数据的人力资源测评的模型应用

建立人力资源测评的数学模型后，企业将模型应用于人员配置实践，为人员配置决策提供帮助与支持。其应用场景包括：第一，测评应聘者的胜任素质，为招聘决策、绩效考核与薪酬管理提供决策依据；第二，定期测评员工的素质特征，帮助员工在日常工作中动态协调工作的进度和方法，有针对性地提升自身的知识、能力等素质，实现连续的自我管理，制定职业发展规划；第三，测评员工的素质特征并形成多维度测评报告，管理者通过报告能直观、深入地了解员工的发展状况，便于与员工进行沟通交流，并在员工的参与下制定更优质的个性化人员配置管理策略。

四、基于大数据的人力资源测评的企业案例

下面通过新冠疫情期间 A、B 公司运用大数据进行人力资源测评的案例，进

一步介绍基于大数据的人力资源测评在企业中的应用。

新冠疫情阻断了企业线下测评的渠道，使企业在人员招聘方面面临巨大挑战。A 公司是一家大型上市公司，从疫情开始时逐步实施数字化人力资源管理，但对面试者的素质测评仍以线下测评为主。B 公司是一家人力资源管理专业服务公司。疫情暴发后，为保障疫情期间的招聘工作正常进行，A 公司和 B 公司合作开发了全流程在线零接触招聘流程体系（以下简称在线招聘体系），从应聘者评估、面试、背景调查、正式入职管理和员工日常管理等方面满足 A 公司在疫情期间的人员管理需求。

在应聘者评估方面，在线招聘体系可提供多种测评方式，单一测评工具仅需 10 ~ 15 分钟即可完成测评，并可以针对特定人群进行个性化设计。同时，测评工具中加入了游戏化元素，使得测评更加真实、高效。测评结束后，在线招聘体系为 A 公司提供了可视化的精确测评报告。

在面试方面，在线招聘体系采用 AI 视频的形式进行线上面试。在大数据的训练下，面试 AI 形成了拟人化的面试决策模型，可以快速创建结构化面试题目，根据面试结果进行决策，并配备回溯功能。

在背景调查方面，应聘者通过人脸识别进行背景调查委托，为公司进行身份验证、风险等级确定、业务利益冲突调查、个人诉讼查询等维度的调查提供权限。运用在线招聘系统进行员工背景调查，有助于通过双重加密保护求职者的隐私，同时也可以防范企业招聘风险。

在正式入职管理方面，在线招聘系统中数字签名等程序的运用显著提高了公司行政效率。

在员工日常管理方面，A 公司开发了"空中报备"平台，适用于发生紧急情况时的信息收集与运用，主要功能包括疫情健康报告、复工健康跟踪、远程工作启动跟踪等。"空中报备"平台的使用非常便捷，公司的人力资源管理部门无须安装任何应用即可在手机端获取员工的健康状况和工作信息，进而进行绩效分析和人员素质评估。

第五章　心理测评

第一节　心理测评概述

一、心理测评的概念和特点

（一）心理测评的概念

心理测评，也叫心理测验或心理测试，是指对被测评者的心理素质进行测试与评估。它是通过科学、标准化的程序，结合被测评者的职业生涯规划或其他特定的目的，对个体的心理素质进行评价的一种方法。

（二）心理测评的特点

心理测评有以下三个特点：

1. 间接性

心理测评是通过对有代表性的外部行为的观察，来推测个体内部的心理素质，并进行个体差异的比较，具有一定的间接性。

2. 客观性

虽然心理测评是通过部分外显行为来对内在素质进行推测，但还是具有一定的客观性。它从维度选取到施测过程，再到数据处理和结果解释，都是按照标准化的程序进行，最大限度地避免了测评者主观性对测评结果的影响。从1905年第一个智力测评量表开发到现在的100多年以来，通过研究者不断的钻研探索，已经开发出了许多量表，其中不乏信度效度高、适用于实践的量表，这些量表可以对特定的心理素质进行客观、科学的评价。

3. 便捷性

现代信息技术的高速发展，使企业可以便捷地对被测评者进行标准化的心理测评。例如，让被测评者在线上填写量表而不用进行重复的一对一评估，就可以在短时间内快速掌握被测评者的心理特征。利用统计分析技术，还可以对测评结果进行快速的对比分析，从而对被测评者进行精准的评价。

二、心理测评的起源与发展

心理测评起源于人们对个体差异的认识。例如，孔子提出："性相近也，习相远也。"孟子也曾说："权，然后知轻重；度，然后知长短。物皆然，心为甚。"这些话的意思是个体之间是存在差异的，物体的轻重和长短需要经过测量之后才能知道，物体是这样，人心更是如此。虽然古代为评价个体差异积累了许多宝贵的经验，但受制于当时的经济文化发展水平，古代的心理测评思想还比较零散，方法还不够科学。自20世纪初开始，受西方教育、科学发展的影响，我国学者开展了一系列与心理测评有关的研究，包括引进国外心理测评工具并进行修订和汉化、进行标准化的心理测评实践等，推动了我国心理测评方法的发展。

量化的心理测评在西方发展较早。19世纪，出于对智力落后者和精神病患者实行人道主义援助的需要，人们用统一的标准对个体的智力和心理差异进行鉴定和分类。随后，无数的先驱者对心理测评做出了探索，涌现出了高尔顿、卡特尔、克雷佩林、比奈等杰出的贡献者。其中，比奈和西蒙编制了世界上第一个正式的心理测评量表，用于帮助诊断异常儿童的智力，使结果更加客观、科学。

在第一次世界大战时期，心理测评被运用到军队中。军队通过对士兵进行智力测验，依此结果来选拔和分配士兵，取得了显著的效果。第一次世界大战后，智力测验开始风靡西方，出现了很多为不同人群设计的智力测验。随着职业市场对心理测评的需求，出现了各种职业能力倾向测验，心理测评逐渐在人员招聘和其他人力资源配置活动中得到重视与发展。

三、心理测评的类型及形式

（一）心理测评的类型

心理测评的种类很多，一般可以分为智力测评、能力测评、人格测评、价值观与品德测评四种类型。

1. 智力测评

智力是人类学习和适应环境的能力，是支持人类顺利从事某种活动的一般性认知能力。智力测评就是对被测评者的注意力、观察力、记忆力、想象力和思维力等方面进行评价。比较著名的智力测评工具有斯坦福－比奈量表、韦氏智力测验和瑞文推理实验等。

2. 能力测评

依据活动的领域及其性质，能力测评有很多不同的类型。传统的能力测评包括机械能力测评、运动能力测评和心理运动能力测评三种。除了这些以外，目前还出现了很多测量创造力、领导力的量表和工具。

3. 人格测评

人格是个体在某种情境下以某种方式做出反应的倾向，展现了相对稳定的感情、思想和行为模式，具体包括兴趣、爱好、气质和性格等。人格测评是对个体的兴趣、爱好、气质和性格等方面的心理特征进行评价。

4. 价值观与品德测评

价值观是一种综合性的价值架构，是个体用来辨别是非善恶从而做出取舍的标准，具有稳定性、持久性等特点。品德是个体依据一定的道德行为准则行动时表现出来的一种稳定的倾向与特征。

（二）心理测评的形式

心理测评可以通过以下多种形式来实现。

1. 纸笔测试

企业在人员招聘的过程中，多采用笔试和面试。纸笔测试主要针对应聘者的知识、能力、个性和价值观等进行测评。纸笔测试操作简单，适用于不同类型的企业和岗位。

2. 行为测试

行为测试一般是对图片、实物、工具和模型的辨认和操作，无须使用文字作答，对文化水平和阅读能力要求较低，更注重对实际操作能力的考查。

3. 口头测试

口头测试即面试，这种方式便于面试官更好地观察应聘者的微表情，从而辨别答案的真伪，同时可以直观地考察应聘者的应变能力。

4. 电脑测试

互联网技术的发展使心理测试的形式更加多样，传统的纸笔测试和口头测试等都可以在线上完成，同时还可以利用统计技术大规模、快速地对测试结果进行分析，从而使测试效率更高。

四、心理测评的应用

心理测评有三大功能：鉴别功能、预测功能和导向功能。心理测评能够鉴别应聘者的个人能力和个体差异，通过测试个人的潜力从而对个人的职业发展做出预测，也能指导企业更好地进行人—岗匹配的工作。

心理测评的结果在一定程度上能够反映出个体的素质和能力，因此，个人可根据它来进行职业选择和职业生涯规划，从而找到适合自己的职业。同时，心理测评结果能够指导企业内部人才的选拔、录用、培养和配置工作。不同工作岗位要求的个性特质往往不同，例如，销售岗位更偏好外向、善于交际的员工，而技术岗位更偏好细致、沉稳的员工。企业可以利用心理测评对员工的个性和能力进行评估，从而实现人—岗匹配。对员工的个性评估也可以扩展到团队协作当中，如同一团队的成员之间性格优势互补，则能实现更好的合作。

在我国，心理测评在 20 世纪二三十年代主要应用于教育领域，80 年代之后，随着改革开放，心理测评得到了进一步的发展。近年随着互联网技术的发展，心理测评的应用日益广泛。

目前，心理测评在企业中主要用于测量被测评者与工作相关的智力、能力、人格、职业兴趣、价值观及满意度等，主要运用于以下四个场景。

一是招聘选拔。企业在招聘，特别是校园招聘时，通常应聘者数量庞大，如果第一轮就对每个人都进行面试则成本过高。因此，很多企业会以纸笔测试或电脑测试作为初筛的工具。在后续的选拔环节，再利用面试、评价中心等测评工具对应聘者的个性和技能、心理健康状况进行全面的评估。

二是人员盘点。企业会结合自身的发展战略要求，对员工的素质进行评估，以便找到员工知识技能的不足，促进人—岗匹配工作的顺利开展。例如，通过评价中心方法，不但能快速了解每一个管理人员的能力短板，也能对整个团队的能力短板有更清晰的认知。通过心理测评，可以为招聘、选拔、培训、开发、配置人员提供可靠的依据。

三是维护员工心理健康。随着一系列职场心理健康问题的爆发，企业越来越重视员工的心理健康问题。企业可以利用心理测评对员工的心理状况进行评估与监测，并向员工提供心理健康体检、心理健康培训等与心理健康相关的福利，监测和缓解员工的不良心理倾向。

四是员工职业生涯规划。心理测评在人员测评领域的一个重要的方向，就是应用于员工职业生涯规划和员工发展计划中，帮助员工了解自己的个性和兴趣，进而指导员工进行职业生涯规划。

五、我国心理测评应用中存在的问题

随着我国心理测评应用的发展，其存在的问题也逐渐凸显。

一是测评工具选用偏差大。不同的测评工具有各自的测评目的，适用于不同的测评对象和测评情境，只有选取恰当的测评工具才能准确地得到被测评者的素质信息。但是，很多企业缺乏心理测评相关的知识，盲目使用各种测评工具，导致测评滥用、结果不准确等问题。

二是信度和效度低。许多心理测评的量表都是从国外引进的，然而中西方文化存在较大差异，大多数的量表都没有修订成为适合中国情境的版本；也有些企业没有按照心理测评的步骤和要求来开发测评量表，导致利用这些量表进行测评的信度和效度都比较低。

三是测评结果应用不科学。管理人员往往在进行心理测评后或不重视，或盲目信赖，对心理测评的目的和使用认识不清，没有发挥出心理测评应有的作用。

要改变上述这些现状，需要明确测评的目的，对测评结果的信度和效度有清晰的认识，对于心理测评结果的解释和应用也要有清晰的计划。需要加强测评工具的甄选，重视测评工具的质量，对从国外引进的量表要进行仔细甄别，判断该量表是否适合中国情境下的测量、是否契合企业的测评目的等。同时，需要对测评者和使用者进行相关的培训，使他们掌握科学的使用方法，避免滥用或使用不当。

第二节 智力测评

一、智力的概念及其研究进展

智力是一个人能顺利地进行某种活动所必需的能力，是一种由注意力、观察力、记忆力、想象力和思维力等基本要素组成的认知能力。人类对智力的研究有100多年的历史，它一直是心理学的重要研究领域之一。1905年，法国心理学家

比奈和西蒙合作编制了第一份正式的智力测评量表，开启了现代智力量化研究的道路。

学界对智力本质的看法，至今没有形成统一的认识。早期大多数心理学家认为智力是抽象思维能力，传统智力观也停留在认知领域。到了 20 世纪 70 年代，心理学家不满足于传统智力观，对智力内涵不断地进行扩展。自 1976 年弗拉维尔首次提出元认知概念以后，智力不仅涵盖认知方面的因素，而且涵盖元认知成分。1983 年，加德纳提出了多元智力理论，并强调智力的发展水平受到教育和环境的影响，每种智力都能通过后天环境和个人努力得到发展。

20 世纪 80 年代后，非认知成分也开始被考虑纳入智力研究中。随后，社会智力、情绪智力和文化智力等概念相继面世。桑代克认为社会智力是个体了解他人并与他人友好相处的能力。后来，社会认知能力和社会行为能力被归纳为社会智力。萨拉维和梅耶尔于 1990 年提出情绪智力的概念，即个体准确地识别、评价、表达、控制自己和他人情绪的能力。戈尔曼在这一概念中增加了人格因素。文化智力的概念受到多元智力理论的启发而问世，并且在研究中得到进一步的细化分析。

从最初强调认知能力，到增加元认知能力，再到社会智力、情绪智力、文化智力的提出，智力的概念不断地得到丰富和扩展（刘万伦、戴敏燕，2015）。

早期智力研究普遍认为个体之间存在差异，后来人们更聚焦于智力的类型差异和群体差异。智力的群体差异是指不同群体之间存在的智力差异，包括性别差异和种族差异。在性别差异方面，不同性别之间智力的总体水平没有显著差别，但男女的智力结构存在差异。在智力的种族差异方面，大量研究已经证实不同种族之间的智力测评成绩存在差异。

二、智力测评工具的发展

20 世纪初，世界上第一个正式的智力测评工具——比奈 - 西蒙智力量表问世，随后标准化心理测验开始应用于各个研究领域。随着智力理论、心理测量学、应用统计学、认知心理学、计算机科学等学科的发展，斯坦福 - 比奈量表（1916）、韦氏智力量表（1939）、瑞文智力测验、考夫曼儿童系列智力测验、Das-Naglieri 认知评价系统等智力测评工具相继诞生，并产生了多个可以衡量智力水平的指标。

（一）考夫曼儿童系列智力测验

不同于经典的斯坦福 - 比奈量表和韦氏智力量表，一些后续的智力测评和认知评估工具不再基于旧经验，转而建立在不断发展的心理学理论基础之上。1983
年发表的考夫曼儿童系列智力测验，提出了 2 岁半到 12 岁半儿童智力与成就测验
的办法。这种测量方法关注智力功能背后的认知过程，它的测量结果用一个分数
表示，而通过这个分数能够评估儿童解决问题和处理信息的风格。作为韦氏量表
的补充，考夫曼儿童系列智力测验在许多欧洲国家非常流行，被广泛应用于学
校、医院和研究机构。它没有过分强调对语言能力和特定领域知识的要求，而关
注儿童解决问题的方式。

随后，考夫曼等又针对 11 ～ 85 岁的人群开发了另一种智力测试。这一测试
分别衡量个体的晶体智力和流体智力，前者高度依赖个体经验，如受到的教育、
对文化的适应和在这一维度上取得的成功，而后者关注个体解决新问题的能力。

（二）Das-Naglieri 认知评价系统

Das-Naglieri 认知评价系统是在 PASS 理论（计划、注意、同步加工、连续加
工）的基础上发展而来的。PASS 理论强调一种多维的能力观点，这一理论是当
代智力测评理论与应用心理学融合的结果，其涉及的四个过程是人类使用和改变
个人知识基础的基本环节，并构成了人的认知功能（Naglieri，1997）。

Das-Naglieri 认知评价系统根据 PASS 理论在结构上分为四组子测验，侧重于
从信息加工方面来检测 5 ～ 17 岁儿童的智力。计划子测验要求被测评者针对测试
问题选择和使用有效的策略来解决问题，并且需要独立判断策略的有效性以及在
必要的时候自行纠正；注意子测验要求被测评者选择性留意部分刺激，并抑制无
关刺激分散自身的注意力；同时性加工子测验需要被测评者对接收到的刺激进行
综合处理，并做出正确的反应；继时性加工子测验要求被测评者按照一定顺序整
合信息，或以一定顺序理解一些他们无法使之相互联系的信息。

Naglieri 在 1999 年总结了这个认知评价系统的有效性，表示它是一种能够替
代传统智商测试的有效办法，在主要的智力测试中与学业成绩的中位数相关性最
高（Naglieri，1999），同时它也更加易于管理和量化分析。

（三）通用非语言智力测验量表

通用非语言智力测验是一种不依赖语言的能力评估方法（Bracken &
McCallum，1998）。随着智力测评在欧美地区的发展，一部分研究者开始关注对
非英语母语国家人群的测量，并指出以非语言和其他智力评估模型作为解决方
案。这一类测评方案也可以应用于具有语言缺陷的人群或语言发育较为迟缓的
儿童。

通用非语言智力测验量表包括六组子测试，其中三个进行记忆测量（对象记忆、空间记忆和符号记忆），另外三个用来评估推理能力（立方体设计、迷宫和类比推理）。这种测评方式整合了记忆和推理智力的双层模型，从而引入了符号与非符号的两类组织策略（Bracken & McCallum，1998）。当个体用抽象符号来定义环境时，其采用的是符号组织策略；当个体必须对环境当中的关系做出判断和决策时，则采用非符号策略。从定义上看，这种智力类似于流体智力，关注人们解决新问题的能力。此类测量方式在广泛投入应用之前，还需要更多细致的实证研究及探索性的应用实践。

三、智力测评的主要应用领域

（一）心理治疗领域

19世纪末期，西方发达国家最早在医疗领域开展个体差异测量的研究，特别是在识别智力缺陷者和诊疗精神病患者方面取得了重要成果。智力测评对心理治疗的深远意义在于，为了解人的心理健康状态提供了便捷的评估工具，并且有效地提高了心理治疗的科学性和准确性。

（二）学校教育领域

在涉及儿童或青少年教育问题的研究中，研究者需要尽可能快速地得到智力测评结果、分析得出相关结论并提出有效的干预措施。智力测评可作为儿童进入普通幼儿园或普通小学就读的资质评定工具，被用于规划儿童及青年未来学习计划及发展方向。智力测评也能有效地识别智力障碍、学习障碍和天赋，尤其是对于识别低功能人群，如智商（IQ）分数低于40的儿童或青少年非常有效。

（三）人力资源管理领域

智力测评可以帮助企业预测员工绩效，提高人力资源管理的有效性。智力和批判思维等各种素质特征会影响员工的工作表现。高智商的员工能够更好地吸收与工作相关的专业知识，从而获得更多的学习经验和更好的发展，有更优秀的绩效表现。在招聘时，智力测评可以帮助企业更快地挑选到合适的人才。

四、智力测评在我国应用的情况及存在的问题

在我国，智力测评在企业中的应用还比较少，企业更倾向于运用能力测评、

人格测评，或者更多地通过评估员工过去的业绩表现和工作经验来进行人才选拔。智力测评在应用过程中存在的问题主要包括以下三个方面。

（一）我国智力测评发展相对落后

国内学者对智力测评进行了不少的研究与探讨，但是与欧美国家相比，我国智力理论的构建还不完善。国内智力测评使用的还是传统的测评量表，如斯坦福－比奈智力量表、韦氏智力量表等，虽然我国学者已多次修订这些测评工具以适应我国文化，但是其发展比较缓慢，无法适应测量理论的变化。

（二）缺乏专业测评人员

虽然我国已经逐渐建立起各种测评机构，但智力测评在我国的发展起步较晚，专业工作人员数量不足，能够胜任智力测评工作的人员不能满足企业的需求。智力测评对操作人员有较高的专业要求，在测评过程中需要遵循严格的操作程序，因此，操作人员必须经过专业的训练，以保证测评结果的准确性和可靠性。

（三）智力测评题目易获取

由于信息技术的发展，国内许多企业使用的经典智力测评量表在网络上流传，任何人都可以通过各种渠道搜集到关于智力测评的信息。有的人会在选拔招聘前搜索智力测验进行强化练习，从而提高测验分数，这会导致企业得到的是虚假的测评结果。

总之，经历了多年的发展，智力测评理论已经相对成熟，亦在不同的测试群体和测试场景中得到应用。从智力测评在理论和实践领域的发展可以看出，智力测评已经逐渐发展成为全面、精细的评价体系。

第三节　能力测评

一、能力测评的概念及其发展历史

能力测评可分为一般能力测评和特殊能力测评。一般能力测评通常指的是智力测评，它主要测量个体的智力；特殊能力测评主要测量个体在音乐、美术、机械等专业领域的特殊能力。虽然广义的能力测评包括智力测评，但现在的能力测评一般是指除智力测评以外的特殊能力测评。因为智力测评和能力测评在发展时间、实施目的、实施效果上都存在差异。

从历史发展的角度看，智力测评是从 1905 年开始的，以能力素质特征为主要内容的能力测评是从 20 世纪 50 年代初开始的。智力测评起初是用于区分智力异常儿童和智力正常儿童，经过不断更新、测试后才把智力测试应用于人员选拔与人员配置。智力测评可以用来作为测评能力的一种参考工具，但是并不能完全替代能力测评。

McClelland（1973）引用大量的研究资料说明了滥用智力测评来判断个人能力的不合理性。由于智力测评不能达到准确评价工作能力和预测未来绩效的目的，能力测评需要在智力测评的基础上进一步发展，为评价应聘者的能力提供效度、信度更高的方法。

20 世纪 40—50 年代，心理学家设计出多项纸笔测验，用来评价被测评者的能力素质，满足人—岗匹配要求。50 年代初，能力素质模型的研究和应用开始起步。McClelland（1973）基于人—岗匹配思想，以及不同能力素质在岗位上的绩效表现，提出了胜任力的概念，开展胜任力的研究。此后，能力素质测评方法在实践中不断发展并完善，技术不断成熟，优势逐渐显现。

根据人—岗匹配的原则，不同岗位对能力的要求会呈现出一定的差异性，各项能力要求的占比也不同。因此，在招聘时，企业对应聘者的能力和岗位适配性进行评估极为关键。在我国，能力测评的思想和实践可追溯至古代以科举制为代表的人才选拔制度，但是现代人力资源测评理论和技术在 20 世纪初期才开始形成和发展。

二、能力测评的类型

随着能力测评的不断发展，各种能力测评的工具不断被开发出来。除了传统的能力测评工具，如机械能力测评、运动能力测评、心理运动能力测评、文书能力测评、美术能力测评和音乐能力测评等以外，创造力测评、领导力测评等新兴能力测评工具也越来越多地被应用到实践中。

（一）传统能力测评工具

1. 机械能力测评

机械能力强调个体经过学习后掌握的对空间关系的想象力、对物理原理的理解力和对机械操作的执行力。机械能力测评广泛应用于工业和军事领域，测评能力范围包括空间关系、机械理解、概念原理。常用的机械能力测评包括明尼苏达机械拼合测评、明尼苏达空间关系测评、明尼苏达书面形状测评等。

2. 运动能力测评

运动能力测评的内容从生理范畴到心理范畴依次分为身体素质测评、基本活动能力测评和心理特征测评。身体素质测评常见于国家体质健康测试，例如采用定距计时的方法测试跑步，进而测量学生的耐力和爆发力；基本活动能力测评通常用于测量个体在竞技体育中的跑、跳、举重等方面的能力；心理特征测评主要测量与运动相关的心理素质和心理品质。运动能力测评的形式主要包括运动技术容量测评、运动技术效果测评和运动技能的全面性测评。

运动能力测评相较于其他传统能力测评工具，其显著的优点在于拥有一套较为客观的测评方法和评分标准，尤其是身体素质测评和基本活动能力测评，可以通过时间、距离等结构化数据得出可比性极高的测评结果。

3. 心理运动能力测评

心理运动能力测评主要评价个体精细动作的肢体支配能力，例如手脚的协调性和反应速度。心理运动能力测评分为大动作运动测评、小动作运动测评和大小动作运动测评，大动作指的是手及手臂的动作，小动作指的是手指动作，测评内容包括速度、敏捷性、准确性等。

4. 文书能力测评

文书一般指的是办公室内书面形式的日常例行工作，如记录、整理和校对函件等。员工所在工作岗位层级不同，所承担的职责不同，其所需要具备的基本文书能力差异性也很大。文书工作考验员工的文化素养、反应能力和逻辑能力。随着技术发展和办公自动化的不断普及，文书能力已包含一定的计算机操作能力，即员工需要运用计算机高效、准确地完成文书任务。文书能力测评可分为一般文书能力测评和计算机程序编制与操作能力测评，在数字化背景下，后者可能会在未来发挥更重要的作用。

5. 美术能力测评

美术能力测评测量的是个体未来是否具有从事美术活动的潜力，而不是个体当前是否具有一定的美术素养。美术能力主要包括鉴赏能力和创作能力。由于年龄、社会阅历、经济条件和教育背景等不同，个体的美术能力存在极大的差异。

美术能力测评的难点有三个：第一，美术能力是艺术能力的一部分，艺术能力是代表人类感性认识的最高形式，具有高度的多元性和主观性。因此，美术能力测评本质上并没有标准答案，难以形成一套可靠且有说服力的评价标准。第二，美术能力测评并不依赖类似体育运动成绩等那样的结构化数据，这意味着美术能力测评的结果难以量化且难以进行比较。第三，由于美术能力和个体特质及个体所处的社会环境高度相关，随着个体年龄的增长、心态的变化、社会环境的变迁，预测结果的准确性可能大打折扣。

具有代表性的美术能力测评主要有梅耶美术判断能力测评、格雷福斯图案判断测评、洪恩艺术能力倾向问卷。其中，前两个测评工具测量个体的审美能力和知觉力，第三个测评工具测量个体的创作能力。

梅耶美术判断能力测评要求被测评者在100对不着色图画中，选出每对图画中更优秀的一幅。每对图中，其中一幅是名画复制品，另一幅是名画修改品，被测评者选择名画复制品即可得分。该测评分数与被测评者美术能力评定成绩的相关性在0.4到0.69之间（林崇德，2003）。

格雷福斯图案判断测评包含90道题目，每道题目包括2～3个同一图案的变式，被测评者需要选出每题中唯一符合格雷福斯所认为的八大美术原则的图案，依据答题准确度计分。该测评方式有较高的信度，但没有提供足够的效度检验（解亚宁、戴晓阳，2006）。

洪恩艺术能力倾向问卷要求被测评者完成素描画、随意画和想象画，根据被测评者的作品采用等级评价法对其美术能力进行评价。该测评方式的效度较高，表明问卷有效（Horn & Smith，1945）。

6. 音乐能力测评

音乐能力和美术能力都属于艺术能力，因此，它和美术能力具有共性，美术能力测评的缺点大体上也是音乐能力测评的缺点。两者最大的不同在于感官体验的差异，美术强调视觉，音乐强调听觉。音乐能力测评考查被测评者在音乐上的感知力、判断力和创造力。

在测评工具使用方面，西肖尔音乐才能测评最早诞生，它一共测试6种音乐能力，评价内容丰富，包括对音色的综合评价、对时间长短的评价、对不同音调所表现出来的记忆特征的评价等。该测验不计总分，而是由6种能力剖面图来取舍（傅显舟，1988）。

较为知名的还有音乐能力测验图，它包括T测验、R测验和S测验三个分测验，分别测量被测评者对音调、节奏和音乐的感知能力。该测验通过后续追踪研究，被证明对被测评者音乐训练成绩预测力较强（Gordon，1967）。

（二）新兴能力测评工具

1. 创造力测评

创造力是创新理念的源泉与核心要素，是企业取得核心竞争力的关键推手

（王智宁等，2016）。但创造力是一个复合型概念，在定义上存在较大的分歧。在20世纪50年代之前，创造力强调的是具有划时代意义的开创性能力。创造性人才产出的成果对全人类而言都具有重大贡献，这样的人才能被称为是具有创造力的人。因此，只有少数人具有创造力，并且他们能够凭借自己的创造性产出脱颖而出。基于以上概念，创造力测评在当时没有存在的必要性（徐雪芬、辛涛，2013）。

但随着时代发展，另一种观点认为创造力不必上升到全人类的高度，只要创造者创造的成果对自身而言具有开创性意义，也能够被认为是具有创造力（金盛华，1992）。创造力不局限于天才，而是一种普遍的心理特质。由此，普通人的创造力得到重视，学者们相继开发了诸多创造力测评方法。从人力资源管理角度出发，创造力可以认为是员工对企业付出的具有独创性、有效性或有价值产出的能力。例如，研发人员能够为企业设计出办公自动化程序，从而大幅减少业务流程时间，或是营销人员能够产出独特的广告方案，使产品脱颖而出。

创造力测评方法主要有三种：创造力测验法、作品分析法、主观评定法。创造测验法使用频率最高，它是通过设计结构化程序，编制标准化题目，将测量结果和常模对比以确定最终创造力结果；作品分析法是对被测评者的作品中体现的创造性水平进行评析；主观评定法是采用专家、学者的意见，对被测评者的作品和个性进行创造力评估（李艺潇，2014）。

由于创造力概念复杂，以及创造力评价不存在标准答案，创造力评估依赖测评者的主观性判断，以上三种方法都存在局限性，至今仍在不断完善中。

2. 领导力测评

领导力的定义较为复杂。Bennis（1997）提出领导力就是一种实现目标的基本能力，是基于某种特殊环境之下为了实现企业目标所表现出来的一种能力特征。

目前人员选拔阶段的领导力测评形式主要是评价中心和群体面试，包括无领导小组讨论、辩论和管理游戏等。其中，无领导小组讨论虽然形式上"无领导"，但是实质上仍需要被测评者主动争取组长位置，合理安排人员分工，梳理讨论的内容，推动讨论进度。无领导小组讨论已被广泛应用于国家公务员选拔及一些大企业的面试中。

三、能力测评在我国应用的情况及其存在的问题

能力测评在我国主要是指基于能力素质模型的人力资源测评，应用在人员选

拔、配置和激励等环节。在招聘选拔时，企业进行能力测评的主要形式为专业笔试、专业面试和提交作品集等，综合考察员工的专业知识储备、逻辑能力和表达能力等素质，并以此作为预测其未来工作业绩的参考指标。

基于能力素质模型的测评并没有对所有企业都适用的通用模型。目前华为、联想和中兴通讯等大中型企业都有自己的能力素质模型。能力测评在技术型、创新型企业使用得比较多，在劳动力密集型企业则使用得比较少。

能力测评在使用中存在的问题主要有三点：

一是企业盲目使用能力测评。能力测评要求测评者具有一定的专业知识，同时该方法也有自身的局限性，企业应权衡各种测评工具的优缺点，结合测评目的和工作分析来选择测评工具。

二是能力素质测评在我国开展的时间不长，基础弱。能力测评在国外应用较多，国内有些企业实行"拿来主义"，未考虑本企业实际情况，生搬硬套其他企业的能力测评指标和测评方法，或者盲目接受咨询服务公司推出的测试题目，其效度和信度没有经过检验。以上情况都可能造成测评结果与企业实际需求相脱离，达不到预期应用效果。

三是企业忽视测评人员的专业化培训。如果测评人员专业水平高，就能使测评工具效用最大化；反之，如果测评人员对测评工具不了解，测评工具的效用可能大打折扣，甚至影响测评结论的真实性和可靠性。

第四节　人格测评

一、人格测评概述

（一）人格测评的概念

人格是个体独特的感情、思想及行为模式的组合特质，这些特质具有持久性与一致性，可以用来区分个体差异。人格与岗位匹配，是一个人发挥个人所长，并有效完成任务的基础；如果人格与岗位不匹配或存在人格缺陷，就会导致一个人所拥有的才能难以发挥出来。

人格测评是采用一套标准化测量工具，从多个维度系统地对被测评者的个人特质进行客观测量和评价，例如对情绪状态、态度、动机等进行测评。人格测评是人才选拔中的重要工具，可以用于预测工作绩效。

因为人格是由多个维度的内容组成的，所以很难通过简单的测试来全面地了解一个人的人格。现有的测评工具都是分别进行一系列测试，从多个方面了解个体的人格特征。企业在招聘时，可以通过人格测验了解应聘者的工作动机、态度等人格特征，再综合利用其他测评工具，以确保对应聘者的素质有更清晰、准确的认识。

（二）人格测评的发展

人格测评在人员选拔中的应用经历了三个发展阶段。20世纪初，武德沃斯编制了首个人格问卷《武德沃斯个人资料调查表》。该问卷在第一次世界大战中被美国军方用来筛选符合参军条件的士兵。自此之后，它便被西方国家广泛应用于军队、工业企业和政府人才的选拔中。

在20世纪中期，人格测评对预测工作绩效的有效性受到了人们的质疑。有学者用元分析方法进行探索性研究发现，虽然人格测评的有效性达到显著性水平（$r = -0.27$，$p < 0.01$），但未经修正的平均效度系数只有0.15，相对于其他预测工作绩效的指标较低（Schmitt et al., 2006）。

虽然人格测评的预测效度一直受到社会各界的质疑，但这种方法能够让人力资源部门独立、直接、迅速地了解应聘者的人格特征，所以常被企业作为人事选拔的工具之一。

直到20世纪80年代末、90年代初，"大五"模型[①]出现，人们对人格测评的有效性有了更多的认识。有学者通过元分析发现，如果含有"大五"模型中的情绪稳定性和责任心，诚信测验可以显著地预测不同情境下企业高管对员工工作绩效的评定（Ones et al., 1993）。大量研究也都证明了人格测评在人才选拔中的重要作用，人格测评开始得到广泛的应用。

我国的人格测评发展主要从20世纪80年代开始，进入21世纪后逐渐趋于成熟，并应用于人事选拔中。近年来，我国学者采用本土化方法获得了中国人人格的"大七"结构[②]，推动了我国人格心理学研究的发展（王登峰、崔红，2003）。

---

①　"大五"模型即"大五"人格模型，是整体人格结构模型的一种。研究证实，有五项人格因素是最核心、最稳定的人格特质，称为"大五"，即外向性、随和性、谨慎性、情绪稳定性和开放性。

②　"大七"结构即"大七"人格结构，包括外向性、善良、行事风格、才干、情绪性、人际关系和处世态度。

（三）人格测评的形式

1. 自陈量表法

自陈量表是针对需要测量的人格特征编制客观问题，然后要求被测评者根据自己的真实感受进行作答的量表形式。它的基本假设是，只有被测评者对自己最熟悉。

自陈量表法的特点主要有三个：第一是题量比较大；第二是通常会采用纸笔测验，可以在同一时间实现多人测验；第三是积分规则非常容易理解，施测相对简单，测量分数也容易解释。但是，自陈量表法的缺点是稳定性差、被测评者容易作假、预测效度较低。

2. 评定量表

评定量表是由熟悉被测评者的第三者进行长时间观察进而评定被测评者行为的一种方法，它不是由被测评者本人作答。它的基本假设是，行为举止可以反映一个人的人格，而通过观察的方法可以评估人格。文兰适应行为量表和汉密尔顿焦虑量表是人格评定量表中常用的两个量表。

评定量表的特点主要有三个：第一是比较接近实际情况，因为它以观察为基础，是通过对被测评者进行较长时间的观察而得出的结果；第二是具有可分析性，评定量表可对评定内容做出量与质的估计，并量化客观结果，方便统计和处理；第三是程序标准化，评定量表的计分方法和实施规则都有清晰明确的规定。另外，评定量表不需要特殊器材，比较容易操作，经济方便。评定量表的缺点是可能因为光环效应容易产生测量误差。

3. 投射法

投射法是通过提供一些含义不清晰、不明确的刺激情境，让被测评者在没有额外线索的情况下，做出反应和描述，最后通过对这些反应进行分析，从而推断被测评者的人格特质。它的基本假设是，人们因为外部环境因素而产生的反应可以被解释和被预测。

投射法的特点有三个：第一是刺激材料没有特定的结构和确切的含义，其结构和意义完全由被测评者自己决定；第二是测量目标具有隐蔽性，被测评者通常并不了解其反应会由什么心理学概念来解释，所以被测评者难以作假；第三是具有整体性，它的重点是对人格进行全方位评估。投射法最主要的优势是测评者可以隐藏真正的目的，因此测试结果更加真实。投射法的劣势是评分标准的客观性不足，难以进行量化，信度和效度不易建立，原理也比较复杂，测评者需要经过专业训练才能掌握。

4. 作业法

作业法是通过分析被测评者的作业，得到被测评者心理特质的大量信息，从而对其气质、性格等方面进行评价。它采取以任务为导向的客观作业，通过隐藏其测试目的，从被测评者完成作业的数量、质量和速度去分析其人格特征。

（四）人格测评工具

人格测评工具有很多，经典人格测评工具包括明尼苏达多相人格测评、加利福尼亚心理问卷和卡特尔 16 种人格因素问卷等。

1. 明尼苏达多相人格测评

明尼苏达多相人格测评是由美国明尼苏达大学心理学家哈瑟韦和麦金力在 20 世纪 40 年代初编制的一种多相人格评定量表。"多相"是指能够同时测量人格的多个方面。它最初的目的是诊断精神障碍，现已被翻译成多种文字，广泛应用于人格测量、心理咨询等领域。

这个量表共有 566 个项目，其中有 16 个是重复项目，其目的是检验被测评者作答的一致性，判断其回答的认真程度。该量表由 14 个分量表组成（10 个临床量表和 4 个效度量表），项目包含的内容范围广泛，包括身体情况、情绪反应和社会态度等。明尼苏达多相人格测评只适合 16 岁以上的青年和成年人使用，被测评者需要具备小学以上的受教育程度，而且测验必须由受过专业训练的测评者负责。

2. 加利福尼亚心理问卷

在 20 世纪 40 年代末，美国著名心理学家高夫编制了加利福尼亚心理问卷，它最主要的目的就是了解和评估个体的性格特质。问卷总共有 480 道题目，共 18 个量表，分为四大量表群：一是成就能力和智力量表；二是人际关系与适应性量表；三是社会化、成熟度、责任心和价值观量表；四是个体生活态度倾向量表。加利福尼亚心理问卷可应用于不同领域，如预测学业成就、评估员工和储备管理人才等。

3. 卡特尔 16 种人格因素问卷

在 20 世纪 40 年代末，美国伊利诺州立大学人格及能力测验研究所的卡特尔编制了一套卡特尔 16 种人格因素问卷。问卷总共包含 187 道题目，由 16 个分量表组成，可以用来测量 16 种人格特征，例如乐群性、兴奋性、稳定性等。卡特尔指出每一个人都有根源特质，而在这个特质的影响下，人们的行为会有一定规律。这 16 种人格因素之间没有很大关联，并且当中的任何一种因素都能够清楚地说明被测评者的相应人格特质，具有一定的独特性。另外，问卷还能为被测评者的 16 个人格因素的组合提供全面和综合的解释。

卡特尔 16 种人格因素问卷是自陈量表的一种，适用于 16 岁以上的青年人和成年人，同时较高的效度和信度使其在国际上得到了认可，因此很多企业也经常在招聘时采用这个问卷。

二、气质测评

（一）气质测评的定义

气质是指人天生具备且稳定的心理特点，它是人格的一部分。气质是反映一个人心理活动的外在表现形式，是个体最一般的人格特质，它会从不同方面影响个体活动。气质受先天遗传影响，具有较强的稳定性。气质测评主要基于个体的行为活动和情绪反应，结合定性和定量的方法对个体心理活动的动力特征进行测评。

（二）气质测评的方法

气质测评的方法包括观察法、实验法和自陈量表法等。观察法是以不同气质类型观察指标为基础，对个体进行观察，最后确定个体的气质类型；实验法则是在一定的控制条件下，考察和评估个体的气质特点；自陈量表法是测定气质类型较方便且常用的方法。例如，陈会昌和张拓基两位学者所编制的气质类型调查表在我国得到了广泛的应用。该量表简便易行，信度和效度较高，总共包括60个项目，分别测量多血质、黏液质、抑郁质和胆汁质四种气质类型，每种气质类型各15个项目。

三、人格测评在我国应用的情况及存在的问题

在招聘选拔过程中，人格测评能为实现人—岗匹配目标提供有价值的参考，近年来也逐渐得到国内企业的认可。当然，其在实际应用过程中也存在一些问题。

第一，在文化适应性方面，人格测评存在两个基本问题。首先是语言问题。目前比较好的权威人格问卷基本都是由外国学者所编制的，在将其翻译成其他语言时存在着一定的风险，容易导致人格问卷偏离原本所表达的思想。其次是文化差异问题。有研究表明，"大五"人格问卷有跨文化的普遍性，但由于西方文化与我国文化存在很大差异，所以同样的结论在我国可能有不同的解释。

第二，招聘人员的应用能力不足。由于测评工具和测量方法的专业化程度高，因此招聘人员的专业知识和专业能力也会对人格测评的信度和效度产生影

响。发达国家通过系统化的指导和培训来确保测评者的专业能力，而目前我国从事心理测评的人员素质水平差异较大，容易出现操作程序不规范等问题。

第三，测评工具的信效度低。随着人格测评在人事选拔中的普遍应用，许多企业引进或开发了各种测评工具。然而在开发量表时，他们并没有理论的依据，也没有按照规范的程序进行，导致开发的量表信度和效度不高。

第五节　价值观与品德测评

一、价值观测评概述

（一）价值观的概念及其研究进展

价值观是一种信念和标准，是个体用来对各种人生目的及实践活动中的事物和现象进行评价，以辨别是非善恶与决定取舍的一种综合性的价值架构。一个人的价值观主要表现为他对道德、社会、宗教、金钱等各方面的判断与取舍。由于每个人所重视的价值观不同，因此会按照相对重要性排序而形成各自独特的价值体系，指引每个人的思想和行为。

我国对价值观的研究一般采用故事内容分析法、主题统觉测评和自陈问卷等多种方法，并以理论分析和经验总结的形式进行。在研究对象方面，特别关注青少年、大学生等特殊群体的价值观。除了对社会层面普遍的价值观，如婚恋价值观、道德价值观、人生价值观等研究较多外，组织领域中不同职业的工作价值观（如教师价值观、员工价值观等）也受到人们的关注（刘小平、邓靖松，2012）。

工作价值观主要研究价值观会对个体在工作中的行为产生怎样的影响，并会对企业目标的实现产生多大的影响。例如，目前国内有研究调查新生代农民工工作价值观对工作满意度的影响，还有研究探讨价值观与创业动机和创业意向的关系，以及价值观对员工跨界行为的影响（赵修文等，2021）。

不同时代的价值观会随着外部环境的变化而变化，所以，学界对于价值观的探索一直在进行。目前我国在价值观方面的研究取得了很大的进展，但还存在一些亟待解决的问题。例如，如何形成一个适合中国人特点的、具有广泛共识的价值观操作定义？取样时怎样考虑不同职业、年龄、地区等的代表性？价值观对行为产生影响的内在机制是什么？等等。现在很多价值观研究都是描述性的、零散的，需要进行长期有深度的、系统的研究。

（二）常用价值观测评工具

1. 莫里斯的生活方式研究

莫里斯于1956年编制了生活方式问卷，用于评价人的价值观，具体包括保存人类最好的成就、培养人和物的独立性、对他人表示同情和关怀等13种生活方式。

日本心理学家田宗介将这13种生活方式分别简化命名为中庸型、达观型、慈爱型、安乐型、接受型、协作型、努力型、多彩型、享乐型、克己型、冥想型、行动型、服务型。该量表适用于大学生及成年人。每种生活方式以一段文字（100～150字）呈现给被测评者，被测评者阅读后在一个从1（非常不喜欢）到7（非常喜欢）的七点量表上评定此生活方式。最后将这13种生活方式按自己的喜好程度排序。

莫里斯认为，价值的含义有三种：一是实选价值，即对不同生活方式所表现出的喜好倾向，对不同生活方式表现出不同的实际选择行为。二是想象价值，即能够预见后果的选择行为。三是客体价值，强调对象本身的属性，即根据对象本身的条件决定什么是值得选取的，而非当事人实际选取的生活方式（实选价值）或在想象中认为应选择的生活方式（想象价值）。

2. 罗克奇的价值观研究

罗克奇在1973年编制的价值观调查表是国际上广泛使用的价值观问卷。罗克奇的价值观系统理论认为，各种价值观之间的连接是有逻辑的，其中有结构层次或价值系统，价值系统是沿着价值观的重要性程度的连续体而形成的层次序列。

罗克奇的价值观调查表提出了两类价值系统：一是终极性价值观，该价值观指的是个体价值及社会价值，用以表示存在的理想化终极状态和结果，是个体希望通过一生而实现的目标，如舒适的生活（富裕的生活）、振奋的生活（刺激、积极的生活）、成就感（持续的贡献）等；二是工具性价值观，该价值观指的是道德或能力，是达到理想化终极状态所采用的行为方式或手段，如抱负（勤劳、胸怀志向）、豁达（心胸开放）、能干（有能力、有效率）等。

二、品德测评

（一）品德的概念

品德是个体内在德性与外显行为的统一体。具有知识和才华却缺乏基本品德的人往往会给社会带来难以估量的损失，所以企业在寻求人才的同时，也应关注人才的道德水平。随着人们对品德的理解和量化方法的发展，品德测评进入了量化阶段。品德测评是指采用特定方法对被测评者的品德特征信息进行解析与鉴定。品德测评在人员招聘、配置的各个环节中都不可或缺。

（二）品德测评的方法

1. 量表测评法

量表测评法是将品德测评中的不同指标编制成可量化的等级量表，让测评者根据被测评者的表现给出不同等级的评分，用以得出被测评者在该品德指标的得分。企业也可将某个应聘者的分数与其他应聘者进行比较，确定该应聘者的去留或将应聘者分配至合适的岗位，达到人—岗匹配和人—组织匹配。

在国外品德测评中，确定问题测评，即雷斯特测评被广泛使用。确定问题测评要求被测评者阅读一系列两难问题，然后对每个故事背后分别代表不同道德水平的问题进行重要性评估，最终计算出分数。确定问题测评被提出以后，不断有学者对它提出质疑，如对确定问题测评实质的怀疑、对确定问题测评结果与柯尔伯格道德发展理论之间的差异的质疑等。

面对质疑和挑战，确定问题测评研究者在收集全球40多万个样本数据的基础上，根据原先架构建立起了第二版的确定问题测评。具体改进包括减少了两难问题并更新了故事设计、修订了排除可疑数据的标准和采用了新的记分方法。雷斯特经过对20年来确定问题测评相关论文的综述，指出确定问题测评是评估道德发展程度的有效工具。

以往传统的定性评价只注重测评者对被测评者的第一印象，且受测评者的主观因素影响过大，容易导致以偏概全。量表测评能够以较为客观公正的方式对被测评者的品德做出整体评价，且计算简便，分数易于理解，适用范围广。但是，确定问题测评中的两难问题是基于美国的文化背景设计的，由于文化背景不同，中国的被测评者可能会对故事的理解出现误读。

2. 背景调查法

背景调查法是指从应聘者提供的证明人、推荐人或以前的工作单位那里收集资料来核实应聘者信息的方法。这种方法是一种能直接证明信息真伪的有效方法，可以降低企业招聘到不合适或道德水平低的员工的风险，避免带来长期的损失。在外部选拔的过程中，大部分企业都会对应聘者进行背景调查，运用背景调查能够真实地了解员工的个人信息和履历，将背景调查结果与员工自我报告信息相对比也可以部分地评估出员工的道德水平。

3. 情境测评法

情境测评法属于品德行为测评方法的辅助工具。例如，企业在面试时，会故意让应聘者面临一个突发的情境，或让应聘者参与一项与面试看似无关的活动，以观察应聘者在此情境或活动中的表现。企业设计的情境或活动必须是自然和真实的。此外，情境测评法的测试结果只能作为参考资料，不能作为唯一的依据用来评价应聘者。

三、价值观与品德测评中存在的问题

员工价值观与企业文化的契合是人—团队匹配和人—组织匹配的重要组成部分，员工价值观与企业价值观不符会降低员工的工作热情和积极性，影响工作效率和工作绩效。员工的品德不仅直接影响员工自身的行为，而且由于其作为企业的一员，代表企业从事某项工作，其工作行为的合法性也代表了企业行为的合法性。因此，价值观和品德测评被越来越多的企业所重视。

由于价值观测试和品德测试的项目往往具有很强的主观性和不可验证性，应聘者很容易根据岗位要求选出相应的答案，导致测试结果不准确、不客观。价值观和品德测评中最常见的误差是由社会称许性造成的。社会称许性是指在测评时，被测评者以社会认可的方式做出虚假反应的倾向，通常表现为否认自己拥有的不被赞许的态度或行为，而肯定自己拥有的正向特质，尽量使自己看起来符合社会需要，或给人留下好的印象。相关的研究表明，社会称许性既具有特质性，又具有情境性。

社会称许性一方面是由于被测评者的自我欺骗造成的，这是一种个体对自我信念的自我保护，而非有意识的掩饰；另一方面是在测评过程中有意识地进行掩饰，这是一种主动的、有欺骗性的印象管理行为，需要测评者在测评过程中进行辨别。因此，在价值观和品德测评中，测评者可以通过设置系列相关问题、结合背景调查等其他测评方法来提高价值观和品德测评的可靠性（李锋、李永娟等，2004）。

第六章　面　试

第一节　面试概述

一、面试的定义

面试是指面试官在特定场景下，通过面对面地交谈，观察应聘者的行为表现，进而了解应聘者各方面素质的一种人员测评技术。面试可以考察应聘者的知识、能力、经验、动机、性格和价值观等方面的素质。

二、面试的发展历史

面试是一种传统的人力资源测评方法，随着时代发展，面试方法持续改进，时至今日依然焕发着生机，是目前使用最普遍的一种方法。

（一）中国古代面试的使用

中国古代就有着丰富的面试思想与方法，并在几千年来不断发展与完善。

（1）尧舜时期就有"六戚"法，即通过观察一个人如何对待他的父、母、兄、弟、妻、子来评价其德行。

（2）先秦时期，孔子提出"听其言而观其行"，认为评价一个人时不仅要看他说了什么，更要看他的实际行动与言谈是否一致。《吕氏春秋》提出"八观""六验"的方法。其中的"八观"，即通过观察一个人在应对人生不同际遇时的人生态度和表现来评价其素质。例如，当一个人的地位提高时是否仍以礼待人，富裕时与什么样的人交往，听了别人的建议后会采纳哪些部分，空闲时有什么乐趣，学习的时候是否有自己独到的见解，困顿时不接受什么，卑贱时不做什么，等等。"六验"即通过观察一个人在不同情绪状态下的行为表现来评价其素质。例如，当一个人得意时是否安分守己，高兴时是否坚持操守，生气时是否能控制和约束自己，害怕时是否有坚定的信念，悲伤时如何对待他人，痛苦时是否改变志向，等等。

（3）三国·魏时期的刘劭总结了前人的人员测评思想，并在《人物志》中将其归纳为三种方法。

首先是观察法，包括"八观"与"五视"。"八观"力图从人的心理特征等方面评价人才。例如，观察一个人帮助、对抗哪些人来了解其立场，观察一个人的喜怒变化来了解其性格，观察一个人的志向和品质来了解其人生选择，等等。"五视"则补充和发展了"八观"，例如，观察一个人平常与哪些人亲近，富足时是否贪图享乐，处于困境时是否克己律己，等等。

其次是谈话法。刘劭认为，通过面对面、长时间、多方面的交谈可以全面、准确地评价人才。同时，除了"谈"之外，也需要通过"辩"来识"理"，在将"理"辩明的过程中，根据人才的表现来判断其是否符合筛选标准和要求。

最后是实践检验法。实践检验旨在检验"名"与"实"是否相符，其中"名"是指人获得的称号、名号，"实"是指人的实际知识、能力等各方面素质。刘劭认为，用观察与谈话的方法测评人才具有一定的主观性，只有在真正任用人才时才能检验出其是否"名副其实"（翟东彦，2012）。

诸葛亮集前人之思想，总结出了"知人七法"，前四种方法通过"问"（提问）、"穷"（诘问）、"咨"（询问）、"告"（告诉）的方式来了解一个人的志向、应变能力、见识和勇气，类似于现代的面试方法。后三种方法中的"醉""临""期"则是在特定情境下观察人的本性、是否清廉、是否有信誉，类似于现代的情境面试方法（孙武，2008）。

（4）隋唐时期开始用科举考试选拔人才，考试形式以笔试为主，面试由于存在主观性较强等弊端，逐渐成为辅助笔试的一种人员测评方法。

总的来说，我国古代的面试实践主要基于经验性的知识，以交谈和观察的方式为主，依据应聘者的言行来了解其知识、能力、品质和志趣等方面的素质，在今天仍然具有很大的启发意义和借鉴价值。

（二）近现代面试的发展

进入 20 世纪以来，心理学等学科的发展为面试提供了科学理论的支持，促进了面试方法的发展和完善。现代的面试方法最早兴起于西方国家，随后于改革开

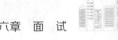

放时期传入我国，并在国内得到了广泛应用。如今，随着人工智能、大数据等现代信息技术的快速发展，面试的流程也发生了变化，线上面试得到了更广泛的应用，人工智能面试逐渐兴起。

1. 面试的理论基础

面试的理论基础主要来自心理学和组织行为学，包括素质差异理论、精神分析理论、冰山理论和行为映射理论。

根据素质差异理论，人与人之间在先天特质、后天环境影响和实践经历方面上的差异性，决定了每个人的行为、心理特征都有着显著的不同。这种个体素质的差异体现在工作上，便呈现出工作方式、绩效等方面的差异，这种差异是人员测评的前提和基础，也是面试方法的基础。

弗洛伊德提出的精神分析理论认为，人的意识和无意识支配着人的行为。意识指的是人能够清楚地认识到的心理部分。无意识则是人没有认识到的心理部分，如原始的、本能的欲望，它是驱动人的行为的深层心理动因。

心理学家麦克利兰在1973年提出了冰山理论，将人的胜任力特征比作一座冰山。其中，人的外显行为，例如人的知识、技能等被看作冰山的水上部分，这一部分容易被人们所感知；人的内在素质，例如人的个性、动机等被看作冰山的水下部分，它是决定人们行为表现的关键因素，这一部分是内隐的，不容易被感知。单凭标准化的笔试难以测量出一个人的内在素质，这就需要辅以面试来深入考察一个人的综合能力。

根据行为映射理论，人的内在素质和外显行为是相互统一的。人的内在素质是相对稳定的，并通过外显行为表现出来，外显行为则会受到内在素质的约束。在面试中，面试官能够通过观察应聘者的外显行为，进而推测应聘者的内在本质，对其各方面素质有更为全面和深入的了解。

2. 近现代面试的使用

在以上理论的指导下，面试方法逐步发展和完善，并广泛应用于许多国家的企事业单位。英国在1931年将面试作为文官选拔考试的重要环节，并在1937年将面试分数的占比提高到30%；日本的大部分人才选拔考试都包含面试环节，且面试形式多种多样，如个人面试和集体面试等。

改革开放以来，我国开始引进、学习国外先进的人员测评技术。以我国的公务员考试为例，面试方法经历了一个不断规范化、多样化的过程，其重要性也不断提升，直接表现为面试在测试中所占比重的提高。1993年，面试被确定为国家公务员考试的方法之一。2001年，公务员面试的内容、方法和程序得到明确规定，形式也更加多样，除了结构化面试外，也鼓励采用无领导小组讨论等多类型的面试方法。

2004 年，结构化面试等面试方法成为党政部门选拔干部的重要方法。

3. 新信息技术下的面试

新冠疫情的暴发极大地影响了人们的生活和工作，促使企事业单位转变招聘面试的流程和形式，更多地采取基于互联网技术的线上面试。

张冠军（2021）分析近期线上面试的发展趋势，认为线上面试主要有四种模式：结构化线上面试、半结构化线上面试、线上录播面试和自由面试。其中，结构化和半结构化的线上面试与传统的线下面试类似，仅是流程发生改变，且需要更多的技术支持。面试过程中，面试官和应聘者通过视频、麦克风等设备进行互动。在线上录播面试中，所有应聘者按统一时间进入线上面试系统，在系统中完成同一套面试题；面试过程中，摄像头和麦克风记录应聘者的表现；面试结束后，面试官依据应聘者的面试录像评价其各方面素质。在自由面试中，企业根据想要考察的内容设立相应的面试题库，应聘者不需要同时进入系统，在规定时间段内任意时间都可进入系统完成面试。

一般来说，线上面试更加方便、高效，但也存在许多问题。首先，由于面试官只能通过视频、语音等方式与应聘者互动，限制了交流互动的丰富性、真实性和灵活性。其次，线上面试对软硬件设备、网络流畅度等要求很高，否则面试过程中容易出现卡顿、断连等问题，导致时间成本增加。最后，线上面试容易出现应聘者作弊等违规现象。

目前，人工智能、大数据等现代信息技术快速发展，已经逐渐应用于企业的招聘面试环节，特别是一些大企业，如联合利华、中国平安等率先采用了人工智能面试，进一步推动了面试流程的变革，提高了面试效率并改善了面试的效果。

人工智能在招聘面试中可以应用于简历筛选、面试、评估及录用这几个环节。

（1）在简历筛选环节，人工智能技术能够从大量简历中分析简历的信息，筛选出符合岗位要求的简历，并根据简历与岗位要求的适配度进行打分和排序。利用人工智能筛选简历，招聘人员能够高效、精准地筛掉不符合要求的应聘者。

（2）在面试环节，主要有机器人面试和虚拟现实情境面试。面试机器人可以通过语音和面部识别来获取应聘者的面部表情、声音、肢体动作等信息，与应聘者实时互动，并形成初步的评估结果反馈给招聘人员，为接下来的招聘工作提供意见。在虚拟现实情境面试中，企业利用虚拟现实技术打造与岗位日常工作相关的虚拟场景，对应聘者进行情境模拟面试，实时监测和评定应聘者的表现。

（3）在评估及录用环节，人工智能面试系统能够基于数据库中岗位的胜任力评价标准和面试中获取的关于应聘者的特征信息，量化应聘者对岗位的胜任力，最终形成综合评定结果，精准录用人才。

总的来说，与传统的面试相比，人工智能面试更为高效和精准，也有助于消除面试中的主观偏见，使面试工作流程更加合理、公平。然而，人工智能面试作为一种新出现的面试方式，还存在许多不足。比如，人工智能面试成本高昂，主要适用于大规模招聘，不适用于作为我国经济主体的中小企业，等等。

三、面试的类型

（一）根据面试过程分类

1. 系列面试

应聘者参加多轮面试，每轮由不同的面试官对应聘者进行面试。每位面试官分别与应聘者互动问答，面试结束后形成自己对应聘者素质的评价。所有面试官的评价都依据统一评价标准，最后综合这些评价结果，做出录用决策。系列面试能在一定程度上缓解面试官个人偏见对评价结果的影响。

2. 小组面试

多个面试官对一个或多个应聘者进行面试，每个面试官从不同的角度向应聘者提出问题，从而对应聘者有更全面、更深入的了解。无领导小组讨论是小组面试最常见的形式，通常由 5～7 位应聘者组成一个小组，小组成员需要在规定的时间内共同探讨面试官给出的问题，并最终给出一个统一的答案。在此过程中，面试官不参与讨论，而是在一旁观察每个应聘者的言语和行为，并以此来评价应聘者的素质。无领导小组讨论有许多优势，比如：面试耗费的时间比较短；能够快速激发人的行为，展现出人的特质；人与人之间的互动情景更加贴近真实的工作情景。无领导小组讨论已被证明有较高的效度，近年来被企业广泛使用。

（二）根据面试内容设计分类

1. 行为面试

行为面试以"过去的行为是未来行为的最好预测指标"为基本前提。在行为面试中，面试官往往要求应聘者详细地描述过去的具体行为、行为动机和结果，从而依据更加真实、客观的信息来评估应聘者的综合素质。

2. 情境面试

情境面试以"个体的意图和设想是未来行为的有效预测指标"为基本前提，通过向应聘者提供一个情境观察其在该情境下的行为，或让应聘者分析某种情境以预测应聘者未来在该情境下的意向和行为，进而判断应聘者素质。情境面试能够在一个较为真实的环境下观察应聘者的行为，也有利于其更好地自我发挥，展现自己的亮点。

3. 压力面试

面试官在面试过程中通过控制情境氛围、互动方式来给应聘者施加压力，以考察其在压力下的承受能力和应变能力。压力面试可以有针对性地挑选出有较强心理素质和能力的人才，但对面试试题设计和实施过程的要求较高，一旦使用不当，就有可能引发尴尬的面试场面或应聘者的过激反应，导致企业错失适合的人才。

（三）根据面试的结构化程度分类

根据面试的结构化程度可以将面试划分为结构化面试、半结构化面试和非结构化面试。其中，非结构化面试对面试的构成要素不做明确要求和规定，半结构化面试则只对面试结构做部分要求。

结构化面试最主要的特征是结构化和标准化。对面试内容、程序、评价标准及录用选择有着详细而明确的规定，包括考官的构成、测评的要素、测评的标准和问题的顺序等，旨在全面了解应聘者的相关信息并便于应聘者之间的比较，从而获得较好的信度和效度。

结构化面试的面试官团队一般包括人力资源专家、单位人事部门的人员和用人部门的负责人这三个组成部分，有利于保证面试的客观公正，发挥不同类型人员的优势。测评的要素是相对统一的，主要有知识、能力、品质和驱动力。除此之外，面试的问题都有明确、客观的评分标准，避免不同评价者使用不一样的评价标准，导致评价结果不一致。面试过程中面试题的内容和顺序都有严格的规定，遵循从易到难、从一般到具体的原则，旨在循序渐进地了解应聘者的相关信息。

四、面试的优点和缺点

（一）优点

（1）内容设计灵活。企业可以根据需要设计压力性面试和情境性面试；同时，也可以在面试过程中根据工作岗位的不同、应聘者经历的不同而调整面试问题。

（2）面试中的直接互动可以帮助双方获得丰富的信息。在面试过程中，面试官与应聘者可以面对面地互动，促进多渠道的信息沟通。对面试官来说，面试可以为其提供更多关于应聘者的信息，如面部表情、语言表达方式、应变速度和处理风格等，这些信息在其他测评方式中难以获取。应聘者对未来工作单位及岗位的了解通常来自间接渠道，面试则提供了直接了解企业信息的机会，有利于应聘者更好地评估自己与企业和岗位的适配度。

（二）缺点

（1）面试测评有较强的主观性。面试官的个人偏好、识人能力、判断标准各不相同；同时，由于晕轮效应、对比效应和应聘者的印象管理策略的干扰，面试官难以做出客观的评价。

（2）面试对面试官的要求较高。在知识方面，面试官需要充分了解工作岗位、掌握招聘面试相关的专业知识并积累大量面试经验；除此之外，面试官的能力对面试的效果有很大影响。因此，对面试官的挑选和培训需要耗费很高成本。

（3）应聘者难以在短时间内表现出自己的最佳水平。面试往往伴有情境压力，应聘者容易处于紧张状态，并且留给应聘者的时间非常有限，这在一定程度上导致其无法发挥正常水平，难以充分展现自我。

（4）面试只能够了解应聘者在当时情况下的行为表现，难以预测其在未来的行为方式是否会改变。

第二节 面试的程序

科学合理的面试程序具有降低面试结果主观性、提高面试信度和效度的重要作用。近年来，随着面试相关理论的不断发展，面试程序逐渐变得更加科学、规范。

不同种类面试的程序大致相同，但由于其特点和侧重点不同，在流程细节上会有所差异。本节首先介绍面试的总体流程，包括面试的计划与组织、面试官面试前的准备、面试的实施和面试的评分与决策四个步骤。然后，具体介绍结构化面试的材料准备流程与其他面试方法的不同之处。

一、面试的总体流程

（一）面试的计划与组织

1. 制订面试计划和流程

制订面试计划和流程是面试程序的第一步。合理规范的面试计划和流程有助于确保面试的有效性，引导、规范面试的实施过程，确保面试的顺利完成。

（1）对招聘岗位进行工作分析，明确其岗位胜任力。基于工作分析的流程设计有助于提高面试的效度，实现人与岗位和企业的最佳匹配（Wiesner & Cronshaw，1988）。因此，在确定面试流程前，企业需要对招聘岗位进行工作分析，精准识别和定义招聘岗位的职责、任务和任职资格，并筛选出最重要的、可通过面试进行有效评价的几项胜任力素质。

（2）根据筛选出的岗位胜任素质，确定所需的面试材料（包括试题编制、答案与评分标准等）、合理的面试时长与面试轮数，以保证面试官能在有限时间内充分获取应聘者的真实信息，同时合理控制面试成本（陈爱吾，2017）。在组织安排上，企业需选拔不同部门、不同职能的面试官组成面试小组，根据面试官岗位职能协调各面试官在面试中的职责。此外，企业还需协调面试官的日常工作与面试工作之间的关系，在不影响面试官原有工作的基础上保证面试工作顺利完成。

（3）要保证面试程序的公平性。从企业的角度来看，面试程序的公平性会影响面试的有效性、员工未来的工作绩效、工作满意度和组织归属感，还可能给企业声誉带来影响。从应聘者的角度来看，面试程序的公平性会影响应聘者感知公平，进而影响应聘者的决策、应聘积极性和签约意向等。因此，企业在设计面试计划和流程时要严格保证程序的公平公正，做到：①在认知层面，通过宣传程序公平性消除外界的认知偏差，引导应聘者正确对待面试；②在组织层面，通过新技术和新方法不断改善流程设计，增强面试流程的规范性；③在监督层面，建立立体式监督网络，开放反馈渠道，鼓励员工、应聘者对面试的全过程进行监督，使面试过程更加公开透明。

（4）要保证面试程序的实用性。企业要根据面试岗位类型和重要性确定面试预算，保证在选出最合适岗位人才的同时，尽可能降低面试成本，做到效果与效率兼顾。

（5）面试的计划与流程设计要根据企业内外部情况动态调整，不断适应变换的外界环境和企业对员工能力的新要求。

2. **应聘者的确认**

在正式面试前，企业需对应聘者进行初步筛选，确定正式面试的应聘者，并告知面试的相关事项。通常企业通过电话甄选的方式达成上述目的。

电话甄选是指在正式面试前，企业与应聘者通过简单的电话访谈确认参加正式面试的应聘者。主要包括两方面的工作：一是确认应聘者的简历和材料中的信息，初步了解应聘者的能力素质是否符合工作要求，职业兴趣是否与岗位相符，筛去明显不适合岗位的应聘者；二是与应聘者建立联系，约定正式面试的时间和地点，并告知与面试有关的事项（陈爱吾，2017；许志星，2017）。

此外，需要注意电话甄选不能代替正式面试，其目的仅是筛去明显不适合岗位的应聘者，而非选拔出胜任的应聘者，因此，不能仅仅通过电话甄选做出录用决策。

3. 面试官的选择和培训

面试是面试官和应聘者的直接对话。高素质的面试官能很好地掌控场面、识别人才，是面试顺利推进、选出合适人才的关键因素之一。因此，企业要特别关注对面试官的选择与培训。

首先，企业要选出合适的人员组建面试小组。要根据岗位职能选择面试官，参与面试的人员应包括人力资源部门人员和用人部门人员，有时还需包括专家和顾问。在面试中，不同部门的人员有不同的考察侧重点和任务分工。一般而言，人力资源部门的人员负责求职动机、工作经历、薪资福利等一般事项的考察，用人部门的人员负责岗位胜任素质的考察，专家顾问主要针对某些特殊项目进行考察。企业要根据个人品格与素养、工作经验与相关专业知识、面试经验与技巧、人才识别与灵活控场能力，选出合适的面试官。在面试小组的人数选择与分工方面，面试小组至少由三人组成。其中一人为主要面试官，负责掌控全程及推进面试，其他面试官负责补充提问并分别对同一应聘者的各项测评要素进行独立评分。为确保对不同应聘者评估的一致性，企业应尽量保证面试小组成员的稳定性，避免由于面试官频繁变动造成评估标准不一致（李洲，2012）。

其次，根据招聘职位的等级、重要性和所需胜任素质调整面试小组的组成人员。等级低、不重要或需要相对较低专业胜任素质的岗位，对面试官的要求不高，由人力资源部门人员单独面试就行了。重要、待考察的胜任力维度多、对应聘者与工作的匹配度要求高的岗位，对面试官的要求高，需要采用多轮面试甄别应聘者：一般先由人力资源部门人员面试，对应聘者做基本的素质评价；再由用人部门人员继续面试，结合岗位要求和用人需求考察、评价并最终决定是否录用。

最后，对面试官进行培训。对面试官进行培训的目的是使各面试官熟知面试流程，了解面试方法，提高面试技巧并统一对评分标准的理解，确保面试小组成员达成共识，从而对求职者做出有效评估。培训内容一般包括提问与追问技巧、笔录技巧、实施面试的步骤、消除面试误区的方法等。根据不同类型面试的特点，其面试官培训内容在此基础上可以有所增减。

4. 面试的后勤保障

良好的后勤保障不仅是面试顺利进行的基础，更提供了向应聘者和外界展示企业管理水平和企业形象的机会。面试的后勤准备主要包括准备面试材料、安排面试场所和布置面试环境三部分。

（1）准备面试材料。面试开始前需要准备各类面试所需的纸质版或电子版材料，如应聘者的简历、面试评估记录表和电子设备（若使用电子版材料）等，并将材料分发给各个面试官。此外，还可以准备面试相关流程和规则的介绍手册，以便应聘者对面试流程有更好的了解。

（2）安排面试场所。面试开始前需要根据参加面试的人数准备合适的会议室作为面试场所。会议室的大小应当在容纳所有参与人员的前提下尽量小，以实现应聘者与面试官的近距离交流并使面试官能更好地观察应聘者。

（3）布置面试环境。面试前需根据面试职位和面试方法布置与之相匹配的面试环境。对于普通的面试要尽量创造宽松亲切的氛围，以缓解应聘者的压力并使其能正常发挥；而对于压力面试则需将面试场所布置得严肃且有压迫感，以考察应聘者的情绪稳定性和心理承受能力。此外，还需准备面试所需的各种工具，如白板、白板笔、白板刷、签字笔、白纸等。

（二）面试官面试前的准备

1. 浏览岗位工作说明书

面试官需要在正式面试前回顾岗位工作说明书，熟悉招聘岗位的相关信息和胜任素质，以便在面试中着重关注应聘者的相关能力和回答应聘者提出的相关问题。面试官在回顾岗位工作说明书时应着重关注并明确以下信息：①岗位说明和主要职责；②任职资格，即对应聘者的知识、技能、经验、性格、职业兴趣取向等方面的要求；③招聘岗位的相关信息，包括工作环境、汇报关系、薪酬福利、晋升与职业发展机会等（赵曙明等，2018；陈爱吾，2017）。

2. 审查简历和应聘材料

在面试前，面试官还需仔细审查应聘者的简历和其他应聘材料，以熟悉应聘者的背景、经验、任职资格等基本信息，初步判断应聘者的岗位胜任程度，同时发现简历和应聘材料中存在的问题，以便在面试中进一步向应聘者提问和讨论。

面试官在审查应聘者的简历和其他应聘材料时需要关注以下问题：①注意简历和应聘材料的版面是否整洁美观，内容组织是否有逻辑、有条理；②注意简历的遗漏内容或空白栏目，以便面试时向应聘者进一步了解；③仔细阅读应聘者的工作经历，特别注意与应聘岗位或所在行业有关的经历，留意应聘者工作变动的频率，思考其中可能的原因，以便在面试中对应聘者工作变动的动机进行提问；④注意应聘者工作经历在时间上的间断或重叠，以便在面试中向应聘者进一步了解；⑤分析应聘者的教育背景与工作经历的相关性，若应聘者从事与所学专业非直接相关的工作，面试官需要在面试中加入相关提问，以询问应聘者的职业生涯发展规划；⑥审查简历中叙述模糊或前后矛盾之处，做出标记，以便在面试中提问；⑦注意应聘者过往的薪酬状况及对未来薪酬的期望，对比招聘岗位的薪酬水平，以便在面试中与应聘者讨论（陈爱吾，2017；许志星，2017）。

（三）面试的实施

面试的实施可以分为五个阶段：建立融洽关系、介绍面试流程、正式面试环节、确认面试结果和结束面试。由于每个阶段的作用不同，其时间占比、考核任务和题目类型也有所不同。下面对面试实施的五个阶段进行具体介绍。

1. 建立融洽关系

建立融洽关系阶段是面试的开始，约占面试总时间的2%。此阶段通常以交流简单随意的、和工作不相关的问题为主，以缓解面试者的紧张情绪，创造轻松、友好的氛围，以便面试者在后续环节能更好地发挥。

2. 介绍面试流程

介绍面试流程阶段约占面试总时间的3%。在这一阶段，面试官需要向应聘者介绍企业、岗位及与本次面试有关的信息，包括：①简要介绍企业的基本情况；②阐明本次面试的目的与意义；③向应聘者说明面试的流程；④鼓励应聘者在面试过程中好好发挥。

3. 正式面试环节

正式面试环节是面试实施阶段的核心，占面试总时间的80%。在这一阶段中，面试官根据预先设定的面试题目向应聘者提问，根据应聘者的回答和临场反应对应聘者的能力和素质做出评估。要注意的是，面试官除了通过应聘者的言语信息评估其胜任素质，还可有意或无意地根据非言语信息评估应聘者的面试表现（徐建平等，2014）。例如，面试官可先用一个开放式问题引出话题，然后用行为式问题使应聘者讲述与该话题相关的、亲身经历的关键行为事件，接着不断使用探索式问题对该事件的细节等方面进行追问和核实，也可以使用假设式问题模拟应聘者不曾经历的情境。

4. 确认面试结果

确认面试结果阶段约占面试总时间的5%。这一阶段不再引入新的话题，通过核实相关问题以补充和确认应聘者的信息。若面试官对应聘者在正式面试环节的回答存疑，可以在确认阶段进行追问核查，以便获得更详细的信息。本阶段常用一些探索式问题，并尽量避免使用具有引导性的封闭式问题。

5. 结束面试

在面试官掌握所需信息、确认面试结果后即可进入结束面试阶段，这一阶段约占面试总时间的10%。在这一阶段，面试官邀请应聘者提出感兴趣的问题并给出回答。解答完成后，双方礼貌道谢道别。要注意的是，面试官不论决定是否录用应聘者，都应当认真回答应聘者提出的问题，并友善地结束面试，给应聘者留下礼貌亲和的印象。

（四）面试的评分与决策

面试结束后，面试官要对应聘者进行评分，并根据评分进行筛选与决策。

1. 评分环节

评分环节根据时间顺序可以分为面试实施中和结束后两部分。在面试实施过程中，面试官在提问和观察应聘者的同时，需根据面试试题评分准则和岗位胜任素质有针对性地记录面试者的回答内容和非言语信息，作为面试后的评分依据。面试结束后，先由每位面试官根据应聘者在面试过程中的表现独立评分，再汇总各面试官的评分得出每位应聘者各项胜任素质的得分和总分。

2. 决策环节

计分结束后，面试小组共同讨论评分结果并给出最终的筛选决策。对于评分差异较大的部分，需通过核查面试记录说明每位面试官的评分标准和判断依据，通过商讨达成共识。需要注意的是，在根据岗位胜任素质得分评价应聘者时，不仅要关注总分，还应关注各素质之间是否可以互补，即某类素质的长处可以弥补另一类素质的不足，而有些时候某类素质的低分起一票否决的作用。在得出最终决策结果后，需要汇总所有评分和意见，并将该面试结果填入面试成绩报告表作为录用决策的依据和结果追溯的证明。

二、结构化面试材料准备流程

结构化面试的程序与其他面试程序相似，符合前述面试的总体流程。但与非结构化面试相比，结构化面试流程需要严格保证面试内容的结构化。因此，结构化面试在面试材料的准备方面与其他面试方法存在差异，有一套标准化的材料准备流程。

接下来着重介绍结构化面试与非结构化面试的不同点，即面试材料的准备流程：基于胜任力的工作分析、面试试题的编制与确定基准答案和评分标准。

（一）基于胜任力的工作分析

结构化面试的内容有着结构化、标准化的特点，所有面试问题和测评内容都需建立在工作分析的基础上，并由胜任素质的重要性决定。因此，与非结构化面试相比，结构化面试更需要对招聘岗位进行细致准确的工作分析与胜任素质分析，并由此确定测评要素及其权重。

首先，确定测评要素。测评要素的选择是影响面试选拔效果的关键因素。测评要素需以招聘岗位的工作分析为基础，由岗位胜任素质决定。确定岗位胜任素质的方法包括：①结合已有的岗位说明书，根据企业目标、岗位目标、岗位职责和任职资格等提取岗位的胜任素质。若招聘岗位的岗位说明书未制定或不完善，企业需制定或完善岗位说明书，再根据岗位说明书确定岗位胜任素质。②通过比较该岗位高绩效者与一般绩效者的能力、行为、性格等，选取其中最重要的、可通过面试测量的几项素质作为最终测评要素。

其次，为测评要素赋予权重。招聘岗位的测评要素通常有多个，但每项测评要素反映的胜任素质对顺利完成岗位工作的重要程度不同，因此，不同测评要素在招聘过程中的重要程度也不同。企业要依据招聘岗位的性质分析各胜任素质的重要程度和出现频率，为对应的测评要素项赋予权重。

（二）面试试题的编制

面试试题的编制是结构化面试中最重要的部分，试题的质量直接决定了面试的质量。因此，在进行结构化面试时要重点关注面试试题的编制流程。

一般而言，结构化面试中常见的题型可以分为两类：①以经历为基础的问题，面试官根据应聘者以往的工作经历来判断其素质能力。②以情境为基础的问题，将应聘者置于一个与工作相关的假设情境中，根据应聘者在该情境中的反应来判断其素质能力。

通常情况下，面试试题的编制需要经过以下三个步骤。

1. 确定面试试题编写人员

面试试题的编写人员决定了试题的难易度和可信度，直接影响面试的效果。因此，设计试题的人员不仅要有人力资源管理的理论基础和实践经验，还要了解企业战略、企业文化和招聘职位的胜任素质。面试试题的编写人员一般包括三类：人力资源专家、招聘岗位部门负责人和专家顾问。他们分别就试题设计的可行性、科学性、所需人才与岗位和企业的匹配性等方面给予专业意见。

2. 确定面试试题的编写方法

常用的编写方法包括头脑风暴法和小组讨论法。头脑风暴法鼓励参与者自由联想、打破常规、畅所欲言，通过削弱"群体思维"尽可能激发参与者的创造力。小组讨论法是将编写人员组成一个讨论小组，通过小组各成员之间的讨论激发想法并完成试题编写。

3. 编制面试试题

面试试题的编写要紧紧围绕基于工作分析得出的测评要素，每个测评要素至少设计两道题目。进行试题编写时要注意保证试题的有效性，做到所编题目既能覆盖该职位所必需和最主要的胜任素质，又能够区分出不同能力水平的应聘者。

（三）确定基准答案和评分标准

结构化面试需在面试前制定科学统一的基准答案和评分标准，以减少由于面试官水平参差不齐和主观判断造成的评分误差，同时对面试实施过程中面试官的评分行为起规范作用。

确定基准答案和评分标准的常见工具是行为锚定评分量表。该方法通过将初始的定性评价转为最终的定量评分，能有效降低面试评价的主观性和随意性，提高面试的信度（Maurer，2002）。编制行为锚定评分量表一般包括三个步骤：首先，面试官需要根据面试试题预测足够多、有代表性的答案，并根据测评标准将其设定成应聘者的标杆反应。其次，分析每种标杆反应对应的测评素质的种类和强弱，赋予相应的评分，形成评价量表。通常，评价量表通常使用五分量表，给出高、中、低的回答示例作为评分参考。评价量表将为面试官在评分时提供建设性指导，方便面试官快速、准确、高效地对应聘者的回答给出稳定有效的评估。最后，根据各测评要素的权重为各测评问题赋予权重，形成最终的面试评分表。

第三节　常见的面试误区

一、面试误区概述

（一）面试误区的含义

广义上，面试误区是指影响面试官合理有效地为面试者评分的因素，面试误区的产生可以分为来自面试官和来自应聘者两个方面；狭义上，面试误区是指来自面试官个人的评分失误。这里讨论的是广义上的面试误区。在面试时，如果不能避免这些误区，就会影响面试评估的准确性，导致新招聘的员工不能满足岗位需要，还会造成大量人力成本和财务成本的浪费。

（二）面试误区产生的原因

研究发现，面试官在对面试者的打分过程中存在着个体差异，而这些差异很多是由面试误区引起的（Hartwell & Campion, 2016）。面试官需要在一定的时间内对多名应聘者进行评价，受记忆与心理因素的影响而易产生首因效应、对比效应、相似效应、晕轮效应、选择性知觉等面试误区。应聘者希望在短时间内给面试官留下深刻的印象，有意或刻意地仅展示自身优势，因而容易产生印象管理、应聘作伪等面试误区。此外，面试官之间的互动，应聘者的沟通技巧，也会在一定程度上影响面试评价的准确性。下面将分别从面试官角度和应聘者角度来探究面试误区产生的原因。

二、面试官角度的面试误区

面试是面试官与应聘者之间的互动交流，应聘者和面试官都会影响到面试的结果，但面试的结果主要取决于面试官。面试官的各种心理活动和行为表现都会影响到面试的结果。

（一）首因效应与近因效应

在面试过程中，面试官角度的首因效应指的是面试官在面试初期收集到的有关应聘者的信息会主导其对应聘者的评价判断。相反，近因效应指的是应聘者在面试后期呈现的信息给面试官留下更深的印象。若要求面试官仅在应聘者展示所有信息后进行唯一决策，首因效应会十分明显。若要求面试官基于局部的信息做出重复的判断，则会产生近因效应（Farr, 1973）。首因效应与近因效应一般会同时出现，不过其表现程度会有差异，而测评环境会决定哪种效应占主导地位（Steiner, 1989）。

学者们提出两大假设来解释首因效应和近因效应的存在。其一，注意力下降假设。一般来说，面试官倾向于注意面试早期的信息，而对后续的信息关注较少。在这种情况下，近期的信息就会被忽略，进而产生首因效应。若让面试官一直认真地关注应聘者的信息，则会产生近因效应。其二，印象保持假设，即面试官倾向于在一系列信息中保持相对稳定的印象。接触早期信息时，面试官会产生第一印象。如果后续接收到的信息产生与之前相反的结论，面试官则会调整自己的感知来保持一致。若面试官调整后续感知，提高早期信息的重要性，则产生首因效应。若面试官对新信息保持开放性的态度，近因效应则会产生。

以下将分别阐述首因效应与近因效应在面试中的体现。

有研究表明，在30分钟的面试中，面试官平均只需要4分钟就可以做出是否招聘该应聘者的决定（Dougherty et al., 1994）。面试官在极短的时间就可以形成对应聘者的初始印象，而且该初始印象会深刻影响到面试官在整个面试流程中对应聘者的评价。这是因为在后续的面试过程中，面试官收集信息主要是为了证明对应聘者的初始印象。面试官对应聘者的初始评价越好，应聘者最终的面试得分就会越高。同时，对应聘者有良好初始印象的面试官会更多地向应聘者推销自己的企业，并告诉他们更多关于企业的内部情况，以此来吸引应聘者（Dougherty et al., 1994）。

也有研究表明，若短时间内向面试官展现所有信息，在最后环节表现优异的应聘者会引起显著的近因效应。这是因为面试官会将应聘者在最后环节的优异表现与其之前的表现进行对比，从而更加关注。如果延长评价周期，则最后环节表现较差的应聘者会引起近因效应。一般情况下，面试官更留意应聘者的不佳表现，因此，在最后环节表现不佳的应聘者同样会引起面试官的关注。

（二）对比效应

对比效应是指先前事物影响人们对后续其他事物的评价。面试中的对比效应指的是，面试官对上一位应聘者的评价将会影响到他对下一位应聘者的评价。人际互动理论认为，面试官对应聘者的评价会受到周围环境和面试官期望的影响，而上一位应聘者的表现会影响到面试官对下一位应聘者的预期，从而影响到对他的评价（徐建平，2014）。

另外，还有一些学者从工作记忆力的角度来解释这一现象，即面试官的记忆力有限，因此，在高强度的面试压力下，有且只有其对上一位应聘者的评价才会显著影响其对下一位面试者的评价，实验研究证明了这一观点。该项实验是让若干位面试官在观看一段20分钟的采访录像后回答采访相关问题，结果显示大部分的面试官都只有大约50%的正确率。

虽然对比效应普遍存在于面试中，但学者们对于对比效应导致多大程度的决策波动有较多的争论。有研究表明，对比效应的影响微乎其微，仅能决定1%的决策波动（Hakel et al., 1970）；也有研究表明，对比效应决定80%的决策波动（Wexley et al., 1972）。Kopelman（1975）在实验后得出结论，面试者的表现仍是影响评价的重要因素，决定50%的决策波动，而表现中等的面试者最容易受对比效应的影响。

针对以上较为矛盾的结论，Schuh（1978）进一步探究对比效应在何种情况下会产生更大影响。研究发现，在一系列面试过程中，先接受面试的应聘者会获得偏高的评价，而对比效应在前几次面试之中尤为凸显。此外，若在单次面试中同时测评两位应聘者，对比效应表现明显，而若同时测评四位以上的应聘者，对比效应会显著降低。

（三）相似效应

面试中的相似效应是指面试官对应聘者的感知相似性会影响面试官的评价。大量研究表明，面试官的评价会受到应聘者许多与工作表现无关的特征影响。一般来说，面试官认为应聘者与自己的相似性越强，其对该应聘者的评价就越积极，该应聘者就更有可能被录用。例如，Graves 和 Karren（1996）在探索性的访谈中发现，一位自食其力度过大学生活的雇主，更倾向于录用那些依靠自己能力完成大学学业的应聘者。

研究表明，白人面试官倾向于给白人应聘者更高的评价，而给黑人应聘者较低的评价。同样，黑人面试官也会给黑人应聘者更高的评价，而给白人应聘者更低的评价（Prewett-Livingston，1996）。还有学者关注文化相似性对结果的影响。比如在亚洲文化中，保持谦虚是一种社会规范，因此，亚洲面试官对谦虚的应聘者更具好感。但是，当面试官与应聘者的性别不一致时，面试官反而会认为他们之间存在更强的相似性，因而产生更积极的评价（徐建平，2014）。

（四）晕轮效应

晕轮效应是指评价者倾向于关注被评价者的整体印象，而非区分其表现水平的高低或根据不同的维度对其具体表现进行打分。以外貌为例，相貌出众的人总是被认为比相貌平平的人更加聪明、更擅长社交、有更加积极健康的心理，所以被成功录取的可能性也更高。

产生晕轮效应的原因有很多，学者识别出的相关因素有记忆偏见和认知归类。记忆偏见是指面试官根据自己的记忆对应聘者进行评价，进而显著提高评价结果中各维度之间的协方差，也即提高了评价维度之间的相关性。引起记忆偏见的原因主要有两方面：一是评价维度之间的概念相似性，二是面试官从整体印象出发对应聘者做出评价（Murphy & Balzer，1986）。认知归类是指面试官根据已有观念对应聘者的能力进行认知上的分类。面试官接收的信息被分成不同的类别存留在脑海中，当应聘者的行为模式被面试官归为某一类信息时，便会引起晕轮效应。

（五）选择性知觉

选择性知觉是指人们更愿意感知、评价与自己态度相一致的信息。选择性知觉产生于人们按照自己的意愿来接受、处理信息的过程，广泛存在于日常生活之中。在面试过程中，面试官往往会由于过往经历、个人特质、情绪等因素仅关注应聘者所展示的部分信息，而没有留意全部信息。在这种情况下，面试官对应聘者的经历、能力、性格仅有局部的了解，且对所接收信息给出带有个人主观感受的评价，进而影响面试评价的准确性与有效性。

（六）面试官之间的互动

小组面试过程中，不仅面试官与应聘者之间存在交流，面试官之间也存在交流互动。这也意味着，面试官之间的互动可能影响评价准确性。这种影响方式主要体现在两个方面：一是在面试过程中，面试官对应聘者提问与微笑、皱眉等行为会传达出其对应聘者的态度，其他面试官也会受该态度的影响；二是面试结束后，面试官之间会进行交流，讨论应聘者的表现。在讨论的过程中，面试官会将自己对应聘者的评价这一信息传达给其他面试官，在一定程度上会影响其他面试官的判断。除此之外，在面试官讨论过程中可能会引发团体情绪，进而影响评分的准确性。

三、应聘者角度的面试误区

面试的一个显著特征是描述性，而不是操作性，即应聘者主要通过口头表达的形式来说明自己的能力、性格等特点，而不是通过完成一项任务来展示自己的能力。这些描述性说明大多数都无法被证实，这为应聘者通过印象管理，甚至造假作伪等提供了条件。以下将分别介绍应聘者印象管理和由此引申出的应聘作伪问题。

（一）印象管理

应聘者的印象管理指的是应聘者有意识地控制自己的言行举止，试图来影响自身在面试官心中的形象，从而影响面试官对其的评价。应聘者之所以会选择印象管理，是因为他知道这会影响到面试官的评分。相关研究表明，当应聘者面带微笑或者与面试官有直接的眼神接触等积极行为时，面试官对他的评价较高；反之，当应聘者做出皱眉或视线回避等消极行为时，面试官对其评价普遍较低。而应聘者进行自我印象管理的成本是较低的，这导致面试过程中应聘者印象管理的现象普遍存在。

近年来，印象管理相关研究有所增加。一些研究发现，面试时应聘者的印象管理策略主要包括两种：一是应聘者在回答个人问题时主要以"个人为中心"，通常使用自我提升或自我关注的策略；二是在回答情境问题时以"他人为中心"，如故意讨好面试官等（徐建平等，2014）。此外，有学者探究印象管理与应聘者个人特征之间的关系。相比于低自我监控的人，高自我监控的应聘者会进行更多的自我提升和讨好行为；外向的应聘者比内向的应聘者更倾向于自我推销等（Kristof-Brown et al.，2002；Higgins & Judge，2004）。

应聘者的印象管理行为会对面试官的评价造成影响。相关研究结果表明，应聘者的讨好和自我提升行为确实会使面试官对应聘者产生更加积极的评价。相关实验也表明，如果应聘者选择进行自我提升策略，其面试成功的概率会上升约40%。但是，过度的印象管理也会产生负面的影响。比如，应聘者在面试过程中刻意微笑会降低面试官对其的评价；若应聘者过多地表达与面试官一致的意见，有可能导致面试官对应聘者的负面解读，使评价降低。

（二）应聘作伪

近些年来，越来越多的学者开始关注印象管理的引申话题，即应聘作伪行为对面试结果的影响。应聘作伪被定义为不诚实的印象管理，即通过故意歪曲伪造事实来给面试官留下良好的印象。应聘作伪行为不仅包括撒谎，还包括刻意隐瞒、夸大或伪造事实等（Kristof-Brown et al.，2002）。最常见的应聘作伪就是在个人经历上造假，而面试官通常无法发现该欺骗行为，甚至会将注意力集中在这种错误的信息上。比如，近期某真人秀节目嘉宾被曝出在求职简历和面试中谎称自己有在某知名企业的实习经历，该嘉宾的行为就属于应聘作伪行为。

应聘作伪行为一旦被发现则需要承担相应的法律责任，但该现象却一直无法避免。这是因为应聘者对面试官的大多数陈述都是无法进行核实的，而应聘作伪行为能显著提高面试官对应聘者的评价，并增加其获得就业机会的可能性。在低风险和高收益的抉择下，部分应聘者会冒险进行应聘作伪。

（三）沟通技巧

由于面试是一个互动的过程，应聘者是否掌握一定的沟通技巧会显著影响面试者的评价。有学者如此评价道，"重要的是你怎么表达，而不是你表达了什么"（Imada & Hakel，1976）。传统研究将沟通分为言语沟通与非言语沟通，但面试过程的沟通可更精确地分为三个维度，包括言语、声音和非言语（Hollandsworth et al.，1979）。言语维度体现为应聘者表达内容的合理性、准确性；声音维度体现为应聘者的声音响亮程度、表达流利程度；非言语维度体现为眼神交流、姿势与手势、外表与着装、镇定程度。

非言语沟通被认为是影响评分的重要因素。若应聘者掌握非言语沟通技巧，不时与面试官进行眼神交流，通过手势辅助表达，全程放松但有轻微的紧张感，会明显地提高面试得分。非言语沟通的影响可通过即时反馈理论来解释：非言语沟通是一种即时反馈，体现应聘者的认真程度，拉近与面试官的心理距离，进而提升面试官对应聘者的好感度，最终影响面试评价（Imada & Hakel，1976）。

应聘者掌握非言语沟通技巧是必要的，但更重要的是保证表达内容的有效性与准确性，也就是注重言语沟通。相关研究指出，表达内容的有效性与准确性是影响面试评分最重要的因素，其次才是表达的流利程度、镇定程度等因素。这表明，面试过程中言语沟通的重要性大于声音和非言语沟通（Hollandsworth et al.，1979）。

面试误区的存在既导致企业很难招聘到合适的员工，也浪费了大量人力和物力，不利于企业的进一步发展。企业只有意识到面试误区的存在并加以规避，才能发挥面试的最大效用。

第四节　提高面试效果的措施

每家企业都希望在面试环节中尽可能准确地了解应聘者的素质状况，希望通过面试选拔到最合适的员工，以填补企业内部岗位的空缺。但现实中由于企业、面试官和应聘者等多方面的原因，面试的有效性无法得到保障，从而影响整个招聘的效果。本节将从企业、面试官和应聘者三个方面提出改善面试效果的方法。

一、提高面试效果的总体思路

面试效果差的原因可能来自企业、面试官和应聘者三个方面。有些企业在制订面试计划和流程时没有做到科学和公正，后续也没有做好面试官的选择和培训工作，以及面试后勤保障工作。当面试官在招聘过程中陷入面试误区时，也可能会导致各种问题，进而做出错误的决策，降低面试效果。

因此，企业应该明确"招什么样的人"这一问题，做好工作分析，规划好面试流程，选择并培训面试官。面试官要时刻提醒自己避免受首因效应、晕轮效应等影响，同时要提高自身的工作知识能力。同时，企业要告知面试者面试的全流程，并且提供岗位相关信息，要鼓励应聘者展现最真实的一面，提高面试的效度。

二、面试计划与组织的改进措施

在面试计划的制订过程中，既要从企业层面的高度进行考虑，也需要从具体细节进行谋划。例如，面试的目标是什么，即企业想要招聘什么样的人，还有面试的组织流程是否科学合理，等等。如果不能很好地制订面试计划，那么面试中可能会状况频出，最终降低面试的效果。下面将从面试计划和流程的设计、面试官的选择和培训、应聘者的确认、后勤准备工作四个方面进行分析，提出一些关于企业面试的改进措施。

（一）面试计划和流程的设计

科学公正的面试计划和流程，不仅可以简化招聘环节，节约招聘成本，而且可以使应聘者在面试过程中展现出自己真实的素质能力，有助于面试官做出正确的评价，帮助企业提高聘用决策的准确性。

为了让面试计划和流程更加科学公正，目前招聘面试逐渐向形式多样化、程序结构化、结果标准化、内容全面化等方向发展。有关研究清楚地表明，结构化面试比非结构化面试有更高的信度和效度，面试结构的一个关键因素是建立一个标准的评估过程（McDaniel et al., 1994；Campion et al., 1997）。评估标准的建立需要企业在面试之前对招聘岗位进行工作分析，明确该岗位的胜任力。

为了提高面试结果的有效性，企业需要注意：

（1）在面试前需要制定完整的面试题库及评分标准。

（2）在面试过程中，为了提高面试的结构性，面试的指导语、面试时间、面试问题及呈现顺序和面试的环境对所有应聘者都应该是相同的，即尽可能保证应聘者都在几乎完全相同的条件下接受面试，以提高面试的公正性。

（3）当企业需要招聘技术人才时，应该要求人力资源管理人员和技术专家一起参与面试，保证面试结果的有效性。

（二）面试官的选择和培训

当面试中采取无领导小组讨论或群体面试等形式时，面试官的数量往往需要相应地增加，以确保面试结果能够客观地反映应聘者的真实素质，降低面试官的主观影响。当面试专业技术人员时，人力资源部的面试官往往无法单独胜任面试工作，此时需要用人部门派出代表和技术专家协同面试。

但未经培训的面试官往往无法胜任面试工作，因为未经培训的面试官往往会凭直觉对应聘者进行判断，并且对自己的判断过于自信，高估自己的能力（Harris & Eder，1999）。此外，未受过培训的面试官经常会忽略面试中的许多要点（Dougherty et al.，1994），也不能进行有效的记录（Middendorf & Macan，2002）。所以，在完成面试官的选择工作后，还需对面试官进行培训。

（三）应聘者的确认

在正式面试开始前，企业需要对应聘者进行初步筛选与联系，确定参加正式面试的应聘者名单，并告知应聘者面试的相关信息和注意事项。企业一般会采用电话、电子邮件、移动社交软件（如微信）、求职软件等方式与应聘者沟通和确认。正式面试前对应聘者进行确认不仅能降低企业成本，而且可以提高整体面试效率，即不把过多的时间放在没有意义的面试上。

（四）后勤准备工作

后勤准备工作也是面试中的重要一环。后勤保障不仅是面试顺利进行的基础，而且提供了企业向应聘者展示工作环境、服务和管理水平的机会。后勤准备工作主要包括面试材料、面试场所和面试环境的准备。

三、面试官方面的改进措施

面试官作为企业在招聘面试过程中的代表，其知识水平和客观公正的态度会直接影响整个面试的有效性。现实中，面试官可能由于自身知识储备不足或陷入面试误区而对应聘者做出错误的判断，因此，明确面试官在面试过程中的角色以及提高面试官的能力就显得尤为重要。下面将从面试官的知识和心理两个层面进行分析，提出一些改进措施。

（一）知识层面

知识可以分为陈述性知识和程序性知识两类。面试官作为面试过程的主导者，需要同时掌握陈述性知识和程序性知识，不仅要对招聘流程非常熟悉，还要对招聘岗位要求非常了解，必要时还需要具备一定的业务能力以应对面试中应聘者提出的问题。

1. 陈述性知识

陈述性知识是对事件的一种描述性知识，是关于"是什么"的知识，在此主要指能用语言进行陈述的关于面试方面的知识，比如描述面试的流程、招聘岗位的素质要求等。如果面试官缺乏陈述性知识，会导致其对应聘者岗位胜任力的判断产生偏差。为了避免面试官在面试过程中出现陈述性知识不足的情况，面试官应在正式面试前详细阅读岗位说明书，充分了解招聘岗位所需的知识技能。

2. 程序性知识

程序性知识是一套做事情的逻辑，是关于"怎么办"的知识，在此主要指面试官能够运用各种测评工具和方法有效地测评应聘者的能力。如果面试官缺乏这方面的知识，可能会导致其无法正确使用各种测评工具，不知道何时进入面试的下一步环节。程序性知识的缺乏也会导致面试官在面试中提出的问题缺乏针对性，无法对应聘者的知识、能力进行判断，让应聘者感觉自己的才能无法展现，导致面试失败。

为了避免面试官在面试过程中产生程序性知识不足的情况，企业应对面试官进行适当的培训，增强面试官对测评工具的掌控能力，同时结合岗位胜任力设计更加科学准确的面试问题和评价标准。面试官不仅要知道测评方法是什么、怎么使用，还需要准确地理解评价的指标，这样才能针对应聘者的回答进行客观准确的评价。

（二）心理层面

有时候面试官对整个面试流程和招聘岗位素质要求都非常熟悉，并且拥有一定的岗位专业能力，但还是会在面试中陷入误区。陷入误区的面试官会不经意间融入自己的主观判断，对应聘者做出有失偏颇的评价。这些误区主要包括首因效应、晕轮效应、对比效应和相似效应等。

首先，为了避免陷入各种误区，企业需要选择具有较多社会阅历和经验的面试官。各种误区的发生一般都因面试官只依据应聘者的一些表面的、非本质的特征作出评价而导致，社会阅历和经验有助于对这种偏差予以修正。除此之外，企业应当采用多个面试官同时进行面试的方式，并且选择不同背景的面试官组成具有复合背景的面试小组，降低单个面试官对面试结果的影响。

其次，企业在对面试官进行培训的过程中应当注重认知偏差方面的训练，让面试官充分了解并有意识地克服心理认知偏差。要让面试官明白，应聘者某一个方面优秀并不能代表其所有方面都优秀，面试时需要对应聘者的每种特质进行精确的评价，而不能仅根据一种特质就形成整体判断。

最后，为了方便面试官对应聘者进行评价，企业需要事先将各种素质对应的行为尽量详细地罗列出来，并且针对各种行为确定评定等级，最终编制出行为锚定评级量表。Lubbe 和 Nitsche（2019）发现使用行为锚定评级量表能够显著减小面试过程中的主观影响。同时，还可以通过多方面的信息收集，使用不同的评估工具和方法，减小面试官的主观影响。

四、应聘者方面的改进措施

应聘者能否在面试的有限时间内充分展现自己，是影响面试效果的关键因素。有些应聘者会因为不熟悉招聘流程、对岗位相关信息不了解或在面试中有过大的心理压力等问题，导致无法真实、全面地展现自己的能力。

（一）熟悉企业招聘流程和岗位相关信息

应聘者作为面试的主要参与者，需要熟悉企业的招聘流程，并且在申请岗位前充分了解岗位的相关信息。这样做一方面可以增强应聘者对企业和岗位的认识，预先判断自己与企业、岗位之间的匹配程度；另一方面可以根据企业的要求，在面试时更有针对性地、更充分地展现自己的素质与能力。

一般情况下，应聘者会同时应聘多家企业，对各家企业的招聘流程和岗位相关信息不是很了解。为了解决此类问题，一方面，企业需要建立与应聘者沟通的渠道，公布企业、岗位的相关信息，及时将企业招聘流程信息传递给应聘者；另一方面，应聘者也要认识到，提前熟悉招聘流程和了解岗位信息可以提高面试的效果。

（二）真实地展现自己

在面试时，有些应聘者会迎合面试官的要求而刻意"表演"自己，试图给面试官留下良好的印象，但往往会适得其反。事实上，让企业了解真实的自我，更有利于企业做出人岗匹配的判断，也更有利于应聘者今后的职业发展。为了全面、准确地展现自我，应聘者可以通过"STAR"法则来说明自己的素质和能力。比如，过去在什么情境下要完成什么任务，通过什么行为最终取得什么样的结果，这样面试官就可以对应聘者的素质和能力有更清晰的认识。

（三）保持镇静，缓解心理压力

应聘者在面试时都会有一定的心理压力，甚至因出现紧张、焦虑等情绪而影响正常发挥。这时面试官需要想办法缓解应聘者的紧张情绪。例如，通过言语安抚，或通过与应聘者的眼神交流，传递关心与信任，让应聘者正常发挥。与此同时，应聘者自身也可以通过心理暗示，例如给自己积极的评价、相信自己的能力等来缓解心理压力。

第七章 评价中心

第一节 评价中心的概念及其主要形式

一、评价中心的概念和特点

（一）评价中心的概念

评价中心是一种标准化的测评活动，它以评估被测评者的管理素质为目的，综合利用多种测评方法和测评技术对被测评者进行评价。评价中心最突出的特点在于情境模拟，即被测评者在模拟现实的情境中接受评价小组的评估。

评价中心是利用多位测评者的观察和记录，整合被测评者在不同测评方法中的表现，综合评价被测评者的素质和能力。简而言之，评价中心就是通过各种情境模拟的方法，由多位测评人员对多位被测评者的综合素质进行评价的程序和系统。

（二）评价中心的特点

1. 多位被测评者同时接受评估

多位被测评者同时接受评估，且场景与平时工作环境高度相关，可以增加评价中心方法的信度和效度。同时，多位被测评者同时接受评估可以降低人力、财力和物力的投入，并能缩短测评时间，提高效率。

2. 多种测评方法和技术结合

评价中心有很多种测评方法，如文件筐测验、小组讨论、案例分析等，但是评价中心不是简单地一次只应用一种方法或技术，而是需要几种方法和技术在测评内容和测评程序上结合在一起应用，从而评价被测评者各方面的知识、技能、能力和素质（萧鸣政，2021）。

3. 多位测评者共同参与评价

评价小组包括人力资源方面的专家、高层管理者或心理学家。多位测评者共同参与能够提高结果的客观性和公正性。在测评时，每位测评人员需要分别对每位被测评者的表现单独进行评价，然后再相互讨论，交叉验证，从而使评价结果更具深度和科学性（萧鸣政，2021）。

4. 测评素质与测评方法交叉进行

评价中心主要通过结合多种测评方法来评价被测评者多方面的素质和能力，测评素质和测评方法是交叉进行的。一方面，一种方法可以测评不同素质，比如文件筐测验可以评价被测评者的分析能力和判断能力；另一方面，一种素质也可以由不同方法来测评，比如除了文件筐测验可以评价被测评者的分析能力和判断能力以外，角色扮演、无领导小组讨论等测评方法也可以评价被测评者的分析能力和判断能力。

（三）评价中心的发展历史

1. 评价中心的起源

评价中心起源于 1929 年的德国，起初是一套用于挑选军官的评价程序（Thornton & Byham，1982）。测评前，军事心理学家首先会对军队中的各种岗位进行工作分析，明确不同岗位所需的素质和能力，然后设计符合测评目的的评价方法，并与高级军官和医生一同进行测评。这样的评价程序体现了多个被测评者同时接受评估、多种测评方法和技术结合、多位测评者共同做出评价等特点，为现代评价中心技术的发展奠定了基础（徐世勇、李英武，2017）。

在第二次世界大战期间，英国军队模仿德国的评价中心，形成包含精神病学面谈、智力测验和情境模拟测验等评价方法的方案。之后，英国心理学家拜恩综合应用了小组讨论、角色扮演和面谈等评价中心技术，集中评价成功领导者的个性特征。另外，美国中央战略情报局也建立了评价程序。程序的第一步为工作分析，然后根据分析确定个性决定因素，并对不同的因素赋予不同的权重，接着通过情境模拟测验观察并记录被测评者的个性，最后进行评分并建立经验模型（刘远我，2020）。

2. 评价中心的发展

第二次世界大战后，评价中心技术从军用转向民用。英国文职人员委员会首次利用评价中心技术来评价管理人员的管理能力。美国 AT&T 公司则是最先应用评价中心技术的企业，他们通过评价中心有系统、有目的地选拔经理，用时数年，证明了评价中心的可用性。在 AT&T 公司开了先河之后，很多著名企业如 IBM、GE、飞利浦、雀巢等都纷纷采用评价中心选拔人才。到 1987 年，美国有超过 2000 家企业都在使用评价中心选拔人才。同年，英国有超过 37% 的千人以上规模的企业都在使用评价中心，到 1997 年就发展到 65%，在这期间，评价中心得到快速发展和完善。

在 20 世纪 80 年代，随着改革开放的推进，评价中心被跨国企业引入中国。当时主要是跨国企业在中国的分公司应用评价中心，国内学者注意到评价中心后，开始对其进行深入研究。到了 20 世纪 90 年代，评价中心开始在中国本土企业中应用，主要用来协助人力资源管理工作。到了最近几年，评价中心已经成为政府和大型企业选拔人才的一种主要方法。

二、评价中心的主要形式

广义的评价中心包含多种测评形式，例如心理测验、面试和情境模拟等，而狭义的评价中心则是以情境模拟为主，包含文件筐测验、小组讨论、管理游戏、角色扮演和案例分析等。在实际应用中，文件筐测验的运用频率最高，其次案例分析、小组讨论和演讲等也常被使用（唐丽颖，2013）。

评价中心是多种评价方法和技术的综合应用，常常要根据具体岗位的不同特点灵活组合各种方法和技术，这就要求测评者对评价中心各种测评方法的类型、功能、形式、优缺点等有具体的了解。

（一）文件筐测验

文件筐测验又名公文处理测验或公文筐测验，是对实际工作情境中管理人员分析和处理公文并进行决策的模拟。

文件筐测验主要是为了评价被测评者处理事情的能力，其得分与实际管理能力、相似工作上的表现和管理岗位上的发展都有显著相关。从管理能力的角度来说，文件筐测验可以用来考察被测评者的分析、组织、沟通、控制、决策和授权能力；从管理职能角度来说，它可以用来考察被测评者对财务、人事、行政、战略、投资等管理职能的执行。同时，文件筐测验也可以通过被测评者现场的表现来辅助考察其应对能力等。

文件筐测验模拟企业实际会发生的业务和环境，给予被测评者多份来自上级或下级、内部或外部、紧急或日常的请示、方案、报表等书面材料，要求被测评者以管理人员的身份，沉浸在模拟情境中，以真实工作中应该有的行为和思考方式，在一定的条件下对这些材料进行处理，做出公文处理报告并给出相关理由。假如理由有模糊之处或者测评者想要更加深入了解被测评者的想法，还可以使用面谈的方法进一步了解被测评者的行为。文件筐测验的题目多种多样，下面是一则关于请示文件处理的题目及答案示例。

刘总：

软件开发部的员工反映他们上个月的工资没有按时发放，主任总是以绩效考核不达标克扣员工的奖金，绩效评定的标准也很随意、不客观。软件开发部的员工很不满意，这可能会影响正常工作。此事应该如何处理？请指示。

人力资源部
2021 年 10 月

处理意见：请派人力资源部同事前往软件开发部了解情况，就没有按时发放工资和绩效评定不公正的问题做出书面报告，争取明天之前把详细的调查结果报告上来。

文件筐测验的优点是：具有高仿真性、动态性、可操作性和结果的可预测性，因而效度较高。文件筐测验的题目均来自管理实践，文件信息是有针对性地编制的题目，而且要求被测评者在一定时间内和一定压力下做出决策，以此来评价被测评者的工作胜任力。

文件筐测验的缺点是：评分过程烦琐，测试成本高昂，一份完整的文件筐测验需要花费测评者近 2 个小时来评分，这严重制约了该方法自身的发展。

（二）小组讨论

小组讨论要求被测评者围绕测评者给定的某一主题进行讨论，最终得出组内一致的结果并进行口头汇报，是一种采用情境模拟的方法对被测评者进行评价的方法。小组讨论有两种形式：一种是角色指定形式，即有领导小组讨论；另一种是角色自由讨论形式，即无领导小组讨论。

在有领导小组讨论中，测评者指定某一位被测评者为小组领导，然后由其带领小组成员完成任务。但是，若需要测评每位参与者的领导能力，则需要给予每名被测评者担任领导的机会，因而成本过高。无领导小组讨论在流程上与有领导小组讨论一致，区别在于不事先指定角色，被测评者自行组织完成任务。此处着重探讨无领导小组讨论。

　　无领导小组讨论的实际操作要求一般为：将被测评者按一定人数编组，并要求其根据测评者提出的真实或虚构的背景材料进行讨论，最终得出一致意见并进行汇报。按照不同的划分标准，无领导小组讨论可以划分为有情境型和无情境型、竞争型和竞合型等。讨论的话题可以分为开放式问题、两难问题、多项选择问题、操作性问题、资源争夺问题等（蔡圣刚、潘国雄，2015）。

　　无领导小组讨论有以下五个特点。

　　第一，由于事先没有确定小组的领导者，这种方法可以多维度获取人际交往相关信息，如语言能力、关系处理能力、协调能力等。

　　第二，由于事先没有指定领导者，在讨论进行过程中，会有被测评者主动或被动地成为小组领导，当然还可能产生像时间控制者、唱反调者、总结者等自发形成的角色。

　　第三，无领导小组讨论可以测量在笔试和面试中难以考察的部分，比如问题分析及决策能力，还有个人实践能力。

　　第四，由于无领导小组讨论中只有部分人可以通过选拔，是差额选拔，且大多有严格的时间限制，给被测评者的精神压力较大。在这种情况下，被测评者的表现往往更为真实，由此得出的评价结果也更为客观科学。

　　第五，由于无领导小组讨论具有互动性特点，这种方法可以测量出交际活动较多的岗位素质要求。假如将无领导小组讨论方法用于选拔研发人员，可能就难以实现测评的目标。

　　下面是有关两难情境的题目示例：

　　　　你所在的公司是一家设计自动驾驶汽车行驶程序的算法科技公司。在一次道路测试中，你们所研发设计的自动驾驶汽车遇到一个问题。在汽车行驶时，前方不远处突然有路人闯出，此时自动驾驶汽车有两个执行方案：一是迅速通过转弯、减速等命令避开路人，但车内的乘客会受到冲击造成伤亡；二是不影响正常驾驶选择直行，但前方的路人可能会被撞伤亡。请你们小组在这样的情境下就如何设计自动驾驶的程序进行讨论。

　　无领导小组讨论的优点：一是可以从多个角度评估被测评者在其他测评方法中难以考察的能力，从而更加全面准确；二是机会平等，每位被测评者可以自由选择适合自己的具体角色；三是被测评者会处于压力情境下，需要快速随机反应，难以掩饰自身不足，因而具有较高的评价效度；四是多位被测评者同时接受测评可以节约时间，降低成本；五是应用的被测评人群范围广泛。

　　无领导小组讨论的缺点：一是对测评者的要求很高，需要对测评者进行专业培训，并且制定一致的评价标准，才能做出准确科学的评估；二是把握好聚焦的问题点具有一定难度；三是被测评者的表现受他人干扰和讨论环境的影响较大；四是确定评估标准比较困难；五是被测评者可能有类似活动的经验，存在表演、伪装的可能。

（三）管理游戏

管理游戏是根据实际的管理场景来设计游戏，往往生动有趣。在实施管理游戏时，测评者观察被测评者在游戏过程中的各种表现，并对相应的素质进行评价。

在管理游戏里，被测评者身处一个模拟情境之中，被要求解决在管理工作中经常面临的一些较为棘手的问题。与其他评价中心方法不同的地方是，管理游戏里测评者也可能成为角色之一参与其中，他们故意激化矛盾，给被测评者增加压力和难度。管理游戏涉及的管理职能范围很大，如财务管理、生产管理等，形式也丰富多样，如键盘销售、小溪任务、建筑练习等。

管理游戏可以评价被测评者在面试和笔试中无法体现出来的临场应变能力、团队合作能力和战略部署能力等。管理游戏比其他测评方法更加真实，可以让被测评者充分沉浸并表现出未经过伪装的一面，所以测评者可以对被测评者进行真实全面的测评。

下面是积木练习示例：

被测评者将随机分为多组，一组6人左右，每一组被测评者将得到多种颜色的雪花片形状的积木若干，测评者会展示已经用雪花片积木搭建好的卡车的三视图，要求被测评者根据图片材料所展示的各个角度的卡车模型进行还原，还原程度越高、用时越短的小组分数越高。在小组搭建过程中，测评者需要观察小组是否自发形成领导、组员之间是否有合理分工、正式搭建前是否形成计划、搭建过程中是否存在争议等，从而综合地对各位被测评者进行评分。

管理游戏的优点：一是趣味性高，被测评者沉浸其中更能体现自己真实的一面；二是动态性高，能够突破实际工作情境的限制，可以针对不同的工作特性和岗位要求设计独特的管理游戏；三是多名被测评者可以同时接受测评，效率更高；四是管理游戏通常以团队形式呈现，可以更多地考察团队合作能力。

管理游戏的缺点：一是难以观察，由于游戏极高的灵活性，测评者很难对被测评者进行全面的观察；同时在合作导向的游戏中，个体方面的素质和能力难以突显。二是成本高，管理游戏从设计到实行的成本都比较高，测评也需要耗费大量时间来准备和实施。

（四）角色扮演

角色扮演要求被测评者扮演不同的角色，在模拟的工作环境中完成该角色被分配的任务，其重点在于考察被测评者的人际关系处理能力。

测评者可以根据被测评者进入角色和采取行动的表现来评估其适应性，也可以观察被测评者的思维敏捷性和应变能力。角色扮演往往用时较少，跟无领导小组讨论相比更容易评价被测评者的人际交往能力和行为塑造能力等。除了测评功能，角色扮演还可以用来培训员工掌握不同岗位所要求的、可操作的知识和技能，从专才成长为通才。

角色扮演类型多样。根据测评任务，可以把角色扮演分为考察人际关系处理的沟通型、应对突发事件的应变型和合作处理难题的解决型等不同侧重的类型。

下面是角色扮演示例：

> 你是一家民营互联网公司的营销部经理，你所主管的营销部有多个项目小组，各自负责不同的营销活动策划、执行和反馈，每个小组都配备有一名组长。昨天，你接到了组长 A 的实名举报，组长 A 称组长 B 之前上报的有关"双 11"营销活动成果的报告存在虚假数据，并要求对此进行调查处理。你知道营销部各小组之间存在资源争夺的情况，两位组长日常工作也都很出色。对此你准备先与组长 B 进行谈话，具体你将如何处理？

角色扮演的优点：一是以考察人际关系能力为核心，同时综合考察应变能力和问题处理能力。二是灵活动态，为被测评者提供了较大的发挥空间。三是情境性高，沉浸性强。另外，角色扮演允许被测评者尽可能按照自己的意愿去完成任务，而不必过多考虑决策失误的风险和他人的看法，更容易反映出被测评者的真实情况。四是为被测评者提供了体验多种工作类型的机会。

角色扮演的缺点：一是对角色和情境的设计要求很高，设计和布置的成本也较高；二是被测评者可能存在印象管理和刻意准备；三是在角色扮演中，通常需要一位测评者来扮演角色并与被测评者进行互动，因而具有随机性。

（五）案例分析

案例分析要求被测评者分析案例中出现的问题，并提出针对性的解决方案，最后形成书面报告，由测评者根据报告内容的完整性和可行性等进行评估打分。

案例分析主要评估被测评者的综合分析能力。案例分析会提供一些文件，文件的内容一般都是现实工作中相关岗位可能遇到的问题，要求被测评者站在该岗位的角度进行分析，最后提出一系列解决问题的方法。因此，案例分析还可以考察被测评者的判断决策能力。

案例分析形式非常灵活，可以根据岗位量身定制各种材料和问题。问题可以分为两种类型：一种是虚构的，一种是现实的。虚构的案例一般针对性更强，而现实的案例典型性、真实性更强，各有优点。案例分析要求被测评者最后给出口头或书面的汇报，根据汇报是否发现案例问题的本质、是否能够解决案例问题、是否具有可行性和经济性等，对被测评者的素质进行评估。

下面是某个案例分析的部分示例。

案例简介：

　　某公司因业务发展加速、部门增加以及用人规模扩大，原先公司的信息系统不堪重负，出现众多问题：一是本地数据存储空间不足，安全性受到威胁；二是各部门信息互通和协作受阻，效率低下；三是与合作伙伴的系统无法对接，影响对外合作。因此，公司高层决定对公司老旧的信息系统进行升级，全面推进业务数字化并将企业数字化转型作为公司的年度战略。但是，在推进数字化转型过程中，各部门进度缓慢，出现年轻员工嫌转换麻烦、老员工嫌操作困难等情况。然而，公司数字化转型又势在必行……

问题：

（1）公司目前数字化转型面临的主要困难是什么？为什么会出现这样的问题？应如何解决？

（2）公司在进行类似的改革时，能够提前通过什么安排来减小阻力？

案例分析的优点：一是适用范围广，可以根据被测评者和测评目的挑选或设计不同的案例；二是实施成本较低，操作过程简单；三是可以同时测评大量被测评者，降低测评成本。

案例分析的缺点：一是测评主要依据最后口头或者书面的汇报，测评结果可能不够全面，不具有较高的代表性；二是评分标准受测评者自身因素影响而不够客观。

（六）其他形式

除了上面提到的几种评价中心形式以外，还有心理测验、演讲测试、面试等形式。

心理测验是一种基于行为推断心理的方法，具体而言就是通过观察和研究被测评者的一些关键事件，从而判断其心理状态。心理测验实施起来便捷高效，但准备工作成本较高。而且随着物质生活水平的提高，人的心理状态也发生了一些改变，传统的心理测验量表需要不断改进。

演讲测试即被测评者针对具体题目，在规定的时间、场合，公开表达自己对某个问题的看法，由测评者根据演讲表现等进行评估打分。除了语言外，演讲测试还注重考察被测评者的面部表情、肢体动作和视觉辅助工具与内容等。一场好的演讲，往往能够动员、说服听众，并且能够提出演讲者自己对具体问题的见解或解决方案。演讲的主题通常具有一定的情境性，测评者通常会给演讲者一个明确的角色，从而根据其行为表现进行打分。演讲有即席演讲和有准备演讲两类。即席演讲需要被测评者临场发挥，主要考察其知识储备和随机应变的能力。演讲这一测评形式的成本较低，但演讲很容易受被测评者个人的性格和演讲经验影响，通常这不是测评者所要考察的主要素质和能力。

面试是目前各企业最频繁使用的一种测评方法。面试前，测评者根据岗位素质和能力设计具体情境或问题。与评价中心的其他测评方法相比，面试能够更加直接得到测评者所需要了解的信息，并且测评者能够根据对方的回答和表现进行深入提问，从而对被测评者的内部和外部表现有更为全面的了解。但是，在非结构化面试和单独面试的情境下，面试很容易受面试官主观因素的影响。

第二节　评价中心的设计程序

一、评价中心的设计要求

研究表明，评价中心的设计程序会对评价中心的实施效果产生较大影响（吴志明、张厚粲，2001）。因此，按照规范、科学的设计程序来准备和实施评价中心就非常重要。总体而言，评价中心在前期准备阶段，测试内容的设计应符合综合性、动态性、情境性和标准化的要求，在正式实施阶段和数据处理阶段也应遵循相应的规范。

（一）综合性

评价中心需要综合运用多种测评技术，利用多名测评者，通过多种情境，从多个角度考察被测评者在不同情境下的行为特征和心理素质（这些心理素质和行为特征能很好地反映被测评者的实际工作能力），以便测评者对被测评者进行全面的评价和选拔。

（二）动态性

评价中心设计的动态性体现在两个方面。一方面是测评程序的动态性。在使用评价中心时不能机械套用固定的测评流程。因此，在设计评价中心时，需要根据不同的测评需求动态调整评价中心的时间安排、具体测评内容等（殷雷，2007）。另一方面是测评活动的动态性。使用评价中心时，大多数的测评需要在动态情境模拟中完成，需要让被测评者在活动中与各种有关的人员沟通交流，处理事务，从而让被测评者的深层特征更清晰地显露。动态的活动可以让测评者在动态中观察被测评者的行为，进而做出较为全面的评价。

（三）情境性

评价中心需要利用多种测评方法，模拟出与工作环境尽可能相似的情境，进而让测评者在高保真度的模拟情境和真实压力下对被测评者进行评估。所以在设计评价中心的时候，需要做好相关应聘岗位的工作分析，根据不同岗位的工作条件和能力要求，收集关键情境信息，才能设计出更加真实的模拟情境。在这个过程中，要求设计出的模拟情境与现实中的工作岗位和工作内容有较强的相关性。当模拟情境能够真实反映工作实际情况时，评价中心的测评效度也会随之提升。

（四）标准化

评价中心的实施虽然都是在动态活动中进行的，测评时间从几小时到一周不等，但各种测评活动都是预先设定好的，是一系列标准化的流程，包括活动内容、活动时间和地点、评分标准等都是标准化的。

评价中心主要是通过在模拟的工作情境下对被测评者进行观察和评价，评价方式以行为观察为主，测评者在观察评价时并不能主观臆断。无论是行为观察还是心理测评，所有的测评活动都需要有一套明确的评价指标体系和评分标准，测评者需要经过标准化的培训后才能够上岗。

二、评价中心的设计步骤

关于评价中心的设计，陈民科、王重鸣（2002）将评价中心的设计步骤分为四个关键环节：工作分析、情境设计与成功管理行为特征收集、制定计分标准、测评人员的选拔和培训。本节通过对已有研究进行梳理，按照实施时间的先后顺序，将评价中心的设计程序分为三个阶段，每个阶段又包含一些具体步骤，具体如下。

（一）前期准备阶段

前期准备阶段是评价中心设计最重要的阶段，只有做好充分的前期准备才能确保评价中心按照设计目的顺利实施。前期准备阶段包括工作分析、构建评价指标体系、情境设计与成功管理行为收集、制定评分标准、测评者的选拔和培训等工作。

1. 工作分析

工作分析是对岗位的工作要求进行分析和描述的过程，在这个过程中收集、分析、综合和报告与工作要求相关的信息。目的是为后续构建评价指标体系和情境设计奠定基础，明确情境设计的核心内容。

工作分析的方法主要有两种：一是基于岗位任务的工作分析方法。这种方法主要基于工作岗位的描述进行工作分析，且这种分析方法是静态的，不能反映出工作任务和任职资格的动态变化。二是基于胜任力的工作分析方法。这种方法主要是以胜任力为基础，通过分析岗位员工的胜任力特征，明确胜任该岗位所需要的能力。这种方法的目的是找出该岗位业绩优秀者与业绩平庸者之间的差距，确定岗位的关键胜任能力。

与基于岗位任务的工作分析方法相比，基于胜任力的工作分析方法更加适合评价中心的设计。但是在开发评价中心的过程中，运用单一的工作分析方法可能无法满足评价中心的设计要求，因此，最适合用于评价中心的方法是多维度的工作分析。多维度的工作分析把各种单一的分析程序整合成一个系统，以满足总体工作分析的需要，它满足了评价中心综合全面的特征。

2. 构建评价指标体系

工作分析的一个重要目的就是构建评价指标体系。在构建评价指标体系时，需要遵守以下三个原则。

（1）内涵明确原则。每一项评价指标都需要有清晰的定义和描述，所包含的内容都必须明确。

（2）选择性原则。需要根据使用评价中心的目的确立评价指标，对所有的素质特征进行评价是不可能也没有必要的。

（3）外延不重复原则。设计出的每个评价指标在外延上应尽量不重复，因此在不同的评价指标维度中不能出现相似或相同的测评内容。

因此，评价中心的评分维度不能过于冗杂。Jansen 和 Jongh（1998）将评价中心的评分维度概括为四个元维度（meta-dimensions），具体见表 7 – 1。

表 7 – 1 评价中心的元维度

元维度	子维度	定义描述
智力	问题分析	分析面临的问题，找到完善的解决方法
	问题解决	先将问题分解，仔细考虑各个方面，然后综合各个方面，提出可行的解决方法
	创造性	找到新的解决办法，提出新的问题
社交技巧	人际敏感性	愿意以开放和建设性的态度参与团队活动，并为达成团队目标做出自己的贡献，而不是抱怨或是引起混乱
	社会性	能带领团队向着某一特定目标前进；运用自己的热情和实践经验，对团队的结构和气氛产生决定性影响
	领导力	能够说服其他团队成员按照他的建议完成团队共同的目标
决断力	计划与组织	计划、检查、指导和实施方案，以及对时间进程进行控制和管理
	授权与管理控制	通过授权与管理控制工作的进展
意志力	主动性	积极主动地去做事情，而不是被动地等待别人的命令和指导
	坚韧性	遇到困难不轻易放弃，而是能坚持下去，不断发挥自己的主动性
	坚定性	在压力下能够坚持自己的观点
	果断性	对团队的决策产生决定性影响，能做出果断、独立、深思熟虑的决定

在确定了评价指标后，下一步则要根据评价指标进行动态性的情境设计。

3. 情境设计与成功管理行为收集

因为评价中心的不同测评方法各有其不同的侧重点，所以，在这一步骤，需根据前面得到的评价指标选取对应的测评方法进行情境设计。在进行情境设计时，总体要符合以下五个要求。

（1）相似性。所谓相似性，是指模拟情境要与对应岗位真实工作情况相似，突出模拟情境设计的指向性。

（2）典型性。典型性有两方面的含义：一是模拟情境能够体现被测评者在以后的工作中需要面临的最关键、最主要的情况；二是模拟情境要把实际工作情况中多种最具代表性的情境归类总结在一起，使工作中可能遇到的相似情况一起出现。

（3）逼真性。所谓逼真性，是指模拟情境的现场气氛、环境控制等方面都要十分符合实际情况，否则就失去了模拟情境的意义。

（4）主题突出。所谓主题突出，是指情境设计要突出测评的主题，相关的测评活动安排要围绕一条主线设计，让被测评者在一系列情境中可以突显出我们所需要测评的素质能力。

（5）难度适当。情境设计的问题难度应该适中，并不要求所有被测评者都能立刻回答出问题，而是要能区分不同被测评者的优劣。情境设计看似容易，但真正处理起来很难，好的情境设计要求能力不同的被测评者在测评中都可以有一定的表现机会，而能力强的被测评者在测评中应该能够崭露头角。

在成功管理行为特征的收集过程中，需要在业绩优秀和业绩一般的员工中分别找出一批人员，给他们提供相关的情境问题，要求他们针对问题提出意见或解决方案，在这个过程中收集业绩优秀员工的行为特征。此外，还应该听取岗位直接主管的意见。同时，要对收集到的行为特征进行与评价指标体系相对应的归类。

完成上述工作后，开发人员还需要结合岗位要求对情境和成功管理行为特征进行整理和修订，对相似的情境和行为特征进行聚类，剔除与评级指标体系无关的情境和行为特征（刘小平、邓靖松，2012）。

4. 制定评分标准

上一步骤收集到的成功管理行为特征，将被用于这一阶段制定评分标准。在进行成功管理行为特征收集后，根据收集结果，可以确定每个测评指标下的管理行为特征，并可以以此来划分评分等级。

每一种成功管理行为特征的评价都可以被划分为几个等级。例如，划分为五个等级，"0"代表没有足够的观察证据表明被测评者具有成功管理行为特征；"1"代表被测评者的表现明显低于成功管理行为特征的评价体系标准；"2"代表被测评者的表现稍低于成功管理行为特征的评价体系标准；"3"代表被测评者的表现达到成功管理行为特征的评价体系标准；"4"代表被测评者的表现稍高于成功管理行为特征的评价体系标准；"5"代表被测评者的表现明显高于成功管理行为特征的评价体系标准。

5. 测评者的选拔与培训

测评者是否称职会对评价中心应用的效果产生较大影响。要确保评价中心成功实施，所有的测评者在测评前都应该接受专门的培训，确保评价的客观性和准确性。测评者选拔的标准是：能够接收新的想法和信息，并全身心投入测评当中；具有良好的咨询和开发员工的能力；能够系统地分析和处理人事问题；对该职位的具体工作行为较为熟悉，能够准确识别成功的管理行为，熟知评价内容；最好拥有较为丰富的工作经验。

此外，为了避免最终的共同讨论变成由一个或多个具有更高地位或职位的测评者主导，要注意测评者身份或职位的平等。从实践和理论研究的结果来看，由心理专家、上级主管和人力资源管理人员组成的测评团队可以在测评工作中发挥出更好的评价效果。

在选拔出合适的测评者后，需要对测评者进行培训。目前常用的培训方法主要有以下两种（王小华，2004）。

（1）行为观察培训法。行为观察培训法强调培训的重点不在于对评分标准的培训，而在于对测评者观察能力的培训。在培训过程中，主要对测评者的观察能力进行训练，教授给测评者一些观察方法，让测评者能够更敏锐地捕捉到被测评者的行为特征。Thomton 和 Zorich（1980）认为，测评者在评价过程中，观察和评分应该是两个独立的过程。与这个观点相一致，行为观察培训法也要求测评者在观察时先仔细记录被测评者的表现和行为特征，鼓励测评者先进行观察再进行评分。

（2）参照系培训法。参照系培训法与行为观察培训法不一样，这种培训更加强调对测评者评分标准统一性的培训，也就是让所有的测评者都以一致的评分参照系为标准进行评价。在这种培训中，测评者会被要求按照事先制定的统一评分标准，认真观察被测评者在情境中的典型行为，同时进行评价。这种方法认为，如果测评者严格按照事先由专家设计好的测评维度和评价指标体系进行评分，结果会更有效。

参照系培训法具体分为三个方面：一是在培训时强调评分标准的多维性，向测评者解释每个维度的内涵，以及每个维度会有哪些不同层面的典型行为；二是强调观察和评分过程的统一性，与行为观察培训法截然不同，参照系培训法鼓励测评者在观察过程中给出实时的评分；三是在培训后让测评者进行模拟评价，并根据他们的评价结果给予反馈。

（二）正式实施阶段

正式实施阶段是收集评价指标相关数据的过程，包括测评环境及道具材料准备、向被测评者介绍测评流程及其注意事项、进入情境测评环节、测评者观察记分等步骤。

1. 测评环境及道具材料准备

在选择好测评地点之后，评价中心管理人员通常需要提前准备好所需要的测评环境，并且将测评过程中需要的道具材料准备充分。不同的测评方法所需要的测试环境、道具材料也有差别。比如，在文件筐测验当中，可能需要为每一位被测评者准备一间答题室，还要准备好公文测试材料等测评道具；在无领导小组讨论中，则可能需要一张可以围绕而坐的圆桌，让被测评者可以比较方便地进行讨论。在实际情况中，无论测评环境怎么安排，都是为了让测评者能够清晰观察到被测评者的状态。

2. 向被测评者介绍测评流程及其注意事项

在进入正式测评前，主持人需要向被评测者介绍整个测评实施流程，具体包括此次测评活动的简短介绍、每个评测活动的时长安排及任务，但是每项测评活动的具体测评目的不能详细告知被测评者。此外，还需要向被测评者介绍评价过程及最后的结果反馈方式。

3. 进入情境测评环节

在介绍完测评流程之后，测评者要向被测评者宣读接下来测评活动的指导语，然后指示被测评者进入模拟情境测试，展开测评活动。

4. 测评者观察记分

被测评者进入模拟情境之后，测评者需要对被测评者在情境中的表现进行细致入微的观察并记录评分。在评分过程中，测评者需独立观察、记录被测评者的行为表现并给出评分。在每一种测评方法结束后，测评者需要根据评价指标体系和观察评价记录给出被测评者在该模拟情境下的最终得分，结合评分标准给出不同的评价等级。

（三）数据处理阶段

在所有的测评实施结束后，测评者需要对被测评者的表现及评分数据进行汇总处理，并生成测评报告，给予被测评者反馈。

1. 整合测评结果

每位测评者在观察计分过程中都给出了各自的评价等级。在这个阶段，每位测评者都需要对自己观察记录的被评测者的行为表现和评价结果进行初步阐述，然后一起根据所有的评价结果共同讨论被测评者在每一个评价维度上的表现。在共同讨论的过程中，每位评测者都可以根据讨论获得的信息改变自己最初的等级评价，最终形成一致的等级评价结果。测评者还需要根据测评目的、相关岗位的能力要求等，共同讨论被测评者的素质与岗位工作要求是否匹配。

2．撰写测评报告

测评者根据共同讨论得出测评结果后，还需要撰写出正式的测评报告，为被测评者提供反馈信息，并且为评价中心实施的改善提供参考。

评测报告的具体内容可以分为四个部分：一是个人表现概况，即以评价指标体系为基础对被测评者的单个维度表现和总体表现进行阐述；二是个人表现的具体情况，即对被测评者在每一个测评活动中的表现进行介绍；三是个人的优点和不足，即结合岗位需求，对被测评者在具体情境中的表现亮点和不足进行阐述；四是发展规划，如果是用于招聘选拔，这部分应阐述应聘者入职后的发展规划，如果是对企业内部人员进行筛选发展，则需要阐述未来发展的规划与具体的行动计划（Ballantyne & Povah，2004）。

对于测评报告的撰写人，Knapp（2011）建议由负责整个评价中心实施的管理人员来担任，因为其最了解评价中心的整体设计和评价目的，深度参与了评价中心的设计程序和测评后的评价讨论过程，并且其对企业内部的资源需求和岗位要求也有更深的了解，能够更好地制定人员发展规划。

3．反馈和追踪

根据测评结果撰写出测评报告后，需要将测评结果反馈给每位被测评者。反馈是评价中心的重要部分，目的是让被评测者对自己的表现有较为清晰的了解，让评价中心对被评测者的成长产生更大价值。

对于结果反馈的时间，Knapp（2011）建议应该在测评结束后的一周内进行，具体时间可以选择在周末之前，这样被测评者可以利用周末时间对反馈结果进行总结思考。反馈时可以让测评者和被测评者直接面对面交流，并且还应该给被测评者一个结果手册，作为反馈的基础。

测评后的追踪主要是与评价中心的参与者联系，收集相关资料和反馈，来衡量评价中心实施的信度和效度。追踪有多种形式，如电子邮件追踪、电话追踪等，要通过追踪测评者和被测评者了解他们对本次评价中心的看法和对未来修改的建议。追踪过程要在评价中心结束后尽早开始，以免参与的各方对评价过程已经遗忘。追踪收集的具体内容可以包括相关维度的满意度评价和一些开放式问题，但是形式要简短，内容应切题。

总体而言，评价中心的设计步骤应相对明确和完善。在设计程序中，前期准备阶段是后期测评成功实施的基础，也是最为重要和复杂的阶段，因此，在准备阶段应该投入更大的精力。在运用评价中心时，最重要的还是要根据不同的评价需求去设计不同的测评流程，以顺利完成对人员的测评和选拔。

第三节　评价中心存在的问题与发展趋势

评价中心已经发展了近百年。在应用范围上，评价中心从原先的军事领域拓展到了商业领域，被测评者的范围也从高层管理人员逐步往中层扩展；在方法和技术上，评价中心围绕着情境模拟这一显著特点，开发出了各有侧重、丰富多样的测评形式；在应用效果上，评价中心的方法和技术大多都较为客观和科学，能较为全面地评价被测评者的各方面素质。

但是，在管理实践中也不能过于依赖评价中心，因为其本身也存在着成本高、开发难度大、专业测评者稀缺等各种局限性。伴随着计算机和信息技术的发展，以及新冠疫情这一特殊事件的影响，评价中心技术也日渐向数字化和智能化的方向发展（殷雷，2007；翁清雄、余涵，2019）。

一、评价中心存在的问题及其改进措施

（一）评价中心存在的问题

评价中心是一套非常有效的测评程序，其测评结果可以作为企业人才选拔的重要依据。但目前的评价中心技术仍存在一定的问题，具体表现为成本高、开发和操作难度大、应用范围有限、质量难以鉴定四个方面。

1. 成本高

受制于较为冗长的开发、实施程序，企业需要投入大量人力、物力以保证测评技术的有效应用，人力成本、时间成本都很高。且评价中心多在线下实施，随之而来的是道具、物料、设备与场地等方面的成本，导致评价中心的实施成本居高不下。

2. 开发和操作难度大

一方面，是由于评价中心综合采用多种情境模拟技术，多角度、多维度地考察被测评者的能力与素质，技术复杂度高；另一方面，是应用评价中心技术需要遵循一套过程较为烦琐的标准化程序。在评价中心测评材料的准备阶段，需要确定测评素质的主要内容，设计符合测评要求的模拟情境，制定适宜的评分标准。测评材料开发出来以后需要进行预实验，对测评维度与情境设计的有效性等进行

检验。在评价中心的实施过程中，一个完整的测评过程往往会持续 2～3 天。在此期间，测评者需要观察与记录被测评者的行为和表现，对各个维度进行评分。在评价中心测评完成后，测评人员需要对结果进行整合和分析，通过共同讨论形成对被测评者的一致评价（殷雷，2006）。

3. 应用范围有限

中小企业往往受能力与预算的限制而无法使用评价中心技术，因此，评价中心技术的应用范围不广，目前仅局限于时间与预算都较为充足的大型企事业单位。根据学者的观点，评价中心的测量存在四个元维度，即智力、社交技巧、决断力和意志力。而这些维度更趋向于测量被测评者的管理素质，即实际上更贴近中高级管理人员的任职需要，而不适用于普通员工与技术人才的甄选，这就导致在企业内部评价中心技术的应用群体也相对较小。高昂的成本、开发技术难度大、有限的使用范围限制了评价中心技术的应用范围。

4. 质量很难鉴定

测评人员在评价中心实施中的地位举足轻重，评价中心所采用的核心方法是无领导小组讨论、案例分析等情境模拟测试，与智力测试等测试不同，情境模拟测试的主观性较强，因此，测试结果在很大程度上依赖于测评人员的表现（刘远我，2007）。

在评价中心的实施过程中，测评人员能否准确如实地记录被测评者的行为、客观公正地给出评分并且通过讨论得出准确的评估结果，直接影响评价中心的实施效果。若测评人员没有掌握行为观察和记录的方法，或没有理解统一制定的评分标准，或是带着偏见进行评分，那么评价中心的测量效度将大打折扣。

（二）评价中心失败的原因

评价中心没有取得预期效果的主要原因有准备工作不充分、测评结果使用不规范、没有得到高层的支持等。

1. 前期准备不充分

例如：准备工作不充分，不重视筹划工作；在初期讨论阶段，没有事先选择经验丰富的与会者；在准备阶段突生变数，评价中心的主要实施者离职，而接替者并不熟悉评价中心技术；等等。另外，工作分析、情境模拟设计、培训测评人员等，不能一蹴而就，需要投入相当多的时间与资源。如果前期准备工作不充分就立刻落地实施，那么失败的概率会很高。

2. 测评结果使用不规范

测评结果的使用目的不明确，如将用于培训目的的测评结果用于员工的晋升决策。如果测评内容与测评目的不一致，测评效果就会受影响。评价中心的测评结果没有得到重视，纸面报告丰富翔实，实践采纳却遥遥无期。参加评价中心的测评后，被测评者并没有获得预期的反馈，也可能导致其产生不满等负面情绪。

3. 得不到高层领导的支持

由于成本高昂、开发难度大等原因，评价中心需要企业进行较大的投入，如果缺乏高层领导者的持续推动与坚定支持，朝令夕改，评价中心就可能虎头蛇尾或中途而废，难以维系。

（三）评价中心的改进措施

随着评价中心的普及，人们对评价中心的认知越来越清晰、全面。针对上述评价中心存在的问题及可能的失败原因，人们提出了一些改进措施，希望能推动评价中心的改进和发展。

对评价中心的改进主要致力于提升评价中心的信效度和拓宽评价中心的使用范围两个方面。

1. 提升评价中心的信效度

可以从测评维度、测评人员与评定方法这三个角度阐释评价中心信效度的影响因素并分析相应的改进对策。

（1）测评维度。评价中心的信效度与评价中心测评维度的多少密切相关。在评价中心的实施过程中，测评人员需要同时观察多个被测评者的表现，并进行准确的记录和打分，任务非常繁重。而人的信息加工处理能力有限，如测评维度过多，则测评人员容易出现认知超载，导致其评分质量下降。研究证明，减少测评维度的数量能有效减轻测评人员的认知负荷，让测评人员能更好地区分各测评维度间的差异，便于其观察被测评者在各维度上的表现，进而提高测评的质量。因此，需要把测评维度的数量控制在 3 ～ 6 个，若少于 3 个则不足以充分反映被测评者的素质，若多于 6 个则不利于测评人员的观察与评分。

（2）测评人员。测评人员的类型影响评价中心的信效度。为了保证评价中心技术的成功实施，企业往往会建立临时的测评团队，其中不仅包括外部聘请的心理学家、外部顾问，也包括企业内部人员，如人力资源经理或部门管理者。研究表明，不同类型的测评人员各有特点，测评结果不容易形成一致。例如，两类不同的测评人员——心理学家和经理在各维度上的评分结果有显著差异，心理学家的评分结构与维度结构呈现一致的趋势，但经理的评分则没有（Sagie & Magnezy，1997）。

心理学家评分结果的信效度之所以比经理等管理人员评分的信效度更高，是因为心理学家受过专业的培训。因此，专业培训能帮助测评人员建立统一评分标准，减轻其他因素对测评结果的不利影响。相比于没有对测评人员进行培训的评价中心，对测评人员进行了培训的评价中心的构思效度更优（Woehr et al., 2003）。

（3）评定方法。除了测评维度与测评人员之外，测评人员在实施过程中所采用的评定方法也会影响评价中心的信效度。评定方法主要分为两种：第一种是活动内方法，即在每一个测评活动结束后，立即对被测评者的各维度进行评分；第二种是维度内方法，即在所有活动都结束后，测评人员对各个维度进行跨活动的综合评分。受制于评价中心方法的复杂性与多样性，为了减轻测评人员的负担，企业往往会采用活动内方法。而研究发现，活动内方法使测评人员更易受到测评活动与情境变化的影响，导致评价中心技术的信效度较差。

2. 拓宽评价中心的使用范围

评价中心使用范围的拓宽可以从降低评价中心的实施成本和强化评价中心的应用两方面着手。

（1）降低评价中心的实施成本。采用计算机和其他辅助装备是可行之举。例如，将情境模拟呈现计算机化；用录像等协助实施，将人际情境以录像形式展示，观察测评对象的反应并进行分析；通过自动汇总软件对收集到的评分进行处理；等等。

采用"整体情境"也是降低成本的可选手段。传统测评方法是采用多个彼此相对独立的模拟情境，这些模拟情境的背景材料之间彼此关联性弱，无疑增加了评价中心的成本。"整体情境"法，即选取同一组背景材料进行模拟设计，既可以降低成本，也有助于保持不同情境模拟测评分数的前后一致性。

（2）强化评价中心的应用。评价中心的应用需要结合其他人力资源管理技术进行改进与创新。在人员招聘、员工晋升方面，评价中心的复杂程度可以依据岗位级别的高低、所需的效度水平和测评指标数量进行灵活设计。若是基于培训问题诊断的需求，可以吸取诸如胜任力模型、绩效管理这些人力资源管理方法的优点，在丰富评价中心内容的同时，助推其应用范围的拓展。

二、评价中心的发展趋势与未来展望

评价中心的发展创新主要体现在信息网络技术的运用和以任务为导向的评价中心两个方面。

（一）信息网络技术的运用

1. 数字化与电子化

随着信息网络技术的发展，电脑等数字化设备开始被广泛应用在评价中心的各个测评活动中。以文件筐测验为例，部分企业不再采用书面文件，而是利用电子邮件、社交工具等向被测评者发放文件，被测评者可以直接在自己的电脑上对文件进行快速处理。这样不仅降低了实施成本，同时也能更好地贴近现代办公环境，提高测评情境的逼真性。案例分析与角色扮演等方法也同样可以运用电脑设备，测评人员通过电脑以文件、录像或聊天软件等形式在屏幕中呈现模拟情境，让被测评者进行反馈。数字化、电子化的趋势使评价中心的实施不再局限于线下，而能通过线上完成，有效降低了评价中心的实施成本。

视频通信、录像等技术也被运用在测评过程中。以往测评人员与被测评者都需要到达指定的线下场地进行测评，测评人员面对面地观察被测评者的反应。而随着技术的革新，被测评者可以线上接受测评，而测评人员则通过观看被测评者的测试影像或者通过实时视频交流给出测评结果。这也有助于降低测评人员测评的难度并提高测评结果的准确性。

2. 非正式化

以往完成一次评价中心的测评，需要测评人员与被测评者花费 2～3 天的时间在线下场地集中进行较大规模的情境模拟测验，正式化程度比较高。测评时不仅需要协调测评者与被测评者的时间，同时还需要解决场地、物资、设备等问题。但在数字化、电子化的背景下，许多测评活动在线上就可以完成，因此不再需要租借场地等，也无须为了降低成本而集中进行多个测评活动，测评所需要动用的物资与人力变得更少，前期的准备工作也有所精简，施测的时间可以更分散，评价中心的实施过程逐渐走向非正式化。

传统的评价中心在测评结束后，要求测评人员通过正式会议面对面地讨论来整合各维度的评分，以形成统一的测评意见。但随着电子设备的运用与网络通信技术的发展，线下开会讨论不再是整合测评意见与结果的必需环节。测评人员只需要通过电脑在线上提交自己的评分与评估报告，线上系统就会自动整合测评人员的评分与意见，并根据事先设置好的各测评维度的权重进行加权处理，最终形成对被测评者的统一评分。测评人员对电脑系统生成的总体评价结果进行检查，并划分等级，就能完成对被测评者的评价反馈。

3. 应用范围拓展

评价中心的数字化、电子化与非正式化大大降低了原本高昂的实施成本，减少了所需的人力、物力，简化了整个测评过程。因此，除了大型企事业单位外，评价中心也逐渐得到一些中小企业的认可与采纳。同时，一些政府机关、教育部门也开始采用评价中心技术进行人才的甄选与提拔。党政领导人才的选拔和公务人员的录取也有不少采用评价中心的方式。

由于测评程序的简化与施测成本的下降，评价中心的应用范围逐渐拓展，甚至测评非管理层的普通员工也可以使用评价中心方法。评价中心技术也不再仅限于选拔晋升，还能运用到员工培训当中。评价中心为员工提供了贴近现实的模拟情境，通过文件筐测试等测评活动，员工可以对自身的能力有更深刻的认识，企业也可以根据测评结果为员工提出改进建议与职业生涯规划。

（二）以任务为导向的评价中心

传统评价中心技术似乎总是绕不开"维度"，通过对被测评者不同特质维度的打分，提取出对其特质的评价。在这类评价中心技术中，测评方法仅仅是用于测量被测评者各特质维度的手段与工具。我们期望其测评结果能反映被测评者跨情境一致性的特质表现，即在不同的测评方法中，被测评者在特定维度的得分是相对一致的。但大量研究证明，评分结果受到测评方法与情境变化的扰动经常是显著的，跨情境跨方法结果的一致性不够。

在这一背景下，有学者提出将重点放在任务上，灵活使用多种测评技术，对被测评者在不同情境下完成任务的行为表现进行理性衡量，并根据对被测评者的行为评分来预测被测评者未来在特定职位上的工作绩效。以任务为导向的评价中心提出，评价中心运用各测评方法不是评估被测评者的心理特质，而是可预测其未来工作表现的行为范例。

基于这种指导思想，评价中心应分为两个阶段进行。在评价中心的设计阶段，首先，需要通过工作分析确定特定岗位具有代表性的工作任务，并依据该项任务的重要性、该项任务花费的时间多少、该项任务发生的频次对工作任务进行排序；其次，根据排序选出关键工作任务，测评人员将列出有效完成该项任务所必需的行为指标，形成每一任务所对应的行为列表，并制定各行为的评分指标。在评价中心的实施阶段，测评人员将详细、准确地记录应聘者的行为，对应行为列表中的各个项目进行评分，并基于被测评者的各行为项目的得分计算出总分。

虽然任务型评价中心理论上具有优越性，但目前仍缺乏实证研究的支持。以任务为导向的评价中心技术的信效度是否优于传统评价中心技术，是否适用于各种类型的岗位，其测量结果能否有效预测被测评者未来的工作绩效，这些都需要管理实践的支持，而任务型评价中心本身也需要在实践中不断革新。

第八章 招聘管理的实施

第一节 招聘计划

一、招聘计划概述

一份完整的招聘计划需包含招聘人数、招聘渠道、招聘条件、选拔方法、到岗时间、入职培训等内容。招聘人数需要根据企业人力资源规划进行确定；招聘渠道的选择则需综合考虑成本与效益，帮助企业吸引高质量的应聘者；招聘条件需要根据岗位工作说明书与岗位需求有效地结合，以实现人—岗匹配；选拔方法需要说明筛选流程及其采用的筛选方法；阐明录用人员到岗时间则能帮助人力资源部门留出充足的筹备时间；入职培训是帮助新入职者快速融入企业。

全面、完善的招聘计划可以帮助企业成功地开展招聘工作：通过吸引符合条件的潜在求职者到企业来应聘，通过选拔流程把好入职者的质量关，并对新入职者进行适当的培训，提高招聘活动的质量，为企业获取高质量的人力资源打下基础。

二、招聘应该考虑的问题

在制订招聘计划前，需要根据人力资源战略和规划审视企业的用人策略、此次招聘活动的招聘策略及招聘岗位本身的特征，详细说明招聘活动的组织管理，并从应聘者的视角预先做好应聘者的管理。

（一）企业的用人策略

1. 获取或开发人才

为了满足人员配置的需求，企业经常会直接选择那些"已经准备好了"的人才，他们入职后不需要培训或者只需要很少的培训就能为企业带来很好的绩效，这种获取人才的方式适用于企业对人才有迫切需求的时候。有时企业也会选择时间跨度较大的人才开发方式，即花费较长的时间去培养人才，开发其潜能。开发人才的优势是能为企业培养忠诚度更高的员工。

2. 招聘或保留人才

当企业存在人员缺口时，需要考虑是通过招聘还是通过留任管理来保证充足的人力资源。从某种极端情况来说，企业要填补人力资源空缺，可以选择解聘现有的所有员工再去招聘一批新员工；而若企业选择保留人才，则通常会对有离职意向的员工进行挽留，避免人才流失。当然，企业很少会直接选择这两种极端，而是在二者之间做出平衡，综合考虑这两种人员配置战略的成本和优势后找出适合企业的平衡点。

3. 招揽国内或国际人才

人才是第一资源。优秀企业进行招聘时常常会面临这样的问题：招聘国内人才还是国际人才？我国对国内人才培养的体系越来越成熟，政府出台的关于支持国内人才自由流动与良性循环的政策不断完善，国内人才水平越来越高，不断满足企业日益增长的用人需求。但引进国际人才，不仅能为企业带来智力优势、资金优势和技术优势，还能提高企业的国际竞争力。然而，国际人才的引进具有成本高、渠道少等劣势。在错综复杂的国际形势下，企业需树立全球人才观，充分利用好国内、国际人才资源，提高企业的市场竞争力。

4. 新招或重新安置人才

重新安置人才是指将企业内某一岗位或部门的员工转移至另一岗位或部门。当企业选择新招人才时，需要进行招聘、培训等一系列工作，这将会是一笔巨大的开销。新招人才可能更符合岗位或部门的职能要求，为企业注入新活力，但也可能损耗机会成本。重新安置人才同样需要成本，如迁移费用等直接成本，同时新安置人才需要适应、调整的时间，短期内可能会降低其工作效率等。企业可以根据岗位或部门的职能要求做出适当的选择。

5. 聘用杰出或一般人才

根据人才的知识、技能水平，可以将人才分为杰出人才与一般人才两类。杰出人才能为企业带来良好的绩效表现，帮助企业获得可观的收益。一般人才并不代表其劳动力素质不优,他们也符合岗位职能要求,只是不能像杰出人才那样为企业带来卓越的绩效。但相对应的,一般人才的人力资源成本也较低。为使成本效益最大化,企业要在选择杰出人才或一般人才方面找出平衡点。

(二) 企业的招聘策略

1. 外部招聘或内部招聘

内部招聘是指从企业内部寻找合适的员工来填补空缺职位。内部招聘具有提高员工在企业内部的流动性、提高员工对企业的忠诚度和满意度、降低培训成本、有利于留住人才等优势。但选择内部招聘也可能会加剧企业内员工间的恶性竞争,以及出现员工间拉帮结派的现象。当选择外部招聘来填补人才空缺时,企业可以从更大的范围选择最优秀的应聘者,为企业带来新思想、新技术,注入新活力。但企业进行外部招聘时,其对应聘者了解程度低,风险水平高,且新招人才的培训与适应时间也更长。

2. 自己招聘或招聘外包

招聘工作一般由人力资源部门承担。但由于存在人事部门对其他部门岗位职能认识程度低、招聘效率不高等情况,现在不少企业选择把招聘工作外包给第三方专业公司。招聘外包能有效减轻企业的招聘负担,外包商的专业性和更广的应聘者获取渠道,能够帮助企业获得更符合岗位要求的应聘者,从而提高企业招聘效率。但招聘外包也会带来一定的代理成本与外包风险。

3. 短期导向或长期导向

短期导向的招聘以企业眼前的短期需求为出发点,往往具有时间短、任务重的特点。长期导向的招聘要求人力资源部门以企业发展战略为基础,制定中长期的企业人力资源需求规划。人力资源部门要根据企业未来发展方向,判断各部门的劳动力数量、质量、结构的供需变化,通过实行平稳有序的招聘工作,提高企业人才的质量。实行长期招聘计划,能为企业建立完善的人才储备库,帮助企业稳定发展。

4. 单独招聘或联合招聘

单独招聘是指由单一企业或某一部门自行开展招聘活动。联合招聘是指多家企业或多个部门共同开展招聘活动。单独招聘与联合招聘各有优势,例如:在集团公司中,各分公司单独开展招聘,能使其招聘公告准确传达分公司的发展方向、招聘岗位所需的人才等信息;若采用联合招聘,则能通过共享招聘资源降低招聘成本,接触到更广泛的应聘者。

5. **集中招聘或分散招聘**

集中招聘是指由人力资源部门统一进行招聘，新员工进入企业后接受统一的培训，然后被分配到具体部门，具有流程标准化、成本低等优势。其缺点是人力资源部门对各用人部门的专业技术背景了解程度不深，可能会导致新招人才质量与预期存在差距。

分散招聘则指有需求的部门单独开展招聘，自行规定招聘标准，具有灵活性强、用人标准明确等优势。但是部门单独招聘可能难以落实企业的用人制度，或不遵循企业的制度化招聘流程，导致招聘效率低，也可能出现部门人员冗余等现象。

（三）招聘岗位本身的特征

1. **核心人才或灵活用工**

核心人才是指接受过专业培训，能够为企业提供核心的产品和服务，代表着企业形象与企业特性的稳定劳动力。灵活用工则是一种按需调整、富有弹性的用工形态，如兼职、外包、劳务合作、劳务派遣等，他们能及时调整企业短期内的劳动力余缺，提高企业用工效率。

2. **专业人才或通才**

专业人才一般指经过专业训练，在某一领域具有专业知识与技能的人才。通才则指接受综合性教育，拥有广泛的知识面，兼备多种才能的人才。对企业而言，专业人才能够为企业带来核心竞争优势，对实现企业战略发展目标必不可缺。教育培训体系的不断完善，以及通才式专业人才、专业人才通才化的不断发展，将对企业的招聘策略产生影响。

三、招聘计划的组织管理

（一）收集招聘岗位人数和招聘岗位的任职资格要求

为保证招聘工作达到预期效果，企业需要对各阶段人力资源供需状况进行预测与规划，并由人力资源部门定期对各部门、各岗位的人员供需情况展开调查，对招聘需求进行补充。

岗位任职资格是指完成岗位任务所需的知识、技能等素质，是保证工作能够顺利完成的关键。企业在设置任职资格标准时，可将任职条件分为两大类：必备条件和择优条件。所谓必备条件，就是应聘某岗位的最低要求；择优条件则是指在满足必备条件的基础上，应聘者如果具备就会被优先考虑的条件。当应聘者的综合素质相近时，企业会通过择优条件来择优选聘。

（二）制定招聘流程和反馈方法

虽然各企业的招聘流程不尽相同，但总体上可以大致分为确定人员需求、制订招聘计划、招聘甄选和招聘效果评估四个阶段。

招聘工作的开展能够为企业带来大量的有效数据信息，如应聘者求职记录与简历、招聘渠道效果、招聘成本效益等。企业要及时做好招聘数据信息的记录与保存，招聘记录能为招聘效果评估、优化企业下一阶段人力资源规划提供帮助。

（三）确定筛选轮数及每一轮的淘汰率

企业需要根据招聘人数和招聘要求来决定筛选的轮数。一般来说，如果招聘的人数较少、招聘要求较高，则需要进行多轮的筛选，从各方面考察应聘者的能力，从而选出最适合企业的应聘者。当然，招聘人数越少、招聘要求越高，每一轮的淘汰率也会越高。

（四）设计每一轮筛选方法

常见的筛选方法有笔试、面试、心理测评和体检等，制订招聘计划时要根据招聘要求选择不同的筛选方法。

1. 笔试

笔试是一种通过书面信息来考察应聘者知识水平的筛选方式。该方法能通过恰当的考题有效衡量应聘者的基础知识、专业知识、管理知识、分析能力、写作能力等。笔试是企业对应聘者进行初步筛选的首选工具，具有时间短、效率高等优势。

2. 面试

面试是企业与应聘者双向沟通的过程。通过面试，企业对应聘者的综合素质及对特定岗位的专业素养进行评价。从应聘者的角度来看，面试能够帮助其深入了解企业文化、岗位职能等信息。面试具有多种形式，能够弥补笔试的不足，灵活考察应聘者的个性特征与沟通合作等方面的素质，但也存在效率低、主观性强等劣势。

3. 心理测评

心理测评是指对个体的心理特质，如人格、智力等进行测量和评价的方法，被广泛应用于各个领域。在企业招聘过程中，它通常是通过科学检验过的量表来量化应聘者的心理特质，帮助企业了解各应聘者之间的差异，是一种科学、可靠的人才选拔方法。

4．体检

体检常常是录用前的最后一道招聘程序。体检的目的在于确保应聘者的身体素质过关，能够顺利完成工作任务，降低企业的用人风险，减少不必要的经济损失。

（五）招聘者的选拔与培训

招聘者通常是应聘者首先接触到的企业内部人员，他们的素质及能力将对企业的用人决策产生巨大的影响，他们也直接影响应聘者对企业的形象感知。因此，为确保招聘计划达到预期效果，企业需要根据招聘岗位的特点对招聘人员进行选拔和培训。在对招聘人员进行培训时，除了招聘技术与方法的培训外，还需要就企业和招聘岗位的特征、相关的法律法规等内容对其进行培训。

四、招聘过程中应聘者的反应和管理

（一）招聘过程中应聘者反应的概念

应聘者反应指的是应聘者对招聘系统的主观感受及其做出的行为反应。应聘者反应关注的是在招聘选拔过程中，应聘者对整个过程及其结果的态度与行为，以及这种反应可能会对企业产生的影响。

（二）影响应聘者反应的因素

基于组织公平理论，Gililand（1993）建立了选拔公平模型，整理出了影响应聘者反应的关键因素及其对选拔公平性的感知（见图 8 - 1）。选拔公平的感知包括程序公平与结果公平。程序公平包含 10 个要素，分别为工作相关性、表现机会、复议机会、管理一致性、反馈、选拔信息、真诚度、招聘人员的人际处理有效性、双向交流和恰当提问；结果公平则包含平等、公平和需要。以工作相关性这个要素为例，研究认为招聘选拔中的考查内容是否与工作岗位密切相关将影响者应聘者对于招聘选拔的总体公平知觉。

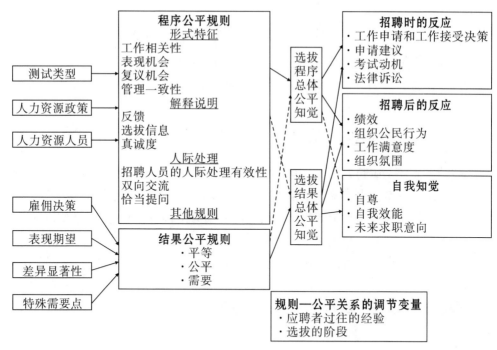

图 8 - 1　选拔公平模型

招聘者在与应聘者交流时的态度也对应聘者反应有不可忽视的影响。研究表明，当面试官在面试时表现出热情、同理心将对应聘者反应产生积极的影响。可以设想，在招聘过程中一位优秀的招聘者如果对企业充满了热情，则能够有效感染到应聘者，使应聘者对该招聘者及企业产生好感。当然，应聘者自身的个人特征，如工作经验、人格特质等也对应聘者反应有影响。

（三）改善招聘过程中应聘者反应的建议

由上文可以看出，要想改善招聘过程中应聘者反应，可以从招聘程序、招聘者态度、招聘渠道等角度出发。

在招聘程序中，需要坚持公平公正原则。如在招聘中需要合理设置对应聘者的考查内容，使之与招聘岗位的任职资格密切相关。招聘者在与应聘者的交往中需要表现出热情、有风度、有同理心等。因此，企业需对招聘者进行选拔与培训。同时，企业需要根据自己所在行业、空缺岗位特点合理选择招聘渠道，有针对性地接触潜在应聘者，提高招聘的有效性。

第二节　招聘渠道

一、招聘渠道概述

（一）招聘渠道的定义

招聘渠道作为企业与外部联系的途径，是指企业发布招聘信息、吸引应聘者的方式。企业想要把空缺岗位信息有效传播给潜在的求职者，必须选择一定的招聘渠道。招聘渠道选择是整个招聘活动的重要组成部分。

（二）招聘渠道的发展历程

国内招聘渠道的发展大致经历了一个从无到有、从少到多的发展历程。新中国成立初期，全国实行统分统配。在这个阶段，用人单位向政府部门提出用人需求，政府部门根据各用人单位的需求分配名额指标，培养单位根据专业、籍贯等因素推荐毕业生到各个用人单位，毕业生实现就业。此时，用人单位和毕业生不能直接双向选择，而是由政府部门、培养单位来决定毕业生的去向。

改革开放后，由"统一分配"逐渐转变为独立的人才自主就业。此时人才市场、专业招聘机构、校园招聘等促进用人单位寻找合适劳动者的渠道开始涌现。随着互联网技术的发展，中华英才网等人才招聘网站开始出现。目前，随着移动互联网的普及，招聘渠道越来越多样化。从在线视频、短视频、微信 QQ 等，到利用人工智能参与企业招聘，新的招聘渠道不断出现，招聘渠道的选择对招聘效果的影响也越来越大。

（三）招聘渠道的分类

随着人才市场的成熟和新技术的发展，招聘渠道越来越多样化。为了更好地理解和使用这些招聘渠道，学者们从不同的角度对它们进行了分类。最常见的分类方法有两种：一是从技术手段的角度，即根据招聘渠道所依赖的媒介类型进行分类；二是从人才来源的角度，即人才是来自企业内部还是外部进行分类。

从技术手段的角度，招聘渠道可以分为两类：一类是传统招聘渠道，另一类是互联网招聘渠道。前者以电视、报纸、招聘会等传统媒体为基础，后者以随着互联网的兴起而发展起来的网络媒介为基础。

从人才来源的角度，可以将招聘渠道分为内部招聘和外部招聘。内部招聘是指通过一系列流程，在企业内部选择合适的候选人，具体方法包括内部晋升、工作轮换和重新召回原有员工等。外部招聘是从企业外部的劳动力市场选择企业所需的人才，具体方法包括员工推荐法、校园招聘、网上招聘、外包招聘等。这两个招聘渠道对企业的员工招聘都非常重要，成功的招聘需要内外部招聘渠道相结合，充分发挥各自的优势，弥补各自的不足。

二、招聘渠道的发展趋势

（一）网络化

随着劳动力市场竞争越来越激烈，在互联网等新技术不断发展的大背景下，招聘需求不断分化，招聘手段不断增加，招聘渠道朝着多样化和网络化的方向发展。

（二）电子化

虽然目前已产生了很多新的招聘渠道，但这些渠道仍然无法完全取代所有的传统招聘渠道。随着竞争的加剧和新技术的发展，传统招聘渠道也发生了一些新的变化，以适应社会的发展。例如，在一些传统的招聘会中，招聘宣传彩页杂乱无章地张贴在墙上和摆放在各个招聘单位的摊位前，票务、交通等也使招聘现场一片混乱。而现在的招聘会已经全面实现电子化，所有招聘信息都可以在线上发布、获取，甚至还可以将整个招聘会建立在互联网上，实现企业与应聘者的无障碍交流。

（三）品牌化

企业在选择招聘渠道时可以同时考虑多种目的。通过招聘渠道，企业不仅可以把空缺岗位信息传递给潜在的求职者，实现招聘本身的目的，还可以通过这些渠道打造企业的品牌，实现在劳动力市场中建立良好雇主品牌形象的目标；反过来，通过提高企业的知名度，又可以增加企业对潜在求职者的吸引力，实现从短期招聘到可持续招聘的转变。因此，建立雇主品牌成为一种吸引应聘者的有效招聘策略。

三、内外部招聘渠道

从人才来源来看，可以将招聘渠道分为内部招聘和外部招聘。下面分别对这两个渠道做具体的阐述。

（一）外部招聘渠道

外部招聘受到很多因素的影响。企业需要考虑行业特点、招聘目的、应聘者数量和每种招聘渠道的特点，选择其中一种或几种招聘渠道进行人员招聘。

1. **在线招聘**

在线招聘是指利用互联网技术进行招聘。例如，企业可以通过建立自己的招聘网站或利用第三方网站，借用数据库、搜索引擎和其他工具来完成招聘任务。以互联网为媒介有很多新的招聘形式，如短视频招聘、贴吧招聘、微信或 QQ 招聘等。

2. **校园招聘**

校园招聘是企业常用的一种招聘渠道。最初，大企业比较重视这一渠道，在校园招聘上投入了大量资源；随着招聘渠道的发展，现在越来越多的中小企业也开始使用校园招聘，可见校园招聘是一种有效的招聘渠道。

校园招聘有利于获得高素质、有潜力的人才。高校毕业生通过恰当的培训，短期内就能成为企业的骨干。企业如果直接到劳动力市场寻找这类高绩效的人才，不仅成本很高，也不能满足企业对人才的大量需求。因此，如果校园招聘做得好，将会获得事半功倍的效果。

校园招聘有利于在校园人群中维护和提升企业的品牌形象。近年来，企业选择校园招聘的目的不仅仅是招聘所需数量的毕业生，还包括通过校园招聘树立更好的企业品牌形象。企业形象塑造也为在未来人才竞争中获胜奠定基础，因为现在的大学生将成为未来企业的骨干力量。一个好的品牌将吸引更多的毕业生进入企业，从而使企业有机会招聘更多合适的人才，这对企业的发展非常有帮助。

3. **猎头招聘**

有些企业委托猎头公司来招聘高端人才，这类招聘的效果取决于猎头公司的水平。目前，各类猎头公司有很多，如猎聘网、科锐国际等。企业只有通过仔细挑选和考察，选择一家适合自己的猎头公司，才能确保招聘计划的成功。然而，面对越来越多的猎头公司，企业往往不知该如何甄别、选择适合自己的猎头公司。

选择猎头公司要考虑的因素包括：一要了解猎头公司擅长哪些行业；二要了

解顾问的专业化水平，猎头顾问的专业技能是否娴熟，决定了所推荐人才的质量；三是要了解猎头公司服务团队的稳定性；四是要了解猎头公司的服务质量，最实用的方法就是同行推荐，查看这家公司的口碑如何。

4. 现场招聘

现场招聘是一种比较传统的招聘方法，一般是企业和应聘者在第三方提供的地点进行直接的对话及完成现场面试。招聘会和人才市场是现场招聘的两种主要方式。招聘会通常用于年度集中招聘，招聘数量较大。人才市场则是针对一些长期有招聘需求的岗位发布信息进行招聘。

5. 传统媒体广告招聘

在报纸、杂志、电视、广播等媒体发布招聘信息，受众广、见效快、流程简单。通过这一渠道吸引的应聘者来源广泛，适合招聘一些技术含量较低的基层岗位员工，一般高级人才较少使用这种招聘方式。其招聘效果受广告商的影响力、覆盖率影响。

（二）内部招聘渠道

内部招聘是指企业从内部获取人才，以充分利用和发展现有人力资源的一种招聘渠道。与外部招聘相比，内部招聘更了解应聘者及其以往的工作绩效，因此可以对应聘者做出更准确的评价。内部招聘主要有内部晋升、工作轮换、重新召回原有员工等方式。

内部晋升是指员工从一个较低级别的岗位调到更高级别的岗位，以承担更重要的任务，薪酬待遇也会随之提升。

工作轮换是指员工在企业内部同级别岗位之间的调动，目的通常是让员工熟悉不同岗位的情况，积累工作经验，为今后的升迁打下基础。

重新召回原有员工是指由于行业经济周期等原因，将那些离开工作岗位的人员召回原有工作岗位。由于这些员工已有一定的工作经验，又了解企业的文化，他们比外部招聘的新员工更熟悉企业工作流程，更容易适应企业工作环境。

内部招聘的具体方法包括竞聘法、推荐法、档案法等。

1. 竞聘法

竞聘法是内部招聘的常用方法之一。传统的做法是在企业公告栏发布空缺岗位的性质、职责及条件等信息。随着互联网的发展，发布招聘信息的新方式不断产生。通常来说，内部竞聘主要用于对管理人员的招聘。竞聘法增加了内部晋升或工作调动的透明度，为全体员工提供了平等竞争的机会，可以有效利用现有人才，减少人才流失。

2. 推荐法

推荐法是指领导或同事根据企业的需要推荐自己认为合适的下属或同事来从事某一个岗位的工作。员工推荐法成功的概率比较高，因为推荐人对企业和被推荐人都很熟悉，所以很容易找到真正适合这个职位的候选人。这种招聘方法不像外部招聘，需要花费很长时间和精力去筛选陌生的应聘者。但这种方法也容易受人际关系等因素的影响，造成"近亲繁殖"或裙带关系。

3. 档案法

档案法是通过查阅内部人才库找到合适的人选来填补空缺的方法。内部人才库通常包括员工的教育背景、培训经历、经验技能、工作绩效等与岗位相关的信息，这些信息可以帮助招聘人员很快确定合适的候选人。这种方法可以在整个企业范围内选拔人才，而不仅仅局限于某一个部门。

（三）内部招聘与外部招聘的对比分析

内部招聘与外部招聘各有优缺点。

内部招聘的优点是，不仅可以提高招聘效率，让企业更了解现有员工的技术和能力，这些员工也更熟悉企业的管理方法和企业文化，而且可以提高员工对企业的忠诚度，对员工起到很好的激励作用，让员工感到留在企业有发展前景，为了获得发展机会，员工会更加努力工作，不断挖掘自己的潜力。缺点是当企业发展很快或企业需要更新换代时，在企业内部可能找不到合适的人选。因为企业内部人员已经熟悉原来的工作流程或文化，难以有创新的思维，或不愿意冒险去打破原来约定俗成的工作方法。另外，企业内部人才毕竟是有限的，能够选择的范围相对狭窄，如果所有岗位空缺都采用内部招聘，容易助长企业内部的裙带关系。

外部招聘的优点是面向人才市场，企业有更多的选择。新员工的加入，可以不断地给企业带来新的管理思想和工作方法，有利于企业的创新和竞争力的提升。缺点是短期内很难对候选人有深入的了解，选择不当的风险很大，成本很高，还会减少内部员工晋升的机会，导致内部人才流失。

内部招聘与外部招聘的优缺点，还可以参见第十章第一节中关于内部选拔与外部选拔内在逻辑的异同部分。

（四）如何有效结合内部招聘和外部招聘

在选择采用内部招聘还是外部招聘时，企业需要考虑很多因素，如企业的发展战略、岗位特征以及行业劳动力市场状况等。一般企业很少单独采用其中的某一种方法，而是两种方法综合使用。

1. 高级管理人员和核心岗位的招聘

人才是企业的核心竞争力，高级管理人才对企业的发展尤其重要。企业在招聘高级管理人才时，应基于内部优先的原则。首先，经过企业长期培养的人才有适合企业的管理技能、素质和经验；其次，他们对企业文化和价值观有认同感，并愿意为企业贡献所有技能和知识。这些都是外部招聘无法在短时间内实现的目标。同时，企业的管理团队和技术骨干以团队合作、分工协作的形式开展工作。拥有相同核心价值观的人更有可能一起工作以实现他们的目标。如果员工之间存在重大观念分歧，将直接影响合力的发挥。

2. 外部环境发生重大变化时的招聘

当外部环境发生重大变化时，行业的技术基础、企业之间的竞争格局也会发生重大的变化，企业最初的优势和经验可能成为获取新知识的负担，这将直接影响到企业的发展。在这种快速变化的情形下，从企业和行业外部获取人才，寻找新的人力资源成为企业生存的前提之一。

3. 想要保持或改变现有企业文化时的招聘

如果企业想要保持现有的企业文化，可以多选择内部招聘，因为内部员工认可企业的理念、核心价值观和行为；而外部员工需要较长时间才能接受这些理念、核心价值观，甚至可能一直无法接受。如果企业想要重新改造目前的企业文化，可以多尝试选择外部招聘，因为新员工可以带来新思想，注入新活力，促进企业文化变革。

四、招聘渠道选择的影响因素

招聘渠道选择是指企业在权衡各种招聘渠道的成本与收益的情况下，根据企业的实际情况，选择一种或几种招聘渠道。影响招聘渠道选择的因素有很多，包括企业外部因素、企业本身的因素和岗位特点等。

招聘渠道的选择应该以提高招聘效果为目标。企业招聘的初级目标是以合适的成本招到合适的人，高级目标则是能长期稳定地留住合适的人。在宏观环境因素确定的情况下，影响企业招聘渠道选择的主要因素有企业特点、到岗时间、应聘者数量和招聘成本预算。

（一）企业特点

不同企业需要不同素质的人才，这是由企业所处行业及其发展战略决定的。企业需要高素质的人才还是普通素质的大众化人才，决定了企业选择高端的招聘渠道还是低端的招聘渠道。企业所处行业不一样，采用的招聘渠道就不同。例如，高科技公司与传统制造业公司，高端化服务公司与大众化服务公司，由于对员工素质的要求不同，招聘渠道的选择应该与目标群体的特点、该行业潜在求职者的素质相适应。

（二）到岗时间

到岗时间是招聘渠道选择决策中要考虑的重要因素。如果希望员工在短时间内到岗，直接从外部招聘有相应经验的员工可以很快填补空缺岗位；如果是为未来做准备，可以采用校园招聘管理培训生，自己培养。例如，招聘高端人才时，若十分紧迫则可以通过猎头公司来快速完成招聘，若不紧迫则可以自己慢慢发掘。同样是采用外部招聘，如盲目选择渠道发布招聘信息可能会接收到很多不合格应聘者的求职信息，导致拖延企业的招聘进程，浪费招聘人员的时间。

（三）应聘者数量

有效招聘的基础首先在于获得足够数量的合格应聘者。在每个招聘环节都会淘汰一部分应聘者，所以，企业只有吸引到足够数量的应聘者，才有挑选的空间。企业要使用恰当的招聘渠道尽可能多地把符合岗位要求的求职者吸引过来，使他们发自内心地想要来应聘。

（四）招聘成本预算

选择不同招聘渠道的成本是不同的。招聘会需要收取场地费，网站则会收取网络摊位费，猎头就更昂贵了，它的价格与所需人才的工资直接挂钩。在实际招聘活动中，招聘预算是有限的，要在有限的预算内找到合适的人才，需要考虑不同渠道的成本效益比。

第三节　网络招聘

一、网络招聘的概念

网络招聘是指通过电子、互联网的手段来实现企业招聘的目的。随着互联网技术的快速发展，人才的招聘方式也发生了巨大的变化。把先进的网络技术运用到招聘中，可以提升企业招聘的效果，并逐渐替代一些传统的招聘渠道和招聘方法。例如，大型企业可以选择将空缺的岗位信息放在自己企业的官网中，曝光率低的小型企业可以选择使用中华英才网、智联招聘、前程无忧等第三方平台来投放招聘信息。

网络招聘作为一种成本低、覆盖范围广的招聘模式，受到企业的欢迎。如今企业不再单纯地依靠招聘会、人才市场等现场招聘方式，更多的是依靠网络技术和网络招聘平台获取所需的人才。利用网络招聘可以帮助企业和应聘者双方节省时间和成本，还可以减少应聘者和企业之间的信息不对称，通过优化招聘环节提高效率。

二、网络招聘的发展环境

（一）政策法律环境

2020年12月18日，人力资源社会保障部发布了《网络招聘服务管理规定》，此规定在以往保障应聘者得到公平就业机会的《中华人民共和国就业促进法》《人力资源市场暂行条例》等法律法规的基础上，明确了从事网络招聘服务活动应具备的资质条件，强调了经营性人力资源服务机构从事网络招聘服务应当依法取得人力资源服务许可证，为网络招聘的有效实施提供了法律保障。

（二）经济环境

全球经济的稳定和就业环境的改善，为网络招聘平台的发展创造了稳定的经济和就业环境。据艾瑞咨询（2021）数据显示，2021年全国普通高校毕业生规模预计为 909 万人，比 2020 年增加 35 万人，创下历史新高，使得人才的供给大幅度提升。因此，自 2021 年春节后，企业需求的人数与应聘者的简历投递量分别同比增长了 223.7%、235%。面对大量的企业需求和应聘者的简历，企业与应聘者双方都需要更高效的招聘渠道筛选出自己心仪的应聘者和企业。

（三）技术环境

1. 互联网技术的快速普及和发展

网络招聘的发展得益于互联网技术的普及和创新，互联网技术保障了开展招聘工作所需的技术要求。中国互联网络信息中心发布的第 50 次《中国互联网络发展状况统计报告》显示，2022 年 6 月全国网民规模达 10.51 亿，较 2021 年 12 月增长 1919 万，我国互联网普及率达到 74.4%。因此，网络招聘可以覆盖到越来越多的用户群体。

在新冠疫情的影响下，各类基于互联网技术的在线招聘顺势而生，统称为"云招聘"。"云招聘"具有无须企业和应聘者面对面接触、招聘方式灵活多变、不受时间地点限制、成本低、效率高等特点，解决了招聘环节中遇到的诸多困难。招聘人员可以利用特定的直播平台对招聘过程进行直播，利用微信、钉钉、zoom 等软件进行线上视频面试。"云招聘"模式通过以上方式增加了企业与应聘者的双向互动，减小了企业的招聘压力，降低了企业的招聘成本。

2. 大数据和人工智能技术的发展

越来越多的企业顺应形势需要启用了网络招聘，利用大数据和人工智能技术提高了招聘的及时性和有效性，避免了陷入庞杂的无效信息陷阱，网络招聘成为人力资源招聘部门优先选择的招聘方法之一。

目前，"AI + 人力资源"已成为人工智能产业的十二大应用领域之一，人工智能和人力资源结合成为提升招聘效率的有效方法。《2021 年人工智能行业发展蓝皮书》显示，近三年来全球人工智能核心产业有望突破万亿元，与实体经济相关的市场规模超过 20 万亿元，在未来会有更多的人工智能技术支持企业开展相关的招聘工作。

在招聘过程中，人工智能和大数据的应用体现在 AI 面试、HR 管理咨询、人才在线测评等方面。企业通过采用 VR 技术，以此展示企业内部环境，帮助应聘者对企业有进一步的了解，从而激发应聘者的兴趣；企业可以利用 AI 机器人助手为应聘者提供个性化的求职推荐，展示个性化定制的信息，为应聘者节约时间，提高招聘效率，并对应聘者进行初步的筛选。在国内，提供智能招聘技术的企业已有近百家，表明了企业致力于利用技术打造更优质的服务体验的决心。

三、网络招聘的形式

（一）综合招聘

综合招聘是通过集成的人才招聘网站，将企业的招聘信息和应聘者的个人信息整合起来，供双方自行寻找合适的职位或者符合要求的应聘者的一种招聘模式。由于综合招聘是早期招聘网站的主要模式，因此占据较大的市场份额。

（二）移动招聘

移动招聘指将移动通信和互联网二者结合为一体的新型招聘模式。各大招聘网站通过推出的移动端产品允许应聘者和企业的人力资源部门使用碎片化时间处理招聘事项，提高了招聘效率。

（三）社交招聘

社交招聘是利用社交网络、社交软件展开招聘的模式。相比综合招聘模式和移动招聘模式而言，社交招聘模式使应聘者和企业都可以通过社交平台与对方进行双向互动和提问，以此明确对方的需求和要求。社交招聘模式在一定程度上要求企业方在初期投入更多的人力成本和时间成本，但通过双方的互动，企业可以做初步的筛选，选出条件更加优越的申请人进行面试或笔试，因此在后期可以提高企业招聘的效率和质量。

（四）垂直招聘

垂直招聘是利用爬虫技术搜集各大招聘网站职位信息的方式。李芳玲（2016）认为该模式的核心是搜索，可以为应聘者提供广泛的数据，且垂直招聘模式旨在为特定行业或特定人群提供招聘服务。

（五）新兴互联网渠道招聘

1. 短视频招聘

近年来，各类短视频软件逐渐活跃在人们的视线中，其庞大的用户群体使企业能够针对潜在的求职群体，如针对不同短视频软件的用户群体进行不同类别招聘信息的发布。2017 年，麦当劳在进行校园招聘时，认为抖音的用户群体符合其适应潮流、充满热情等员工需求，选择在抖音软件上投入了大量的招聘广告，以此获取了大量的新员工。

由此可见，使用短视频招聘迎合了当下年轻群体的电子设备使用习惯，因此，企业可将此类社交网络平台逐渐发展成为一个用于招聘的平台。对于负责招聘和筛选人才的人力资源部门来说，人才招聘的渠道无处不在。

在信息快速发展的时代，互联网必定还会出现更多的传播形式。对待这些新的传播形式，招聘人员要认清本质、合理规划、勇于尝试，但在运用之前也要考虑这个渠道是否有足够数量的应聘者。

2. 微信招聘

目前，在中国最常用的社交软件之一是微信，因此越来越多的招聘人员青睐于通过微信进行招聘，并取得了良好的招聘效果。

（1）通过微信朋友圈招聘。刷朋友圈是大部分人每天必做的事情之一，而使用微信朋友圈渠道发布招聘信息可以使信息的曝光率提高。一般而言，微信朋友圈中都是发布者的好友或相识的人，在微信朋友圈发布的招聘信息更容易获得潜在应聘者的信任，提高应聘者对企业的信任度。

（2）通过微信群招聘。由于每个人几乎都拥有种类多样的微信群，如特定的高校群、兴趣群、职业群等，因此，招聘人员可以利用微信群中人才的专业、兴趣比较一致等特征，在相应的微信群中发布招聘信息，以此提高对特定岗位的招聘效率，使招聘工作相对简单、快捷。

四、网络招聘的优缺点

（一）网络招聘的优点

1. 招聘信息发布快、成本低

网络招聘的一大优势是能为企业节省招聘成本。采用网络招聘的企业可以借助诸多网络招聘平台、网站等，发布企业的基本信息及职位信息。从操作层面而言，此类招聘方式比传统的报刊、广播、电视等方式更为简单、快捷。

2. 招聘范围大

互联网所涉及的人才数量是传统媒介无法比拟的，它可以轻易地使世界上各个角落的人才都联系起来。一个经典的例子：2000 年，IBM 通过网络招聘的消息，只在美国 7 个城市的 14 所学校张贴了海报，而且没有在校园里进行任何宣传活动，却收到了来自英国、美国、日本、澳大利亚和其他国家学生的 13000 多份简历，此次招聘活动的效果出乎大家的意料。

依托于互联网的广泛覆盖，企业取得了运用传统招聘方式无法媲美的招聘效果。通过网络招聘，企业与应聘者不需要在同一地点进行交流，消除了由于场地因素对人员招聘的限制；企业还可以将招聘范围扩大至全球范围，更有利于企业挖掘人才。此外，企业不再需要派遣人力资源部门员工到异地举办招聘会，应聘者也可以选择通过网络进行面试，不再需要前往企业所在地参加面试或其他测评，节省了企业与应聘者双方的成本。

3. 简历筛选精准方便

网络招聘是一个使企业和应聘者跨越时间和空间的互动过程，有利于供求双方在获取信息时不受时空的限制。企业和应聘者都可以根据自己的需求在网络上进行信息的选择。这种积极的互动减少了在招聘和应聘过程中由于信息不对称所导致的成本。

企业人力资源部门可以利用搜索引擎，按照岗位需求设置硬性的标准，如应聘者的学历、工作经验、年龄等，不符合标准的简历将会被直接筛除。因此，招聘人员可以利用互联网平台对简历进行筛选，不需要人工操作就可以实现在较短的时间内挑选出符合要求的应聘者。人力资源部门只需要对符合要求的应聘者的简历进行评估，节省了时间成本和人力成本，提高了处理招聘信息的效率。

除了搜索引擎，采用 AI 机器人也能更高效地处理简历。例如，AI 机器人的机器学习技术应用在简历分析模型中，AI 机器人平均每分钟可以阅读 3000 余份简历，并筛选和匹配符合条件的应聘者。在此过程中，人工智能机器人按照所设定的标准对应聘者的简历进行客观、无偏见的处理，避免了招聘人员对应聘者的主观判断，保障每位应聘者得到公平的对待。

4. 测评方式灵活、效果好

测评是衡量和评价人的基本素质和绩效表现的一系列科学手段和方法。面对大量的应聘者，企业人力资源部门可以在大数据算法和人工智能技术的基础上建立招聘管理系统，以满足企业需求。在整个测评过程中进行实时的互动，有助于大型企业加强不同区域的子公司和总部人力资源部门之间的联系与合作（李育辉等，2019）。

此外，人才测评的形式逐渐趋向于更多的游戏化特征。游戏化测评技术是一种将游戏或游戏的思维、元素机制等应用于人才测评的测评技术。将游戏化思想应用于人才测评过程中，使测评过程变得有趣，同时还可以向应聘者展示企业的独特方面。招聘人员可以将游戏任务的设计与岗位需求相匹配，进而识别合适的应聘者，将其匹配到相应的岗位（李志等，2019）。

（二）网络招聘的缺点

1. 信息真实性与信息安全较难保障

网络招聘过程中信息的安全性和真实性是招聘企业和应聘者都比较关心的问题（刘哲，2017）。为保障企业与应聘者双方的信息安全，人力资源部门要为应聘者提供完善的招聘信息，并且为有效检验应聘者简历信息的真实性采取有效措施。

对于企业而言，一方面，若未能提供完善的招聘信息，会导致不符合岗位需求条件的应聘者过多，增加招聘人员的工作量；另一方面，在应聘者不了解岗位需求时，会增加招聘人员解答问题的时间，导致招聘过程中的时间成本增加。对于应聘者而言，招聘网站上的企业质量参差不齐，由于网络很难100%还原企业环境，有部分小企业通过信息造假、虚假包装来欺骗应聘者。如果应聘者的个人信息被泄漏，则较容易受到网络诈骗、骚扰电话等的影响。

2. 招聘网站服务体系不完善

目前，我国网络招聘行业发展迅速，但仍存在个性化服务不足、招聘网站服务体系不完善的问题。大多数国内招聘网站没有建立以用户为中心的服务理念，企业作为支付费用的一方在招聘网站上发布招聘信息，而应聘者作为免费服务的一方，无法获得与企业招聘人员相同的服务体验。

五、提升网络招聘效果的建议

（一）加强对招聘人员的培训

对于网络招聘，招聘人员不再需要从事简历筛选等重复性的、低价值的活动，但网络招聘对招聘人员的人才识别能力、信息验证能力、沟通能力、网络技术应用能力提出了新的挑战。企业需要加强对招聘人员的技能培训，保障招聘效果的最优化，减少在招聘过程中的成本。此外，为了确保企业能够通过网络渠道吸引和甄选合适的员工，招聘人员必须充分了解各部门所需的员工类型、目前的人力资源状况和企业未来对员工的需求。

（二）加强交互技术开发

为改善网络招聘中信息的准确性并提高招聘人员与应聘者的互动性，许多企业通过引进交互技术及开发新技术，提高招聘的总体效率。例如，企业采用 VR

技术让应聘者观察企业的真实环境，感受企业的文化环境、工作氛围等。除此之外，已经有企业在网络招聘中引入"虚拟招聘市场"技术。虚拟招聘市场可以通过模仿真实的招聘市场，将企业和应聘者置于一个虚拟的环境中，以建立联系，增进信息交流和相互了解。

（三）加强信息沟通反馈

招聘网站应该根据当前网络招聘的发展趋势，提高招聘网站的专业水平，满足应聘者对快速响应的需求。招聘网站的信誉、易用性和信息丰富性，可以让应聘者有更好的用户体验。同时，招聘网站也应该为企业提供明确的岗位分类和更准确可靠的聘用信息，高度重视和理解应聘者的工作意向，以帮助企业找到合适的人才。

由于招聘网站上的招聘信息量大，为了吸引人才，企业必须提供具有吸引力、全面的招聘信息。如果招聘信息不具吸引力，会导致应聘者流向其他企业，或者需要应对招聘人员的重复性提问，提问与解答的过程会耗费招聘人员大量的时间和精力。因此，为了避免人才流失或者无意义的时间消耗，企业应该设计全面的、有吸引力的招聘广告。

（四）加强网络招聘信息管理

在网络招聘的信息管理中，招聘网站和各种招聘软件公司需要承担主要责任，要加大对招聘企业资格和应聘者信息的审核力度，并贯彻实施"实名制"，进而减少网络诈骗事件的发生。同时，招聘网站可以建立"黑名单"制度，记录有重大违规行为的企业和个人，并实时信息共享，保障企业和应聘者的权益。

与此同时，相关企业应当建立信用体系和互评机制，允许企业和应聘者互相评价，从而对双方的行为进行监督。为保证网络招聘的安全性，政府应该加强在网络招聘方面的管理，面对目前出现的主要纠纷，可以考虑制定法律法规，促进网络招聘市场良性发展。

第四节　招聘效果评估

一、招聘效果评估的概念

有效招聘是指通过规划、组织、协调等活动，优化招聘流程，提高招聘效率，最大限度地实现招聘目标。在招聘过程中，招聘方通过对应聘者、应聘岗位和企业三个方面进行匹配，使人才能够发挥他们潜能的同时，也提高企业的竞争力。人力资源部门在招聘结束后进行招聘效果评估，反思企业在招聘活动中出现的问题，并加以改进，可以提高企业未来的招聘效率。

二、评估招聘效果的指标

一般来说，招聘效果评估包括对招聘结果和招聘渠道有效性的评估，而这两个方面具体可以分为招聘数量、招聘质量、招聘时间、招聘成本、招聘渠道的有效性五个维度。

（一）招聘数量

评估招聘数量是确定招聘效果的一个重要方面。招聘数量主要通过应聘比、录用比、招聘完成比三个指标进行评价，其计算公式如下：

$$应聘比 = 应聘人数 \div 计划招聘人数 \times 100\%$$
$$录用比 = 录用人数 \div 应聘人数 \times 100\%$$
$$招聘完成比 = 录用人数 \div 计划招聘人数 \times 100\%$$

应聘比表示信息发布的有效性，比例越大说明企业吸引的应聘者越多，招聘信息发布的效果越好。录用比表示录用人数占申请人数的比率，这个比例越低说明被录用者是从更多的候选人当中选拔出来的，招聘效果越好。招聘完成比反映了招聘完成情况，圆满完成任务就是100%。因为企业一般是根据事前制订的招聘计划来决定录用人数，所以在实际情况下这个比例很少超过100%。除非企业在招聘过程中发现优秀的应聘者人数超过计划招聘的人数，企业准备将他们作为储备人才，或准备替代绩效表现较差的员工，才有可能超额录用。

（二）招聘质量

招聘质量是对录用员工进入企业后的绩效表现、实际工作能力和潜在工作能力的评估。评估招聘质量有助于了解录用人员进入企业后的状况，为反思招聘过程中存在的问题提供所需的信息，也为新员工培训提供信息。常用的指标有录用合格比、基础合格比、录用合格比与基础合格比之差。计算公式如下：

$$录用合格比 = 录用人员胜任工作人数 ÷ 实际录用人数 × 100\%$$
$$基础合格比 = 以往年度平均录用合格比$$
$$录用合格比与基础合格比之差 = 录用合格比 - 基础合格比$$

其中，录用合格比是指录用的员工中，工作符合预期绩效的员工占所有新录用员工的比率，一般表示为试用期内合格员工人数与录用员工总数之间的比例。基础合格比是指以往年度平均录用合格比。录用合格比与基础合格比之差反映了这次招聘的有效性是否高于历年来的平均招聘效率，从而检验企业招聘效率是否得到持续提升。

（三）招聘时间

招聘时间又称招聘周期，是指从提交招聘申请到新员工到岗之间的时间。一般来说，空白期越短，招聘越有效。但是，由于劳动力市场供求的差异，招聘周期因招聘岗位类型和素质要求水平不同而有很大差异，需要结合实际情况进行分析。

有些企业会统一设置一个招聘周期。比如将招聘周期设为三个月，如果新员工能够在三个月内到岗，就被视为符合招聘周期要求。这种方法操作十分简单，但明显不合理。一些市场紧缺的关键人力资源可能无法在三个月内到岗，而一些基层职位可能根本不需要这么长的时间就能找到合格的员工。

还有企业使用平均空缺时间作为衡量招聘周期的标准，反映招聘新员工在每个空缺职位上花费的平均时间。例如，一家公司招聘 20 个基层职位和 2 个高层职位，基层职位需要 20 天进行招聘，高层职位需要 6 个月进行招聘，平均空缺时间为 34.5 天。但空缺时间因具体职位而异，分岗位类型的平均空缺时间有一定的参考价值，但总的平均空缺时间价值不大。

可以考虑将招聘岗位分类分层，参考当地同行标准，确定每个岗位合适的平均空缺时间。这一指标反映了岗位填补所需的平均空缺时间，可以作为衡量招聘周期的标准。显然这个指标越小，招聘就越有效。

（四）招聘成本

招聘成本评估是指对招聘活动成本进行预算、核实和评估的过程。招聘成本评估是衡量招聘效果的重要指标，通过成本和收益核算，招聘人员可以清楚地了解招聘岗位的平均成本并与标杆进行比较，以衡量招聘的成本效益。

（五）招聘渠道的有效性

各行各业每个岗位的特点都不一样，使用不同的招聘渠道产生的效果也不同，所以针对不同岗位需要采取不同的招聘渠道来吸引应聘者。企业在选择招聘渠道时要遵循三大原则，分别是时效性、针对性和经济性。

1. 时效性

招聘的时效性越强，意味着岗位空缺时间越短，可以把空缺的损失降到最低。因此，人力资源部门在选择招聘渠道时要充分考虑如何快速建立起企业与应聘者之间的联结。

2. 针对性

不同行业、企业、岗位的招聘要选择不同的招聘渠道。例如，在招聘高级管理人员的时候常常会用到猎头招聘，而对普通的岗位招聘则没有必要用猎头招聘。

3. 经济性

用人部门在招聘过程中常常需要权衡成本与收益，招聘人才原本的最终目的是为企业带来更好的效益，因此，在招聘过程中也应该做到用最低的成本找到最合适的人。为此，企业应根据当前阶段的实际财务情况和事先制定的人力资源规划，通过对比分析选择适合企业的招聘渠道。例如，招聘高级人才，可以适度调高预算，采用费用较高的猎头招聘，招聘基层员工则可以采用费用较低的网络招聘。

三、影响招聘效果的因素

影响企业招聘效果的因素有经济、法律、劳动力市场等外部因素，也有企业特征、岗位特征、招聘策略、招聘人员和招聘渠道等内部因素，下面就内部影响因素进行讨论。

（一）企业特征

企业特征会影响应聘者的数量和应聘者的类型。企业特征如企业形象、企业文化、企业战略、发展阶段、招聘理念等都会对应聘者产生重要影响。例如，不同类型的企业文化，会吸引不同价值观的应聘者。如果企业在招聘的过程中能够突出自己的企业文化，就能够吸引更多认同这种文化的应聘者，从而减少新进员工价值观与企业文化之间的摩擦，加速新员工融入企业。

（二）岗位特征

岗位特征包括岗位层次和性质、薪酬福利及任职资格。在其他条件相同的情况下，工作环境、薪酬福利越好的岗位，对人才的吸引力就越大。任职资格要求越高，符合要求的应聘者就越少，所以岗位所需要的知识、经验、技能等方面的要求不同，能吸引到的应聘者数量和质量也不一样。

（三）招聘策略

招聘策略包括很多方面，如招聘渠道、招聘时间、招聘范围和评估流程等。在人才市场上，某一特定时期的人才数量会比其他时期相对更多，如毕业季、年底或年初等。招聘范围也会影响应聘者的数量，全国范围的招聘肯定会比区域招聘能吸引更多符合企业条件的人才。此外，评估流程的持续时间也可能会影响招聘的有效性。

（四）招聘人员

现代社会职业分工日益精细化，招聘人员在招聘活动中扮演着重要的角色，招聘人员的专业素养与招聘效果有密切的关系。简而言之，招聘人员扮演了三个角色：企业守门员、人才评估专家和企业形象代言人。作为企业形象宣传的负责人，招聘人员应具有良好的形象、友好的服务态度、强烈的企业文化认同感，具备优秀的语言组织能力和口头表达能力。

（五）招聘渠道

不同招聘渠道对不同岗位招聘信息的传递效果不同。企业应根据财务状况、招聘的紧迫性、招聘人员自身素质等特点，同时结合招聘岗位的类型、层次和任职资格要求选择适当的招聘渠道。企业还要选择尽可能多的招聘渠道，以吸引更多优秀的应聘者，为企业提供更多的选择。另外，企业不仅要招揽足够数量的应聘者，还要考虑通过这种招聘渠道招揽到的应聘者是否符合企业要求。

四、改善招聘效果的对策

（一）招聘计划的制订方面

招聘计划的制订必须结合行业发展方向和企业发展战略，同时对所招聘岗位进行工作分析，制定人力资源规划，明确招聘目标。在制订具体招聘计划前，需要厘清以下三个层面的问题。

1. 明确用人策略

企业要从自身实际情况出发，确定是尽量培训、保留现有员工还是招聘新员工。对于有成熟培训体系的企业，可以优先考虑自主培育人才；对于自身培训体系不完善的企业，可以考虑直接从外部招聘"已准备好了"的人才。确定在多大的区域范围内搜索人才资源、招聘时选择杰出人才还是一般人才之前，要考虑到用人的成本与他们对企业的贡献。

2. 明确招聘策略

根据企业自身的招聘经验、招聘岗位特点及劳动力市场供需状况，招聘计划中需明确本次招聘工作是由企业自己开展还是外包给第三方招聘公司，或是联合其他公司共同进行，是交由人力资源部门开展还是由用人部门自主招聘，同时界定不同部门在招聘各个环节中的任务和角色。

3. 明确所需员工的类型

根据企业的招聘需要，应明确空缺岗位是核心岗位还是辅助岗位，岗位需要具有特定专业知识和技能的员工，还是具有通用知识和技能、能同时胜任多种任务和岗位的员工，等等。不同类型员工的招聘周期、招聘渠道都会不一样。

（二）招聘计划的实施方面

在招聘计划的实施方面，需要做好招聘各个环节的工作：确定招聘岗位人数和招聘岗位的任职资格要求、制定招聘流程和反馈方法、确定筛选轮数及每一轮的淘汰率、设计每一轮的筛选方法、选拔和培训招聘者、做好应聘者的管理。

确定招聘岗位人数和招聘岗位的任职资格要求。为了保证招聘活动与人力资源规划之间的一致性，用人部门经理应提交一份由高级管理层批准的正式招聘申请书，申请书中应列出每个岗位的空缺数量及应聘者需要具备的必要资格。这些任职资格都应该根据每个岗位的工作说明书或岗位任职资格体系分析来确定，不能是模糊不清的。

　　制定招聘流程和记录反馈方法。首先，根据组织结构、聘用权限、各种人事管理制度等，落实每个流程的负责部门及其负责人。其次，加强不同部门及其工作人员之间的沟通，确定各自的职责和权限。最后，在招聘实施过程中，保存完整的记录，比如谁审核了哪些材料、做出了哪些决定，留档备查。

　　在招聘者的选拔和培训层面，需要根据招聘任务特点，组建一支由来自多个部门、具有不同知识和技能专长人员组成的招聘团队，并对他们就技术技能、规章制度、道德规范等方面进行培训。改善招聘效果的其他建议，可以参看本章第一节，此处不再赘述。

第九章　外部选拔

第一节　外部选拔概述

一、外部选拔的概念和发展历程

（一）外部选拔的概念

外部选拔是对来自企业外部的应聘者进行评估、筛选，评价他们的知识、能力等素质，为企业空缺岗位挑选合适人选的过程。

外部选拔与内部选拔是企业人力资源选拔的两个不同方面。外部选拔强调从企业外部吸引人才，从外部为企业注入新鲜血液；而内部选拔强调从企业内部选拔人才，主要表现为员工内部调动、晋升。外部选拔的目的可能是补充空缺岗位、获取具备某种新技术的员工、获取具有不同思维方式与背景的员工、为企业发展储备人才等。通过外部选拔招贤纳士，对于企业的生存和发展有着关键作用。

（二）人力资源选拔的发展历程

1. 我国人力资源选拔的发展历程

在我国，人力资源选拔的雏形是古代的官员选拔制度。最早成型的官员选拔制度可追溯到夏商周时期的世袭制，彼时人力资源选拔的唯一标准是血统。而秦国的军功爵制以军功作为人力资源选拔的标准，从某种意义上看，这已是一套基于绩效标准来选拔人才的制度。

进入汉代，察举征辟制成为主流的人才选拔制度之一。察举征辟制选拔的人才由地方举荐，"德""文法""才能"成为各个科目考察的主要维度。而到了东汉，孝廉科被引入考试，形成荐举为先、考试为辅的考核体系（金荣华，2020）。

隋唐时期建立并逐步完善了科举制。科举制扩大了人才选拔的范围，以更客观、公正的标准考核人才，奠定了中国古代考试制度的基础，也推动了世界考试制度的发展。

民国时期考试权独立，我国的人才选拔制度融合了西方的文官制度，形成了文官考试制度。同时，国外的心理测评量表等人员测评工具被引入中国，并被初步运用到职场选拔中。新中国成立以后，特别是在改革开放后，我国的人力资源选拔制度得到很大的发展，相关内容可参考第一章第一节。

2. 西方近代人力资源选拔的发展历程

国外早期的选拔制度主要体现为文官制度。19 世纪中期以后，英、美、德等主要资本主义国家逐渐建立起以考试为基础的选拔制度。

国外的人员测评最早起源于心理测评。第一次世界大战期间，西方国家在军事人才的选拔中运用了心理测验方法。20 世纪初，科学管理理论强调工人能力与工作匹配，鼓励在招聘中采用生理与心理测评对人员的能力素质进行评价。

其后，心理学得到发展，特质理论、行为理论、权变理论等被运用到人员选拔与测评中，许多心理量表被开发出来。此后，心理测评方法进入成熟阶段，被大量运用于人才选拔。同时，统计学的快速发展也为人员选拔的信效度检验提供了分析工具。

二、外部选拔理论

（一）劳动力市场中的信号理论

信号理论最早是由经济学家斯宾塞在博士研究期间提出的。信号理论源自信息不对称的前提下买卖双方市场互动的研究，具体指信号发送者在环境因素影响下将信号发送至信号接收者并接受反馈的过程。

斯宾塞于 1973 年在《劳动市场信号》中集中论述了其研究结论。在劳动力市场上，应聘者与企业处于信息不对称的状态中。企业不了解应聘者的能力情况，也不能在录用后立即掌握他们的能力情况。应聘者的能力无法向企业直接展示，企业也无法获得关于应聘者的准确信息。企业只有通过向高能力员工发放高薪，才能把有潜力的应聘者吸引到企业来，才能使企业的劳资分配达到效率最优（Spence，1973）。

基于此，斯宾塞提出了信息传递模型。应聘者会向企业传递信号，通过可观察的行为或证据传递关于自己能力的确切信息。而企业在接收到信号后，会对信号进行甄别，通过不同的行为或证据甄别真实信息。以学历为例，学历高的人能力并不一定是最好的，但是在这个模型中，高学历是应聘者向企业传递的能力信号，用以向企业示意自己是能力高的人。

外部选拔是劳动力市场信号理论的生动体现。例如，在劳动力市场中，应聘者通过简历、推荐信等方式向企业发送关于自己学历、获奖、工作经验等信息，以此来证明自己拥有的知识、能力等素质；企业接收这些信息，并根据工作分析对这些信息进行筛选评估，进而选拔出符合岗位要求的候选人。双方就像基站与终端一样，在劳动力市场中进行信息交换。基于互补性原则，企业在进行外部选拔时会根据应聘者传递的信号，选择企业需要的候选人，以满足企业运营和发展的需要。

（二）吸引—选择—磨合理论

在第一章第三节提到的招聘管理实施原理中，Schneider（1987）提出的吸引—选择—磨合理论（见图9-1）很好地展示了外部选拔中人—组织匹配的动态过程。

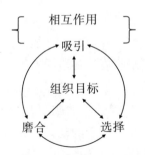

图 9-1 吸引—选择—磨合理论模型

吸引过程是应聘者判断自己与组织匹配度的过程，即应聘者评估自身的能力、价值观等因素与企业目标、文化等因素是否相似或具有一致性，若相似或一致，该企业对其就有吸引力。

选择过程是企业对应聘者的甄选过程。企业通过招聘和选拔程序，最终会选择那些符合企业要求的、与企业具有共同特质的人。

磨合过程是员工与企业的相互适应过程。员工进入企业，发现自己不适应企业时会选择离开；而留下的员工都是相似的、能够很好适应企业环境的。通过吸引—选择—磨合的互动循环过程，最后留在企业中的员工趋向于同质。

总的来说，企业目标和文化决定了什么样的人会被吸引、被选择，并留下来在企业内工作。在外部选拔中,应聘者与企业处于一个无限的吸引—选择—磨合循环中。企业环境会影响人,而人也会主动地塑造企业环境。

(三) MARS 模型

MARS 模型(见图 9-2)可用于探究个体特征与绩效之间的关系,即个体的动机(M)、能力(A)、角色认知(R)和个体所处的环境(S)对个体绩效有重要影响,其中任何一个因素变弱,都将导致员工绩效的降低(Steven et al., 2018)。

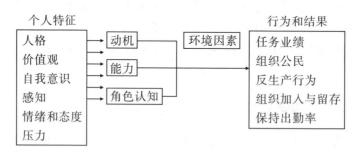

图 9-2 MARS 模型

其中,动机指影响个体自发行为的方向、强度和持久度的内在力量;能力指成功完成任务必须具备的先天禀赋和习得的才能;角色认知是人们对布置给他们或对他们要求的工作职责的了解程度;环境因素虽然不受个体直接控制,却能阻碍或促进个体行为和绩效的关系。

根据 MARS 模型,在进行外部选拔时需要注意对员工的这几个方面进行评估。企业在外部招聘中需要观察应聘者的动机,即应聘者选择在什么方面付出努力、是否知道自己想要获得什么,以及是否能够付出足够的努力。在对应聘者进行能力评估时,要考察他们是否具有一定的职业能力素质,以此提高个人能力与工作相匹配的概率。除此之外,还要考察应聘者是否能够对岗位职责有清晰的认知,能否扮演好在企业中应该扮演的角色。最后,虽然环境因素并不是应聘者的内在因素,不受个人控制,但在外部选拔中也要考察应聘者是否能够较好地适应企业环境,与企业环境进行磨合。

三、外部选拔的内在逻辑

外部选拔的内在逻辑见图 9-3,即根据应聘者以往的工作经历和非工作经历预测其知识、技能、能力和其他特征,进而形成对应聘者在新工作情境下的绩效、工作满意度、工作留存率、工作出勤率等绩效指标的整体评估。这里的新工作情境既包含新企业环境，也包含新岗位工作情境，企业根据这些评估做出外部选拔的决策。

图9-3 外部选拔的内在逻辑

基于外部选拔的基本逻辑，从供给视角与需求视角出发，外部选拔具有以下内部逻辑。

（一）基于外部劳动力市场的供给视角

在企业进行外部选拔之前，应聘者已经在外部劳动力市场中进行了一轮无形的竞争。在这场竞争中，应聘者比拼的是自己所拥有能力的稀缺性。只有当他们的能力足够独特突出时，他们才可能拥有心仪企业的敲门砖。

劳动力市场中有数以百万计的应聘者，他们共同构成市场中庞大的劳动力供给方。若以某些标准来划分这些劳动力供给者，则他们可能具有基本相同的特征，如都拥有大学学历、都具有工作经验等。在这些特征下，劳动力供给者被"标签化"，形成具有某种特征的群体，这些"标签"成为他们在劳动力市场上的"招牌"。而基于信号理论，"标签"就是劳动力供给方在劳动力市场上发出的信号，不同信号的发出意在增强劳动力需求方对劳动力供给方内部差异性的认知。

在不同"标签"下的劳动力供给者会根据自己的"标签"和其他要求在劳动力市场上寻找劳动力需求方，以实现被录用。在这个条件下，劳动力供给者的"标签"成为他们是否具有稀缺性能力的外在表现。在经济学模型中，供给和需求的相对稀缺性会决定商品的价格和产量。在劳动力市场中，若劳动力需求方对具有某一"标签"的劳动力供给者情有独钟，而恰好这一"标签"在劳动力市场中具有稀缺性，则具有该"标签"的劳动力供给者会变得抢手，他们相对于需求方的议价能力会增强，薪资也会提高，如某些专精特新领域的高级技术工人。

在此情况下，具有同质化特征的劳动力供给者会努力获得具有稀缺性的"标签"。例如，近几年在大学毕业生群体中出现了读研热，选择考研的人数不断上升。这是因为本科的学历背景在劳动力市场上已经饱和，无法体现较强的稀缺性。而研究生的"标签"在劳动力供给者群体中相对较少，在劳动力市场上议价能力更强。因此，劳动力供给者为了追求更好的薪资与工作机会，就会倾向于考研、读研。

从另一个角度来看，某些"标签"仅是劳动力市场中某些职业的门槛，如"具有律师资格证"就是律师这个职业的基准线。如果没有这样的门槛"标签"，劳动力供给方是无法获得这个职业的就业机会的。

总之，在外部劳动力市场中，劳动力供给者需要明确自己拥有的特质与能力，给自己贴上"标签"，并将自己的能力通过有形证据（如证书、资格证等）展现出来，向劳动力需求方发出信号。不同的"标签"展示了在劳动力市场上劳动力供给者的稀缺性，稀缺性越明显，则劳动力供给者的议价能力越强。但是，某些"标签"对于部分劳动力需求方来说，仅仅是基本要求。因此，劳动力供给者需要根据不同劳动力需求方的性质区分基准性"标签"与稀缺性"标签"，并对自己的"标签"做好管理，使自己在劳动力市场中更具有竞争力。

（二）基于企业人力资源规划的需求视角

从劳动力需求方来看，企业能够选拔出优秀、合适的员工，是企业通过人力资源规划，获得对企业人力资源状况的清晰认知，再进行外部招聘的结果。

首先，企业需要基于人—岗匹配与人—组织匹配的原则进行人力资源规划。为了实现人—岗匹配，在人力资源规划之前有必要进行工作分析，从工作分析中得知岗位所需的特质。考虑到人—组织匹配的原则，在进行人力资源规划之前还需考虑企业环境的影响，且有意识地考虑本企业的特质，并在人力资源规划中体现出来。接下来，需要将岗位所需的特质和能力进行整合，与各部门的人力资源缺口结合，进行企业总体的人力资源规划。总体的规划确定后，再通过人力资源配置来实现该规划。

与劳动力市场上劳动供给方的宏观视角相比，企业的劳动力需求更加具体，也更符合企业特性。具体来看，在人—岗匹配、人—组织匹配原则的指导下，基于外部选拔的预测逻辑，根据应聘者的知识、能力等素质能够预测其在未来工作中的能力表现。因此，企业在招聘时需要对应聘者的素质进行仔细评估，以便在应聘者中选择与岗位和企业最匹配的人选。在招聘过程中，企业需要多方考虑，对应聘者的各个方面进行测试评估——判断应聘者是否具有与企业相同的特质，并对他们的动机、能力等方面进行评估。例如，在玛氏中国，应聘者除了需要接受能力测评外，还要与岗位的直接上级谈话，管理者在这个过程中就能够判断应聘者是否具有与企业真正相似的特性。

人力资源规划是企业进行外部人力资源招聘的起点。有了人力资源规划提供的信息，才能进行外部选拔的相关工作。企业希望员工的特性与企业具有较高的相似性，同时员工的知识、能力要与岗位匹配或与企业现有能力互补，以实现人员选拔整体效果的最优化。

（三）供求双方匹配的动态过程

通过匹配外部劳动力市场中劳动力供给方提供的"标签"信号与企业人力资源规划得出的人才需求，企业可以吸引并筛选出最优秀、最合适的员工，这个匹配是一个动态过程，具体体现为在变化的环境中企业进行外部人才选拔的流程。

首先，企业进行人力资源规划，确定并向劳动力市场发送人力资源需求。其次，应聘者了解各个企业，并被与自己有相似特质的企业吸引，进而向企业发送求职信号，通过投递简历、推荐信等方式将自己的"标签"展示给企业。企业根据这些"标签"对应聘者进行初始筛选，初步确定与企业契合的候选人。然后，企业通过能力测评、心理测评等一系列实质性评估方法，评估候选人的知识、能力等素质是否与岗位要求相匹配。最后，当应聘者通过身体素质、背景调查等评估之后，企业就会做出选择，录用最适合的候选人。

在外部选拔的过程中，应聘者与企业都处于动态的过程，双方在博弈中寻求最优匹配结果，但是这一动态匹配过程也会受到如政策、经济、社会等环境因素的影响。当劳动力供求双方通过吸引、选择、磨合的过程真正匹配成功时，外部选拔也就获得了成功。

第二节 外部选拔流程

外部选拔流程是指企业通过简历筛选、笔试、面试等方法从众多应聘者中选择知识、能力等素质与岗位职责最匹配的应聘者，以填补岗位空缺的整个过程。选拔流程是否科学有效决定了企业能否获取合适的人力资源，它对于整个招聘活动至关重要（Srivastava et al., 2015）。

企业所处的行业、发展阶段不同，其采用的选拔流程也不同，并没有标准化的选拔流程。企业需要结合自身企业文化、组织结构、制度规则等特殊性来确定选拔流程，以保证该流程能为企业筛选出合适的人才。本节将对外部选拔流程中每个筛选阶段的作用、选拔流程设计背后的逻辑关系及选拔流程设计的影响因素进行介绍，希望能为企业科学合理地选择、制定最适合本企业的选拔流程提供参考。

一、外部选拔的一般流程

如图9－4所示，外部选拔流程可以分为初始性、实质性、选择性和权变性四个筛选阶段，不同筛选阶段的主要目的和筛选任务不同，需要采用不同的筛选方法，每一种筛选方法都能为企业判断应聘者胜任力和预测应聘者未来绩效提供部分信息。企业需要选择合适的筛选方法并将这些方法系统地整合在一起，形成满足企业招聘工作需要的选拔流程，在筛选出合适人才的同时实现招聘成本最小化。

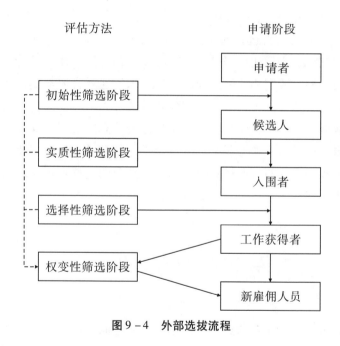

图9－4 外部选拔流程

（一）初始性筛选阶段

初始性筛选阶段的任务是从申请者中筛选出候选人。企业利用初始性筛选方法对申请者进行初步的选拔，淘汰不满足最低任职资格要求的申请者。初始性筛选方法包括申请表、传记性信息、推荐信和初步面试等。

（二）实质性筛选阶段

实质性筛选阶段的任务是从候选人中筛选出入围者。入围者是符合最低任职资格要求并且可以胜任工作的人。实质性筛选阶段可以更精确地对应聘者进行筛选，得出更精确的结论。实质性筛选方法常常比初始性筛选方法更加复杂，主要包括人格测评、情绪智力测评、工作样本、情境判断测评、诚信测评、结构化面试等方法。

（三）选择性筛选阶段

选择性筛选阶段的任务是从入围者中筛选出工作获得者。这一阶段考察应聘者除最低任职要求和岗位胜任力以外的其他素质，如应聘者与企业的匹配程度。选择性筛选阶段高度依赖决策者的直觉判断，主观性较强。

（四）权变性筛选阶段

权变性筛选阶段主要用于确认工作获得者能否达到工作内容之外的其他要求，从而确定最终录用者。最常用的两种权变性筛选方法是药品测试和健康检查。其中，药品测试包括体液检测、头发分析、瞳孔反应测试、机能测试等。最后，候选人获得工作机会并决定加入企业，成为企业的一名新员工。

各阶段使用的筛选方法将在本章第三节进行具体介绍。

二、外部选拔流程设计的逻辑分析

在上述人力资源选拔流程中，不同筛选阶段之间有先后顺序，这种先后顺序的设计有其内在逻辑，是综合考虑招聘信息、招聘成本和招聘质量的结果。

（一）信息论的视角

从信息论的视角来看，外部招聘过程的本质是应聘者向企业进行信息传递，企业对信息的准确性进行甄别并据此判断应聘者是否符合岗位需要的过程。在外部选拔流程中，企业通过简历、笔试、不同轮次的面试来实现信息甄选，通过设置越来越高的门槛标准，对应聘者的信息进行更深层次的挖掘，从而实现对应聘者特质和能力更全面的解读。

从信息论的视角理解外部选拔的流程：初始性筛选阶段，企业初步了解应聘者的个人履历信息；实质性筛选阶段，企业更深入地了解应聘者的综合素质和能力；选择性筛选阶段，企业进一步了解应聘者的价值观、个性等是否与企业相匹配；权变性筛选阶段，企业了解应聘者的身体状况和生活习惯，并判断其是否能达到工作内容之外的其他要求。Srivastava 等人（2015）认为，选拔流程可以被形象地看作比赛里的跨栏——每一轮次的筛选都是更高的跳栏，只有跨过所有跳栏的应聘者才能得到最后的录用机会。

（二）招聘成本的视角

招聘成本也是企业确定招聘流程顺序的重要考量之一。人员选拔就是从人才储备池中筛选出适合企业岗位需要的人才的过程，企业会通过每一轮筛选程序淘汰掉一定数量的应聘者，最后留下特定数量的合适的员工。可以用水池的放水过程来生动地解释这一流程——每经过一道程序的筛选，水池中的水位都会降低，直到水位降低至企业划定的线为止。

人力资源相关活动是企业成本支出的主要活动之一，招聘活动需要投入大量的人力和物力。招聘结果要求的信效度越高，就需要投入越多的资源用于对应聘者素质进行深入的考察。例如，简历筛选只需要招聘人员对硬性指标做出标准化判断；笔试需要设计题目并对书面结果评分；面试不仅需要设计面试题目和评分标准，还需要对面试人员进行培训；体检可能需要支付应聘者的体检费用。

考虑到外部选拔的种种招聘成本支出，企业将实施难度较小的筛选程序放在选拔流程的前期，通过低成本的考核先剔除掉一部分不满足岗位最低要求的应聘者，减少进入下一个筛选阶段的应聘者数量，在需要付出更高成本的后续筛选阶段中更精准地对符合要求的应聘者进行考核，从而节约选拔流程整体的成本。例如，初始性筛选阶段可以通过低成本的简历筛选，从大量外部应聘者中筛选出满足门槛条件的应聘者进入实质性筛选阶段。

（三）招聘质量的视角

招聘效率和人力资源质量的要求也体现了外部选拔流程背后的逻辑。在对外部应聘者进行选拔时，我们可以将企业对应聘者素质和能力的评判标准分为两类：硬性标准和软性标准。前者是门槛条件，是企业要求其员工必须满足的基本条件，如一定的智力水平、资格认证等；而后者并不是一把标准化的量尺，而是综合考虑应聘者各种条件的可伸缩软尺。例如，一个应聘者在创新能力方面表现突出，企业可以考虑适当调整对其沟通能力的要求，此时创新能力和沟通能力就是企业进行外部选拔的软性标准。

在面对海量外部应聘者时，如果企业先应用软性标准进行选拔，招聘人员就需要关注应聘者的各个维度的能力，这将大大降低招聘效率。因此，在设计招聘流程时，企业应该先利用初始性筛选步骤过滤掉不满足硬性标准的应聘者，缩小选拔对象的范围，然后再应用软性标准进一步评估更小规模的候选人，对候选人各个维度的能力进行综合评估，并最终做出录用决策。例如，初始性筛选阶段的简历筛选设定了学历、工作经验等硬性标准；在实质性筛选阶段，由于选拔标准难以量化、具有一定的主观性，因而需要采用硬性标准和软性标准相结合的方法来考察应聘者；选择性筛选阶段的主观性和灵活性更大，需要综合应聘者的各种条件来考察应聘者，主要采用软性标准。

三、外部选拔流程设计的影响因素

（一）企业所处的行业类型

不同行业的企业在设计外部选拔流程时的重心不同。下面以信息技术企业和专业服务企业为例，简要分析不同行业类型企业的外部选拔流程和筛选程序。

1. 信息技术企业

腾讯是我国知名互联网企业，这里以腾讯的技术岗招聘为例分析其外部选拔流程。考虑到信息技术行业对专业度要求较高，腾讯技术岗的招聘工作采用专业笔试作为筛选流程的第一步，以此来考察应聘者的计算机基础知识和技能。笔试通过后进入专业初试阶段，初试考核官会通过问答的方式考察应聘者对专业知识的理解。初试通过者可进入专业复试阶段，专业初试和专业复试都属于初始性筛选阶段。在实质性筛选阶段，复试官通过与应聘者直接交流，进一步考察应聘者的素质特征与岗位的匹配度，考察其个性特质与团队的契合度，并且解决前面几个筛选阶段反馈的疑点，这一过程通常持续 1 小时以上。最后的选择性筛选阶段一般为部门总经理面试与人力资源管理人员面试，其目的是对应聘者的求职动机、薪资要求、工作稳定性等软性条件进行考核，从而选拔出与企业相匹配的员工，一般来说，这一过程的持续时长通常不超过 30 分钟。

从总体来看，信息技术企业的外部人力资源筛选程序以专业面试为主。技术密集型的信息技术企业岗位门槛高，短期内通过工作实践习得专业技能的可能性较小，因此选拔流程的设计会以考察应聘者的专业知识和技术能力为核心。虽然信息技术企业也会设置考核应聘者个人特质和未来发展潜力的筛选程序，但对比各个筛选程序的成本投入和持续的时间，不难发现，信息技术企业将招聘流程的重点放在了考察专业知识和技术上。

2. 专业服务企业

专业服务包括咨询、审计、法律、广告等，这里以毕马威为例，对其招聘需求最大的审计岗位的选拔流程进行分析。毕马威的外部选拔以校园招聘为主，其校园招聘流程主要由网络申请、在线测评、无领导小组讨论与人力资源管理人员面试、经理单独面试及合伙人面试四个程序组成。初始性筛选阶段主要包括网络申请和在线测评，通过设置学习成绩、毕业院校、智力水平和逻辑能力等硬性标准快速筛选出满足岗位基本要求的应聘者；实质性筛选阶段包括无领导小组讨论和人力资源管理人员面试，主要考察候选人的问题解决能力、沟通能力和团队合作能力，此阶段会淘汰大量不符合企业岗位要求的应聘者；选择性筛选阶段包括经理单独面试和合伙人面试，主要以氛围轻松的聊天形式来了解候选人的性格、工作意愿，以及是否理解和认同企业的价值观。通常情况下，每个程序的用时不超过20分钟。

由于审计常常作为独立第三方为企业提供保证，因而要求审计人员注重职业道德并保持独立性和公正性；此外，由于审计工作的门槛相对较低，相关专业知识可以通过审计实务学习，因此，在选拔流程的设计中较少涉及专业知识的面试，而会更注重考察应聘者的分析能力、团队合作能力和细心程度，主要筛选程序如无领导小组讨论。

企业还可以根据招聘需求，为不同的岗位设计不同的选拔流程。在对销售岗位人员的选拔中，企业通常会加入实习筛选程序，因为销售人员需要结合产品知识、针对具体的顾客和情境进行灵活的调整，简单的面试或情境模拟难以对这种能力进行有效的考核；而实习的过程及业绩结果能够较好地反映销售岗位应聘者的随机应变能力，因而实习筛选程序是对传统选拔流程的重要补充。在管理岗位人员的选拔中，由于应聘者都具备一定年限的工作经验，这些经验是其专业知识和管理能力的体现，因此，企业会对选拔流程做出一定的调整——省略笔试和部分专业面试程序，直接采用评价中心等方法对应聘者的综合素质进行测评。

(二) 企业的发展阶段

企业外部选拔流程的设计不仅受企业所处行业类型的影响，还受到企业发展阶段的影响。Greiner于1972年提出企业生命周期理论，认为企业的发展可以大致分为创业阶段、集体化阶段、规范化阶段和精细化阶段。在企业不同发展阶段，其外部选拔流程也呈现出不同的特点。

对于创业阶段的企业来说，生存是最重要的问题。处于创业阶段的企业，其管理模式有较强的个人色彩，基本上由创业者依据个人直觉、知识和经验进行决策。创业阶段的企业通常没有规范化、科学化的选拔流程，选拔工作可能由创业者亲自承担，企业核心骨干的选拔通常考虑血缘、亲缘、友谊等因素。

处于集体化阶段的企业基本上摆脱了生存压力，逐渐建立起企业规章制度和工作流程。企业呈现个人主导的集体化管理模式，企业家在做决策时仍具有浓重的个人主观色彩。同时，企业成长带来业务量的增加或业务范围的扩张，促使企业通过外部选拔招聘新员工。在人才选拔方面，企业开始建立一些简单的流程和规范。

处于规范化阶段的企业，其各项管理职能不断丰富和完善，形成了规范化的职能框架和流程结构。管理者的个人色彩进一步弱化，管理的制度化、规范化程度进一步加强。人力资源部制定工作说明书和工作规范，对不同工作岗位的任职资格形成较明确的界定，对才能进行量化的筛选程序变得重要。能力测评和工作样本测评等扮演重要角色。同时，管理者可以通过人格测评和背景调查等筛选程序获得一些关于应聘者个性和品德方面的信息。

处于精细化阶段的企业，更加注重企业自身的可持续发展。此时，为克服过度规范化带来的企业僵化、创新不足等问题，企业需要在管理中更加重视企业文化的培育。处于规范化阶段的企业关注应聘者的知识、技能与岗位要求的匹配度，而处于精细化阶段的企业可能更关注应聘者的个人特质与企业的契合度及应聘者的发展潜力。考虑到员工深层次的胜任力与其在未来对企业的贡献大小有密切的关系，企业可以结合自身的价值理念和企业文化，建立起基于胜任力模型的人才选拔流程，评估应聘者的深层特质和发展潜力。

（三）新技术的发展

机器学习、大数据等新技术的出现和发展也给企业的外部选拔流程带来了变革性的影响。新技术对外部选拔流程的影响主要体现在两个方面：辅助选拔流程设计和变革筛选程序。

在人员选拔流程设计方面，传统的流程设计是由人力资源部门收集用人部门的意见后进行岗位分析，明确岗位职责，进而确定在外部选拔流程中是否需要对胜任力进行评估，并决定采用何种评估方法。而机器学习的出现大大提高了这一流程设计的效率。机器学习可以通过快速收集海量数据，分析同一行业中类似企业或标杆企业的岗位职责、岗位胜任力要求，自动生成适合具体企业的人员选拔流程，辅助人力资源部门设计出更优化的选拔流程。

在变革筛选程序方面，AI 面试的兴起是对传统选拔流程的创新。AI 面试是指通过领先的 AI 技术进行拟人化、千人千面的个人定制化面试，综合考查应聘者的写作和语言表达能力，并将面试内容进行跨媒体分析处理。AI 面试不仅可以取代笔试和初步面谈，在初始性筛选阶段中更高效地进行人才评估和筛选，还可以降低招聘成本，实现选拔流程由自动化向智能化的变革。

总的来说，外部选拔流程一般可以分为初始性筛选阶段、实质性筛选阶段、选择性筛选阶段和权变性筛选阶段，不同筛选阶段的任务和目标有所不同。外部选拔流程的设计有其内在逻辑，体现了企业对招聘成本、招聘质量和招聘效率的权衡与控制。企业需要根据所处行业、发展阶段等具体情况制定适合本企业的选拔流程，筛选出符合企业岗位要求的应聘者，提升外部选拔工作的质量。此外，企业还可以利用新技术改进选拔流程、完善筛选程序，实现选拔流程的降本增效。

第三节　外部选拔方法

在外部选拔中，企业需要根据所处行业的特点、企业发展阶段等因素，在不同选拔阶段选择不同的评估方法，从而选拔出与企业岗位相匹配的应聘者。

一、初始性评估方法

外部招聘常常会吸引大量的应聘者。初始性评估方法主要对应聘者进行初步筛选，筛除不符合岗位最低要求的应聘者，减少候选人数量，降低实质性筛选阶段的评估成本，提高选拔效率。初始性评估方法主要包括简历和求职信筛选、申请表核查、传记性信息收集、推荐信和背景调查、初步面试。

（一）简历和求职信筛选

简历和求职信一般是在申请者首次接触企业的情境下采用，可以让企业对申请者有初步的了解。因为简历和求职信传递信息的质量和数量由申请者控制，为提高筛选结果的可靠性，企业经常需要结合其他评估方法做进一步验证，以保证信息的准确。

筛选简历和求职信时需要注意两点：①企业可能会接收到大量的简历或求职信，需要有足够的分析能力来处理海量数据；应聘者则应想办法让自己的简历脱颖而出。②简历信息的造假和失真问题。简历和求职信由申请者准备，而申请者倾向于更多地表现自己的闪光点，避而不谈或伪饰缺点，因此，失真是一个很突出的问题，企业需要采用背景调查等方法来识别简历和求职信中伪造和歪曲的信息。

（二）申请表核查

申请表也是企业初步了解申请者的常用评估工具，其中包含申请者的受教育经历、培训和工作经验等信息，申请表与简历中的信息相互印证、互为补充。申请表与简历相比，主要优势在于它是由企业而非申请者来控制需要呈现的信息类型，因而企业可以根据企业自身和具体岗位的要求，收集能够更好地预测工作绩效、价值更高的信息，并据此设计申请表项目权重。申请表项目加权在申请表设计和选拔决策过程中均可使用。除此之外，申请表还可以降低简历中遗漏与工作相关的关键信息的可能性，更易判断申请者是否具备与岗位契合的知识、能力素质，从而提升评估的效度。

但是，申请表同样存在信息失真的问题，申请者可能会填写不实信息甚至完全编造信息，因此，企业需要严格核查申请表信息，尤其是对工作绩效有重要影响的关键项目信息。

（三）传记性信息收集

传记性信息也称个人经历，是记录申请者的背景资料、兴趣爱好等个人历史信息。传记性信息的应用是基于过去的行为可以预测未来的行为这一基本假设。

与申请表类似，传记性信息收集申请者的背景资料，从而为企业在初始性筛选阶段提供信息支持。相较于申请表，传记性信息的内容更加丰富，在实质性筛选阶段也可以使用。传记性信息和背景调查的关注内容相似，均为申请者的过往历史信息。与背景调查不同的是，传记性信息通常是通过问卷调查得到的，主要用来预测申请者的未来绩效。而背景调查则是通过记录核查或者与申请者直接交谈获得相关信息，主要用来挖掘可能被隐藏的申请者背景信息。

不同类型的传记性信息在问卷内容上有明显区别，并且随工作内容的变化而灵活变动。因而传记性信息更具针对性，能够精准有效地帮助企业获取相关信息。

传记性信息也存在局限性：①传记性信息并不普遍适用于所有企业，企业应根据自身的实际情况编制传记性信息问卷，并随着企业发展和外部环境变化定期修改和完善问卷。②要注意传记性信息的失真问题。传记性问题的回答由申请者个人控制，易造假且难以证实，因此，企业需要使用更客观、更具体的条目，并事先对信息造假行为做出警告。③对于传记性信息，申请者和考核者可能会因为信息的感知准确性较低而相互不信任。

（四）推荐信和背景调查

推荐信和背景调查是对上面介绍的几种初始性评估方法的补充。在推荐信和背景调查方法中，申请者相关信息的提供者不再局限于申请者本人，而是与申请者熟悉的其他人，如申请者的上司、同事、老师等。企业通常会自行寻找相关人士或委托专业机构获取这些信息。通过申请者之外的其他人了解申请者的方法主要有推荐信、履历调查和背景调查。

1. 推荐信

推荐信是一种由他人专门为申请者所写的以评价申请者或向企业推荐申请者为目的的书面材料。

推荐信方法主要存在以下三个问题：①推荐信的可信度不高，尤其是在中国人情社会的文化背景下，只要申请者并非资质非常差，基本上都能获得推荐信。②推荐信的普适性不高，大多数推荐信并非结构化或标准化的，不具备跨企业使用的一致性。③推荐信具有非常强的主观性（Baxter et al., 1981）。

对此，企业可以对推荐信进行标准化处理，规定推荐信模板，确保推荐信的普适性；同时，建立起知识、能力素质的分类，通过使用标准打分表提高推荐信的客观性。

2. 履历调查

履历调查是通过联系与申请者有过接触的人来获取申请者的背景信息和历史经历，被联系的人通常是申请者在过去或现在任职企业中的上司、同事及人力资源部员工。

履历调查有助于弥补简历和求职信、申请表、传记性信息和推荐信中缺失的信息，印证通过上述途径所获取信息的真实性。

但是，履历调查同样存在可信度与普适性不高、主观性较强的问题。此外，由于被询问者担心隐私泄露和诽谤等法律问题，往往不愿意提供申请者的真实信息，导致履历调查的实施较为困难。

3. 背景调查

背景调查是指企业详尽地调查申请者的背景资料，包括犯罪史、信用信息、受教育经历、就业核查、驾驶执照历史记录等。尽管背景调查可能会侵犯申请者的个人隐私，但类似的调查还是被企业越来越频繁地使用，主要考虑以下原因：①安全问题已成为企业运营不可忽视的重要问题；②规避工作中的不道德行为；

③借助法律手段降低违法用工的风险；④新技术的广泛应用方便了背景调查，各种公共记录对企业来说容易获取。

背景调查具有不少优点，其开展难度也随着社会信用体系的逐步完善而下降。此外，背景调查能得到大量其他评估方法很难识别的信息。

背景调查也有其局限性：①可能由于信息的复杂造成混乱与曲解；②可能对改过自新的罪犯的再就业造成巨大障碍；③背景调查常常遭到当事人的抵制。对此，企业可以通过将调查内容限制在与工作相关的范围内，以及使用多种途径来核查背景信息的准确性来规范和完善背景调查。

（五）初步面试

初步面试在企业外部选拔的前期进行，是初始性筛选阶段的重要方法。在初步面试中，申请者正式与企业招聘人员接触。通过直接接触，企业得以更好地评估申请者是否具备岗位必需的知识、能力素质，进而剔除不符合岗位最低要求的申请者。

初步面试的局限性在于可能受到面试官个人主观因素的影响。面试官可能会基于对申请者个人特征和人格特质的主观评价而非基于前期及面试过程中获取的信息，对申请者做出评估，进而对外部选拔的信度和效度造成负面影响。同时，初步面试在初始性评估方法中成本最高，但可以通过视频和网络面试降低初步面试的成本。

对于初始性评估方法的选择和比较，可以从使用频率、成本、信度、效度、效用、申请者反应和负面影响等角度来入手。其中，使用频率是指企业运用每种评估方法的频率；成本是指企业使用某种评估方法的费用支出；信度是指该评估方法的稳定性和可靠性；效度是指评估方法与工作绩效之间关系的强度，即该评估方法能够真正衡量需要测量的属性的程度；效用是指相对于成本而言，使用某种评估方法所带来的经济回报；申请者反应是指申请者对评估方法做出的反应；负面影响是指存在超比例的受保护人群不能通过某些评估方法的可能性。

从表9－1可以看到，不同的评估方法各有其优劣，没有十全十美的方法。总体上来看，加权申请表和传记性信息的评估效果较好。企业应根据自身的实际需要，有针对性地选用不同的初始性评估方法，做好筛选工作。

表9-1 初始性评估方法比较

预测工具	使用频率	成本	信度	效度	效用	申请者反应	负面影响
教育水平	高	低	中	低	低	?	中
GPA（平均学分绩点）	中	低	中	中	?	?	?
学校质量	?	低	中	低	?	?	中
专业研究领域	?	低	中	中	?	?	?
课外活动	?	低	中	中	?	?	?
培训与经验	高	低	高	中	中	?	中
执照和证书	中	低	?	?	?	?	?
加权申请表	低	中	中	中	中	?	?
传记性信息	低	高	高	高	高	消极	中
推荐信	中	低	?	低	?	?	?
履历调查	高	中	低	低	中	混合	低
背景调查	中	高	?	?	?	混合	中
简历和求职信	中	低	中	?	?	中	?
初步面试	高	中	低	低	?	积极	中

注："?"表示不确定，因为缺乏有信服力的研究。

二、实质性评估方法

企业运用初始性评估方法对申请者进行初步的筛选，挑选出满足岗位最低任职要求的合格申请者之后，需要使用实质性评估方法来决定哪些候选人能够成为入围者。因此，实质性评估方法相对于初始性评估方法来说更加复杂，对岗位应聘者的评估也更加精确，能更有效地预测申请者的任职资格与绩效水平。实质性评估方法主要有人格测评，能力测评，情绪智力测评，绩效测评和工作样本，情境判断测评，诚信测评，兴趣、价值观和偏好量表，以及结构化面试等。

（一）人格测评

人格测评是针对人格特点开发的标准化测评工具，依据人格理论对申请者的人格特征从不同方面进行考察。

人格测评除了第五章介绍的那些经典工具以外，还有基于"大五"因素（外向性、宜人性、责任心、情绪稳定性、经验开放性）的人格测评。其中责任心、情绪稳定性与整体工作绩效有着强相关，在绝大多数工作中均适用。而在重视创造力与合作关系的情境下，经验开放性和宜人性的重要度则会提升。因此，企业在实质性评估阶段可以针对不同工作岗位，确定对候选人的不同人格特征要求。

一些学者对人格测评表示质疑，原因主要有三点：较低的效度，存在造假的可能性，以及消极的申请者反应。针对这些质疑，企业应当采取相应的措施，制定更有效的人格评估方法，以提升人格测评的信度和效度（俞恩奇，2011）。

（二）能力测评

能力测评是用来评估应聘者某种能力的工具。除了第五章介绍的关于能力测评的分类方法以外，能力测评还可以分为资质测评和成就测评。其中，资质测评主要考察应聘者与生俱来的某种能力，成就测评主要考察应聘者后天形成的能力。

能力测评有很多优势：①效度高，能力测评的效度 $\bar{r} = 0.50$，在人员选拔测评方法中属于最有效度的测评之一；②极具普适性，能力测评在任何选拔情境以及不同的文化背景下都有效；③能力测评能预测候选人其他重要的素质，能更全面地评估候选人（Salgado et al., 2003；Saigado et al., 2003；Maltarich et al., 2010）。

能力测评在许多情境中都适用。对于工业和军事领域的岗位，可以采用机械能力测评；对于体能有一定要求的岗位，适用运动能力测评；对于精细化工作的岗位，可以采用心理运动能力测评；对于例行工作为办公室内书面工作的岗位，则适用文书能力测评；对艺术能力有要求的岗位，则可以采用艺术能力（包括美术能力、音乐能力等）测评。企业可以根据不同岗位所要求的具体能力，综合使用不同的能力测评方法，提高选拔的效度。

能力测评也有其局限性。例如，对少数群体可能产生负面影响、可能导致应聘者消极的反应、忽视测评人员的专业化培训等，都是能力测评存在的问题。企业应尽力克服这些障碍，在特定的情境下选用不同类型的能力测评，将能力测评的效果最大化。

（三）情绪智力测评

由于传统认知能力测评的局限性，情绪智力测评越来越多地被企业使用。情绪智力的测量主要采用与人格测评类似的方法（Mayer et al., 2008）。有证据指出，情绪智力与工作绩效相关。研究表明，情绪管理是情绪智力多个方面中与工作绩效相关性最高的，相关系数 $r = 0.18$，而一旦控制与情绪智力相关的个体差异（认知能力、责任心和情绪稳定性），情绪管理与工作绩效之间的关系就会下降到 0.08（Joseph & Newman，2010）。

同时，情绪智力测评也极具争议性：①情绪智力的定义模糊，包含成分过多；②情绪智力与智力及人格强相关，因此与智力测评和人格测评得到的信息有重复；③在控制人格和认知能力的情况下情绪智力的测评效果会变差。因此，情绪智力测评适用于在有情感需求的特定情境中，且一般不与智力测评和人格测评同时使用。

（四）绩效测评和工作样本

绩效测评主要用于评估应聘者的实际工作能力和绩效表现，而非潜在的能力，即绩效测评把实际绩效作为预测指标。典型的绩效测评有实习、工作体验、试用期。

工作样本是指从实际工作中摘取一部分工作内容对应聘者进行考核。工作样本按考核内容可分为动作工作样本和语言工作样本，两者的区别在于动作工作样本侧重于评价应聘者的身体能力，而语言工作样本侧重于评价应聘者的社会交往能力。工作样本按考核方式则可分为高真实性工作样本测评与低真实性工作样本测评，前者力图构建真实情境来模拟实际工作任务，而后者仅通过纸笔或口头语言进行任务介绍与处理。绩效测评和工作样本都是工作绩效的有效预测工具，平均效度 $\bar{r}=0.54$（Hunter & Hunter，1984）。除了高效度外，绩效测评和工作样本还有与工作直接相关、具有很好的跨文化适用性、负面影响较小等优势。

绩效测评和工作样本也有其局限性：①由于要嵌入现实因素、缺乏普遍标准、对具体工作的依附性高，绩效测评和工作样本在各种评估方法中成本最高。企业可以通过多次筛选，减少候选人的人数后，只针对少数素质和能力较高的应聘者进行工作样本测评和绩效测评，在保证高效度的同时降低成本。②如果加入大量的培训，工作样本测评的效果将大大下降。

（五）情境判断测评

情境判断测评是指为应聘者设置一种工作情境，并要求他们做出相应行为选择的测评。情境判断测评同时具有能力测评和工作样本测评的某些特点，是一种混合式选拔方法。

情境判断测评与业务知识测评、工作样本测评相似，但也有一定的差别。具体见表9-2、表9-3。

表9-2 情境判断测评与业务知识测评对比

对比	情境判断测评	业务知识测评
相似性	评估业务知识	评估业务知识
差别1	关注未来可能会面对的工作情境	与工作内容的联系更加明确
差别2	提供视频片段等真实材料	测评材料没有那么全面

表9-3 情境判断测评与工作样本测评对比

对比	情境判断测评	工作样本测评
相似性	评估行为倾向	评估行为倾向
差别	需要应聘者在不同情境下进行多项选择	让应聘者在他人的观察下切实执行任务

研究表明，情境判断测评对工作绩效有一定的预测作用，效度 $\bar{r} = 0.26$ （McDaniel et al., 2007）。情境判断测评比工作样本测评的成本更低，比能力测评的负面影响更小，可以测量程序性知识，且开发简便、成本低廉，适用于大规模的外部选拔（翁清雄、余涵，2019）。

情境判断测评也有一定的局限性：①相较于工作样本和能力测评，情境判断测评效度低一些。②情境判断测评结果与能力测评和人格测评的结果强相关，因此额外的贡献有限。

（六）诚信测评

诚信测评主要用于评价应聘者的诚信品德。诚信测评有两种，分别为明确目的的诚信测评和隐晦目的的诚信测评。比如，明确目的的测评直接测量应聘者对盗窃的态度；隐晦目的的测评则通过人员反馈量表等方法测评应聘者人格，进而评估其诚实品质。

诚信测评具有许多优点：①无论是明确目的还是隐晦目的的诚信测评，都能有效预测破坏性生产行为，明确目的测评的平均效度（$\bar{r} = 0.55$）比隐晦目的测评的（$\bar{r} = 0.32$）高，同时，两者都能有效预测工作绩效（分别是 $\bar{r} = 0.33$，$\bar{r} = 0.35$）。②诚信测评优化了认知能力测评的结果。③诚信测评广泛适用于不同的岗位和企业，对于一些对任职者道德品质有较高要求的岗位，如会计师、医生等，诚信测评极为重要（Ones et al., 1993）。

使用诚信测评也容易遇到一些问题：①容易造假。②可能导致应聘者被错误归类或被污名化，这一问题可以通过规范的流程来规避。③诚信测评可能会让应聘者产生不被信任感，因此，企业需要在开展诚信测评前对应聘者进行充分的解释与安抚。

（七）兴趣、价值观和偏好量表

兴趣、价值观和偏好量表与其他评估方法不同，其主要目的是评估应聘者在岗和离岗时偏爱的活动。优秀的工作绩效不仅要求员工具有较强的工作能力，还需要员工对工作有兴趣。然而，尽管兴趣对于工作绩效十分重要，其在人员选拔中并不常用。

兴趣、价值观和偏好的测评可以被标准化，其中使用最广泛的两种兴趣量表是斯特朗职业兴趣量表（SVIB）和梅耶斯－布里格斯类型测评（MBTI），这两种量表都能有效地将不同兴趣的个体区分开来。

尽管过去的研究普遍认为兴趣量表并不能有效地预测工作绩效，但这并不意味着兴趣量表完全无用。有研究指出，当个体的兴趣契合工作要求时，个体对工作将会有更高的满意度，进而会更倾向于维持当前工作（Assouline & Meir，1987）。因此，兴趣量表是职业选择和工作满意度的有效预测工具。

兴趣量表也有一定的局限性。兴趣量表在企业选择上的作用远不如在职业选择上的作用，其在进行职业选择的情境下使用效果更佳。

（八）结构化面试

虽然非结构化面试是最常用的实质性选拔方法，但由于其提问与回答均非事先设计好的，同时受到晕轮效应、对比效应等因素的干扰，往往具有较强的主观性，面试官难以对应聘者做出客观准确的评价，信度和效度均较低。

结构化面试是标准化的测评手段，其提问与回答标准都是事先设计好的。结构化面试的主要特点有：①问题基于工作分析；②对所有应聘者询问同样的问题；③对每个问题的回答进行标准化打分。结构化面试具有效度高（$\bar{r} = 0.31$）、通过标准化程序尽可能排除面试官个人因素影响、缓解对应聘者中少数群体的负面影响等优点（McDaniel et al.，1994）。同时，结构化面试在大多数情境下都适用。需要注意的是，在进行结构化面试前，需要做好面试的准备与试题编制工作，并对面试官进行充分的培训，提高面试的信度与效度。

与初始性评估方法的选择类似，对实质性评估方法的选择同样可以从使用频率、成本、信度、效度、效用、申请者反应和负面影响等角度进行分析。从表9－4可以看出，不同评估方法各有优劣。总体上看，能力测评、绩效测评和工作样本、诚信测评、结构化面试的评估效果较好，企业应根据自身的实际情况有选择地采用各种方法。

表 9－4　实质性评估方法比较

预测工具	使用频率	成本	信度	效度	效用	应聘者反应	负面影响
人格测评	低	低	高	中等	?	消极	低
能力测评	低	低	高	高	高	消极	高
情绪智力测评	中等	低	高	低	?	?	低
绩效测评和工作样本	中等	高	高	高	高	积极	低
情境判断测评	低	高	中等	中等	?	积极	中等
诚信测评	低	低	高	高	高	消极	低
兴趣、价值观和偏好量表	低	低	高	低	?	?	低
结构化面试	中等	高	中等	高	?	积极	混合
团队测评	低	中等	?	?	?	积极	?

注："?"表示不确定，因为缺乏有信服力的研究。

三、选择性评估方法

选择性评估方法也称斟酌性评估方法，是从通过实质性筛选阶段的入围者中选拔出接受工作机会的应聘者。

选择性评估方法受到决策者个人因素的影响较大，只有在入围者并不都能得到工作机会的情况下才会使用。选择性评估方法主要对胜任力以外的素质进行评估，包括评估应聘者与企业的匹配程度、工作动机水平（工作动机是否不纯）及在企业中的组织公民行为等，对应聘者进行进一步的筛选，进而选拔出最合适的人才。无论是否真正使用，在进行选择性评估之前必须先经过初始性评估和实质性评估。

四、权变性评估方法

权变性评估方法也称基于条件的选拔方法，其对于岗位入围者提出一些条件要求，应聘者只有满足这些附加条件才能成功加入企业。在招聘实践中，权变性评估方法较少被使用，其使用与否与工作性质和法律要求密切相关。根据法律的要求，权变性评估方法主要包含成瘾式药品测试和身体健康检查。

（一）成瘾式药品测试

为了规避成瘾式药品引起的问题，不少企业利用成瘾式药品测试项目来筛除滥用药品的人，主要通过体液分析、头发分析、瞳孔反应测试、机能测试和诚信测评来进行成瘾式药品测试。

按照规定的流程，药品测试的结果具有较高的准确性。虽然尚不清楚药品测试与应聘者绩效的明确关系，但药品测试确实能预测一些影响生产的行为，是有效的预测工具。另外，如果应聘者认同药品测试的必要性，他们将更可能对工作表现出积极的态度。据此，企业可以通过有效实施药品测试项目对应聘者进行权变性评估。

（二）身体健康检查

健康检查用于评估应聘者潜在的健康风险。为了避免错误淘汰与歧视，健康检查的使用必须十分谨慎。

很多企业使用健康检查，但是由于不同医生执行健康检查的流程存在差异，健康检查结果的信效度较低。对此，企业可以制定基于工作内容的健康标准或者使医生的诊断标准化，从而提高测评的内容效度。在我国，健康检查以企业自行组织为主，通过定期组织员工进行健康体检，既可以有效排查员工的健康隐患，又可以加强员工的归属感。

第十章 内部选拔

第一节 内部选拔概述

一、内部选拔的概念

内部选拔是对企业内部的应聘者进行衡量、评估，为企业空缺岗位挑选合适人选的过程。内部选拔主要通过人员晋升系统和人员调动系统，实现岗位升降或岗位调配。相较于外部选拔，内部选拔在信息可证实性、信息相关性、时效性方面具有相对优势，因而当企业内部出现岗位空缺时，管理者往往会优先考虑从企业现有人员中进行选拔。

通过内部选拔，企业可以实现两大效果：①招聘满意的员工来填补企业的空缺岗位；②促进内部员工间的竞争，激发员工的工作热情。

二、内部选拔理论

外部选拔的理论和逻辑在内部选拔中同样适用。外部选拔理论，例如劳动力市场信号理论、吸引—选择—磨合理论、MARS 模型等，同样可以解释内部劳动力市场中企业与员工相互吸引、选择、磨合的过程。由于内部选拔主要针对内部员工，除了上述理论以外，本节还增加了胜任力模型、锦标赛理论和绩效考核。

选拔逻辑如图 10 - 1 所示，即根据申请者以往的经历预测其知识、技能、能力和其他特征，进而形成对申请者在新工作情境下的绩效、工作满意度、工作留存率、工作出勤率等资质的整体评估，并据此做出内部选拔的决策。不同于外部人员招聘，内部人员招聘中以往工作经历还包括员工在企业中的现有工作经历。

图 10 - 1　内部选拔的内在逻辑

结合以上选拔理论及其内在逻辑，下面将阐述如何利用它们指导内部人力资源的选拔。

（一）基于胜任力模型实现内部选拔与企业战略的结合

胜任力模型是企业针对不同岗位而提出的员工素质需求，以期达到人与岗位相匹配的最佳效果。胜任力是员工胜任目标岗位所需要具备的一系列素质的组合，这些组合可以分为知识能力、内在动机、自我形象和社会角色特征等方面。该模型不仅可以运用于员工招聘与选拔，还可以作为员工开发的指导。

人员选拔是人力资源管理战略的一个重要组成部分，以往的人员选拔重视员工的技能和工作绩效等外显特征，对难以测量的核心动机和工作态度等内在特质的关注较少。而基于胜任力的内部选拔关注员工是否具有新岗位所要求的深层次胜任力，可以避免人员与新岗位不匹配的困境（Doran，2001）。

基于胜任力模型进行内部选拔还有以下优点：①通过完善各职位族的胜任力模型，结合有效的人力资源测评手段及能力盘点，可以对员工的深层次特质进行深入的分析，为合理使用和开发企业人力资源提供更有效的指导。②根据能力盘点及绩效评估的结果，可以更有效地识别企业的核心人才及高潜人才，为构建后备人才梯队提供强大的信息支持。③胜任力模型并不是一成不变的，而是随着企业战略变化及时进行调整与更新，具有动态性（李明斐、卢小君，2004）。在进行战略制定后，需要根据企业战略对岗位胜任能力库中各项能力的定义、行为描述、评价方式进行回顾与更新，增添未来一到两年甚至三到五年企业需要的核心能力，删减由于技术发展和企业战略调整而过时的能力要求，从而不断优化能力模型库。通过一个完善的、动态更新的胜任力模型来精准、深入地识别、了解和分析企业内部人员，促进内部选拔与企业战略的紧密结合。

（二）基于吸引—选择—磨合理论实现员工与企业的匹配

吸引—选择—磨合理论以人—环境匹配为基础，认为员工会根据自己的兴趣、经验、价值观、个性等因素，被类似于自身人格特质的企业吸引，通过企业的选择及自我选择进入企业，再经组织社会化历程产生留任或离职的情形（Schneider，1987）。通过这一过程，留在企业内的员工的个人目标和价值观逐渐与企业相匹配，随时间而产生同质性增加。

吸引—选择—磨合理论强调员工价值观与企业文化的一致性。价值观、态度等与能力不一样的地方是，能力多元互补有利于企业绩效，而价值观相悖对企业来说则是一个灾难。当员工的价值观和优先事项与他们所在企业的价值观和优先事项相匹配时，他们会更快乐，更有可能选择留在企业，同时更有可能实现工作绩效的提高。那些与企业价值观、态度等不同或有冲突的员工则会选择离开，使企业同质性增强（Cooman et al.，2009）。

吸引—选择—磨合理论实质上体现的是企业和应聘者根据彼此需求的满足程度进行双向选择的过程，内部选拔就是企业与员工需求的深度评估与再匹配的过程。内部选拔时，需要使用测评工具来评估员工和企业基本特征的一致性程度，企业可以基于员工以往表现了解员工的价值观和个人属性等深层次特征，降低信息不对称程度（Ployhart et al.，2006；Saragih & Prasetio，2020）。

（三）基于锦标赛理论实现激励、绩效的最大化

锦标赛理论所涉及的激励对象主要是企业的管理层，该理论认为管理者的薪酬水平会随着职位的晋升而实现阶梯式跳跃，而薪酬的跳跃会直接影响管理者的工作热情。锦标赛理论有三个主要论点：①职位间的薪酬差距对管理者绩效有巨大的影响，加大管理层之间薪酬数额的差距，将会降低委托人对代理人的监控成本，最终提高企业绩效。②管理者的经营管理能力和努力程度共同决定了他们的管理行为，前者决定了他们"能够"选择的行为，后者决定了他们"愿意"选择的行为。管理者的能力水平取决于管理者的选拔机制，管理者的努力程度取决于管理者的激励机制。③当企业外部存在不确定性因素时，代理人对职位的竞争会随着不确定性程度的增加而增加（邱伟年，2006）。

其中，选拔机制大致可划分为两类：一类是通过竞争机制进行考核选拔、竞争上岗；另一类是指派机制，如家族企业指定继承人的方式。这两类选拔机制对代理人的能力有直接的影响。从理性的角度分析，通过竞争上岗选择出最佳代理人的可能性较大；而通过指派机制选择出最佳代理人，对指派者的个人能力要求很高。基于锦标赛理论可以看到，通过考核选拔的竞争机制选拔管理者，通过加大不同阶层管理成员之间的薪酬差距形成薪酬激励，最终可以降低对管理人员的监控成本，提升企业绩效。

（四）基于绩效考核理论实现内部选拔结果的最优化

绩效考核理论认为每家企业都会运用特有的标准，评价员工过去的工作行为和工作业绩，并据此进行人员调配，实现人员在企业中的最佳配置，促进企业目标的实现。

绩效考核的作用主要有：①帮助企业实现战略目标，促进企业成长。通过分解企业战略目标，明确各部门、各岗位对实现企业目标的责任。②发掘企业内部人才，做出有针对性的人员去留决策。企业通过绩效考核优胜劣汰，有助于企业内部人员的优化。③准确把握员工优缺点，了解员工开发培训的需要，有针对性地制订培训计划。④作为评薪定级的依据，有效激励人员。通过内部员工的绩效考核，将员工绩效和薪酬相联系，有助于完善企业激励机制，推动企业持续发展。

1. 利用关键绩效指标考核优化内部选拔过程

关键绩效指标是指将企业战略目标经过层层分解，设立关键绩效贡献的评价依据和可操作性的战术目标，实现对企业核心活动及其效果的直接控制和衡量。其目的是建立一种机制，将企业战略转化为具体的内部管理和控制活动，提高企业效益，促进企业可持续发展。

在采用关键绩效指标考核的背景下，企业战略目标分解量化到部门和岗位，使得依据关键绩效指标完成情况进行内部选拔成为可能。利用过去关键绩效指标完成情况，对其未来绩效进行预测，从而建立公平、合理的内部选拔机制。

2. 利用360度绩效考核优化内部选拔过程

360度绩效考核是指由直接上级、下级、同事和客户对个体绩效进行多层次、多维度的评价。在中高层管理人员的内部选拔中，运用360度绩效考核法的优势明显：①360度绩效考核让员工参与到企业的绩效管理过程中，促进员工对绩效考核工作的理解和支持，提高员工的工作热情和企业忠诚度（Wood，2020）。②转变传统的由上级考评下级的单一选拔路径，不同评价者分别从各自角度对被考核者进行评价考核，因而考核结果能够反映被考核者在多个场景、多个层面的行为表现。综合评价结果更加全面客观，有利于企业从多方面了解员工的综合素质，实现员工与岗位的匹配。

由于360度绩效考核涉及多个考核主体，时间成本和财务成本较高，主要适用于中高层管理人员的考核。我国内部选拔总体上集中于中高层管理人员，因此，360度绩效考核在我国内部选拔中的应用有其独特的价值。

三、内部选拔与外部选拔内在逻辑的异同

（一）不同点

内部选拔和外部选拔作为企业人力资源选拔的两大形式，选拔方式有明显的差别。外部选拔是企业依据岗位任职资格要求和招聘选拔流程，从企业外部众多的应聘者中挑选最符合岗位要求的员工；内部选拔是企业通过观察、考核、评估，从内部现有的人力资源中选出合适的人员来填补岗位空缺。

由于内部选拔和外部选拔的招聘方式不同，其对企业产生的影响也不同。外部选拔具有以下特点：①外部选拔的员工可以为企业带来新思维和新技术，可能为企业带来管理模式和技术方面的突破。由于外部选拔的选择范围更加广泛，有利于从更大范围内搜寻优秀人才，有助于促进企业良性发展。②外部选拔对内部员工形成压力，从而激发内部员工工作的动力。外部选拔的主要缺点是培训成本高、筛选难度大。一方面，新入职者需要花费时间适应企业环境和新岗位；另一方面，由于外部选拔存在较大的信息不对称，企业在招聘选拔时，需要通过多方面的测评以保证选拔结果的可靠性。

内部选拔具有以下特点：①招聘成本低，效率高。企业对内部应聘者的了解更深入，可以更加精准、快速地选拔出合适的人员，用人风险较小。②内部选拔时，企业对申请者过去工作信息的收集更加全面，企业与员工之间的信息不对称相对较小，更容易实现员工与企业相匹配、员工与岗位相匹配的招聘目标。③刺激员工内部竞争。内部选拔意味着员工晋升机会大，促使员工内部形成竞争氛围。④培训成本低。内部员工熟悉企业运营和管理模式，可以更快速地融入新岗位、新角色。但内部选拔可能会产生裙带关系和玩弄职权等不良风气，内部选拔还可能挫败竞选失败者的工作热情。

关于外部选拔与内部选拔的不同之处，还可以参考第八章第二节有关内外招聘渠道优缺点的比较。

（二）相同点

首先，虽然外部选拔和内部选拔的方式、效果不同，但其目的都是实现企业内人力资源的有效配置。其次，内部选拔和外部选拔都是通过员工过去的工作表现来预测其未来绩效，选拔的底层逻辑是一样的。最后，一些人力资源测评技术和方法在外部选拔和内部选拔中都适用。

第二节　内部选拔流程

一、内部选拔的一般流程

内部选拔流程由一系列筛选阶段构成，如图 10 - 2 所示。与外部选拔流程类似，内部选拔从审核申请者到选拔出岗位新员工需要经过四个阶段：初始性筛选阶段、实质性筛选阶段、选择性筛选阶段和权变性筛选阶段。

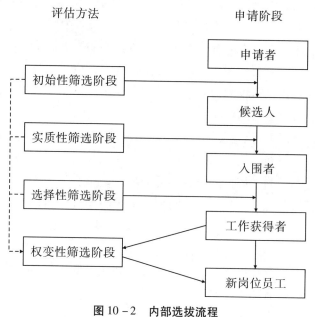

图 10 - 2　内部选拔流程

（一）初始性筛选阶段

内部选拔首先要决定岗位申请者能否成为岗位候选人，岗位候选人是已经具备了岗位所需资格条件的申请者。在初始性筛选阶段，需要从众多申请者中根据岗位要求筛选出岗位候选人。

初始性筛选阶段通过减少申请者数量降低后续阶段对申请者使用评估方法的成本。在进行内部选拔时，开放的招募系统可能会吸引大量的内部申请者。考虑到评估成本较高，初始性评估方法主要用于排除不符合候选人最低资格条件的申请者，使留下的候选人满足最低任职要求。

初始性评估方法主要包括技能清单、同事评估、自我评估、管理者推荐，以及非正式的讨论和推荐。这些方法各有优缺点和适用条件，在企业内部选拔中，通常综合运用各种方法，以达到最佳选拔效果。

（二）实质性筛选阶段

通过初始性筛选初步挑选出合格的内部申请者之后，实质性筛选阶段则是决定哪些内部候选人能够成为入围者。入围者是满足岗位任职资格要求而且完全可以胜任工作的人。相较于初始性筛选阶段对申请者的初步选拔，实质性筛选阶段能得出更加精确的内部选拔结论。

实质性评估方法主要包括资历和经验评估、工作知识测验、绩效评估、晋升潜力评价、评价中心、情境模拟面试、晋升委员会和评价委员会评估等。其中，资历和经验评估方法在内部选拔决策中被广泛采用，评价中心作为一种全面的、多维度的评估方法近年来也在业界被广泛使用。

（三）选择性筛选阶段

选择性筛选阶段用于减少入围者的数量，选拔出工作获得者。考虑到企业岗位空缺数量有限，没有足够的岗位提供给每一位入围者，此时企业会根据组织公民行为、人员配置策略等因素在入围者中进一步筛选，最终选出工作获得者。

与外部选拔类似，内部选拔中的选择性筛选也是高度依赖决策者的直觉判断。在选择性筛选阶段，企业不仅考察入围者岗位胜任力等指标，还综合考虑入围者的上级、同事的意见和建议，全面分析评估结果以保证筛选决策的准确性和公正性。

与外部选拔不同的是，那些未能通过选择性筛选阶段的入围者不会从企业中消失，往往继续留在企业工作。因此，在缩减最终入围者数量时，评估人员要注意考虑那些经历多次评估的员工。在其他条件相同的情况下，先前的入围者应当优先录用，避免员工因为多次失去工作晋升机会而降低工作积极性。企业可以建立内部人力资源数据库，保存落选者的工作经历、工作能力等重要资料，在相应的岗位出现空缺时，向其发出邀请。这种方法既节省了招聘费用，缩短了招聘时间，又满足了内部员工的晋升需求，实现企业与员工双赢。

（四）权变性筛选阶段

权变性筛选阶段是对入围者的最终考察阶段，经过前面三个阶段的考核与筛选，企业已经对入围者的特质和能力有了较为充分的认识。在进行权变性筛选时，人力资源部要意识到内部招聘的员工在其新岗位上是新员工，通过适当的试岗或轮岗工作，可以对内部员工的资质做出最后的权变性考察。

通常情况下，权变性筛选并不是经常使用，这取决于工作的性质和法律要求。在某些特殊岗位的筛选中，企业有必要对申请者进行药物检测、身体健康检查等。由于内部选拔的选拔对象是企业熟悉的内部员工，企业通常对内部员工的身体健康状况有比较充分的了解，故而使用权变性筛选的情况很少。

二、内部选拔流程的设计原则

（一）信息对称，选拔机制公正透明

在进行内部选拔之前，需要先明确企业战略目标，确定合理的选拔指标，并据此选择合适的评价、考核方式。通过明确企业战略与选拔标准，提出具体岗位所需的任职资格要求，才能找到满足岗位要求的员工。

在内部选拔过程中，企业还要关注与员工之间的信息不对称问题。在岗位申请阶段，应向申请者尽可能具体地披露岗位的职能、薪酬待遇和所需的知识能力素质等方面的信息，使员工能够以此为标准充分评估自身能力，积极参与内部选拔。同时，对候选人的表现应当留存备案，必要时予以披露；对候选人的淘汰决策需要有理有据，让被淘汰者信服，尽量保证内部选拔机制公开透明；避免员工产生不公平感和不满情绪，防止产生负面影响。

（二）规避歧视，选拔标准客观平等

在内部选拔流程中，可能会出现玻璃天花板效应，即设置一种无形的、蓄意的障碍，致使某些有资格的候选者在晋升时面临阻碍。公正客观的内部选拔流程应当注意规避对职场弱势群体的歧视。评估者应遵循选拔计划和岗位要求中规定的客观标准，保障全体员工的职业发展权利，不能针对个别员工或企业内的小群体，更不能"量身定做"歪曲选拔标准。

（三）宣传到位，激发员工竞争意识

企业向员工披露内部选拔信息只能起到信息传递的作用，要想推动员工参与内部选拔，激励员工间相互竞争，还需要辅以多方面的宣传和引导。例如，构建崇尚竞争、拼搏进取的企业文化，清晰展现待遇差距形成薪酬激励、唤起员工职

业生涯规划的意识等，使员工在了解内部选拔条件的基础上，以更加饱满的自信、积极主动的状态参与到内部选拔的竞争中来，从而促进企业持续发展。

（四）因地制宜，综合采用多种方式，择优录取

内部选拔机制应当依据企业内部环境和岗位能力要求，综合考虑成本、产出等多方面因素，因地制宜，综合采用多种方式择优录取。内部选拔可以综合采用自我评估、同事评估、工作知识测验、评价中心等多种方式，提高内部选拔决策的可靠性。同时，学习优秀企业的内部选拔原则与理念，但不能盲目照搬，应当以企业管理文化和岗位特征为基础，注意不同企业、不同岗位的内部选拔流程应当有所区别。在采用多种方式对内部申请者进行评估后，企业应综合评估结果，择优录取。

（五）避免裙带关系和其他人为因素的干扰

内部选拔时，企业还要从企业层面对高层管理者进行制度上的监督和规范，避免高层管理者滥用职权，内定岗位继承人或对岗位继任者施压。企业要保证选拔结果的公正性，避免引发员工间的争议，规避由此带来的员工工作积极性降低和企业效益降低等负面影响。

三、内部选拔流程设计的影响因素

（一）企业所处的行业类型

不同行业的企业对内部选拔的要求不同，对内部选拔流程中各环节的关注也有所差异。风险较高、反馈较慢的行业，如航空业、重工业的企业，对高学历人才的需求更加强烈，因而申请者学历的高低、经验的丰富程度是企业进行内部选拔的重要考虑因素。因此，这类企业选拔流程的重点在于初始性筛选阶段和实质性筛选阶段，并且企业内部往往建立有人才评估与继任系统，以便更好地考察员工的绩效水平和职业发展情况。

风险较低、反馈较快的快节奏行业，如餐饮行业的企业，对员工的需求量大，且企业经营因受到营业周期等因素的影响而呈现较大的波动性，人才需求的变动很大。因此，这类企业在进行人力资源选拔时对员工学历的要求较低，而更加重视工作经验、履历和及时反应能力。这种情况下，企业会更加重视实质性筛选阶段的设计和评估，在选择性筛选阶段和权变性筛选阶段投入的时间则较少。

（二）企业的性质

一般来说，企业的性质不同，其对选拔流程中各个环节的重视程度也不同。对于私人企业来说，由于企业规定相对更加自由，对初始性筛选阶段、权变性筛选阶段的关注较少，而更加重视实质性筛选阶段的设计，以求从企业内部找出最有能力、最适合岗位要求的员工，在提升企业内部运营效率的同时，促进企业内部公平选拔的氛围，带动员工工作积极性的提升。

我国的国企和事业单位，由于性质特殊，高层管理人才的选拔大多经由内部选拔实现。同时，由于需要满足符合国家或政府规定的前提条件，国企和事业单位内部选拔的标准往往也更高，对内部选拔的全流程和各环节都十分重视，内部选拔流程设计也更为完善。

（三）岗位类型

对于基础性、人员需求量较大的岗位来说，选拔流程设计的重点在于实质性筛选阶段，主要筛选方法是资历和经验评估方法。通过该流程选拔出的资历和经验丰富的内部员工，通常能够很快适应新岗位，保证企业工作的迅速开展。

对于较高层次、需要战略性眼光和充分了解市场的岗位来说，选拔流程设计的重点在于选择性筛选阶段，通过高标准的考察和选拔，筛选出具有更出色的沟通能力、问题解决能力和决策制定能力的候选人，从而促进企业发展潜力的提升。

四、内外部选拔流程的异同

（一）相同点

内外部选拔都以招聘合适的人才、人尽其才、才尽其用为目标。两者的选拔流程框架基本相同，都可以分为初始性筛选、实质性筛选、选择性筛选和权变性筛选四个阶段。合理的选拔流程能够降低招聘失误或裙带关系等干扰因素的影响，提高选拔结果的可靠性，为企业选拔出满足岗位要求的优秀人才。内外部选拔都需要考虑选拔流程的合法性问题，选拔流程应符合法律、伦理规范和社会普遍期望。

（二）不同点

与外部选拔相比，内部选拔对候选人更加了解，可获得的信息更多，选拔流程的预测效果更有保障。

因此，内外部选拔采用的筛选方法有所差别。例如，在初始性筛选阶段，外部选拔由于缺乏对竞聘者的了解，采用简历、求职信和背景调查法等方法，形成对申请人的初步认识；而内部选拔则可以依据技能清单、同事评估和管理者推荐的方法，在初始性筛选阶段就形成对候选人工作胜任度的有效判断。在实质性筛选阶段，外部选拔主要采用人格测评、情绪智力测评、工作样本、情境判断测评、诚信测评等方法；内部选拔则采用资历和经验评估、绩效评估、晋升潜力评价、评价中心、晋升小组和晋升委员会评价等。

第三节　内部选拔方法

一、初始性评估方法

初始性评估阶段主要用于排除不符合最低资格要求的申请者。主要方法包括技能清单、同事评估、自我评估、管理者推荐，以及非正式的讨论和推荐等。

（一）技能清单

在初始性筛选阶段，往往需要对申请者进行一个简单的基于技能层面的评估，可以列出申请者的技能清单。技能清单是用来反映员工工作能力特征的一张列表，内容包括一些基础技能和与工作内容高度相关的专业技能。例如，反映员工能力特征的选项包括教育水平、外语能力、计算机水平等有资格证书证明的技能，以及团队协作能力、领导能力等由履历证明的技能。

技能清单是对员工竞争力的集中反映，可被人力资源规划人员用来作为人员调配的依据。人力资源规划人员可以根据员工技能清单估计企业现有员工调换工作岗位的可能性，以及做出由哪些员工补充岗位空缺的决定。技能清单的优点在于能直接客观地反映申请者在技能掌握方面的岗位胜任力，但在评估一些无法用证书衡量的技能方面有所欠缺，同时技能清单方法还存在技能造假的隐患。

（二）同事评估

在内部选拔的初始性评估阶段，出于对岗位申请者进行全面评估的考虑，评估者常常会采集企业内其他员工对该申请者的评价。同事评估可以采用同事评价、同事提名和同事排序三种方式（Kane & Lawler，1978）。

同事评估的优点是：①由于同事与申请者之间有长时间的工作接触，心理距离感较近，同事对申请者往往有着清楚的认识，因而同事评估可以更加真实、客观地反映申请者工作的常态，也能在一定程度上反映申请者与企业内其他员工的人际关系，可以评估该申请者的领导能力、团队协作能力和沟通交流能力。②同事的参与可以提高企业员工的公平感。

但是，同事评估也存在一些局限性：①可能会对同事之间的人际关系带来影响，破坏同事之间的感情。②同事评估的标准常常不太清晰，可以使用工作要求矩阵形成清晰的评估标准。

（三）自我评估

在初始性评估阶段，也需要申请者对自身做出评价，以作为岗位调配的决策基础。通过申请者的自我评价，可以判断申请者是否存在"自卑"或者"过度自负"等性格缺点。

需要注意的是，自我评估方法不能作为评估的主要依据，只能作为一个辅助工具。一方面，自我评估可能会提升申请者认为自己被选中的期望；另一方面，该方法经常会造成自我评价偏高或偏低的谬误。但也正是基于此，招聘单位可以从申请者的自我评价中捕捉其隐藏的性格特征。

（四）管理者推荐

在内部选拔中，通过申请者的直接上级去鉴定下属的能力和特质的方式被广泛采用。管理人员凭借多年的管理经验、积累的职业素养及对下属的充分了解，能够形成自己对一个员工能否胜任新岗位的判断，因而可以快速做出评估和决策。管理者推荐在初始性评估阶段可以将候选人快速缩小到一个合理的范围，极大地提高内部选拔的效率。但在运用管理者推荐方法时应当注意避免"近亲提拔"的内部腐败现象。

（五）非正式的讨论和推荐

并非所有的内部选拔决策都是基于正式的选拔程序和规范而做出的。在实际内部选拔过程中，很多选拔决策都发生在正式评估方式之外，通过非正式的讨论和推荐而做出。非正式的讨论和推荐同样可以在初始阶段缩小候选人范围、提高选拔效率，是对管理者推荐方法的补充。但是这种方法存在极大的主观性，决策的有效性和可靠性难以保证。

初始性评估方法的选择需要考虑方法使用的便利性、成本、信度、效度，以及对申请者的影响。以上提及的初始性评估方法中，自我评估更能反映出申请者自身不易察觉的性格特征，而同事评估则更能客观公正地反映出申请者的工作能力、团队协作能力和人际关系处理能力。技能清单最能直观地知晓申请者是否掌握胜任岗位所需的技能，但需要考核者严格审核，避免技能的虚报造假。非正式的讨论和推荐与管理者推荐可以快速缩小选拔范围，提高效率，但需要注意避免管理者近亲提拔、拉帮结派等企业内部问题。

二、实质性评估方法

企业在运用初始性评估方法初步挑选出合格的应聘者之后，需要使用实质性评估方法来决定哪些候选人能够成为入围者。相较于初始性评估方法，实质性评估方法能够进一步筛选出更高水平的候选人。内部选拔的实质性评估方法主要有资历和经验评估、工作知识测验、绩效评估、晋升潜力评价、评价中心、情境模拟面试及晋升委员会和评价委员会评估等。

（一）资历和经验评估

在实质性评估阶段，资历和经验评估在内部选拔决策中被广泛采用。资历是指员工在企业服务或任职时间的长度，资历评估是纯粹的量化测量；而经验评估不仅考察员工在不同企业与岗位上服务的时间长度，还会对员工在岗位上完成工作的种类加以分析（赫伯特等，2017）。有些无法通过专业证书评估的能力可以通过资历和经验来评估，比如领导力和团队协作能力。例如，如果申请者曾经担任过车间主任或者班长，可以初步判断该员工具有一定的领导能力。

和资历评估相比，经验评估被认为是更有效的内部选拔方式，因为过去的工作种类与绩效更能衡量员工的工作能力并预测未来绩效。如果过去的工作内容与现在的工作内容相似，经验对于评估员工与竞聘岗位的适配性将更有借鉴作用。

但资历和经验评估法有以下两点缺陷：①资历与经验评估方法的广泛应用可能会使员工产生一种印象——职位晋升是那些有着老资历和丰富经验的老员工的专属，从而抑制新员工的工作积极性。②经验评估是对申请者过去任职岗位的认识，而对申请者未来岗位潜力等方面考察不足，因而更适合预测员工的短期潜力而非长期潜力。

（二）工作知识测验

工作知识测验同样是科学客观的评价方法之一。工作知识测验评价的是企业员工对特定工作所需知识的掌握程度，通常采用纸笔闭卷形式。工作知识测验做到了程序公平，但在执行过程中需要注意三个问题：一是在开发纸笔测验时必须明确问题设计的内容范围；二是要避免考试泄题、作弊和其他舞弊现象；三是要注意题目与实践相联系，避免出现"高分低能"的现象。

（三）绩效评估

对员工未来工作绩效的一个直接的预测指标就是过去的工作绩效。绩效是最能反映员工真实工作能力的指标，因而绩效评估方法在实质性评估方法中占据重要地位。在许多企业中，员工的绩效数据被周期性地收集整理，可以作为内部选拔的重要依据。

绩效评估方法具有以下优点：①由于多数企业都有记录、保留员工工作绩效的制度规定，因而绩效评估的数据易于获得。②绩效评估关注员工的工作结果，评估标准明确且具有相对稳定性。

但是，绩效评估也存在不少局限性，在使用绩效评估时需要注意一些问题：①内部选拔的对象多为中高层管理人员，对于这些管理者来说，技术能力、业务能力的重要程度可能不及人际关系处理能力、问题分析能力等管理能力，因此，在选拔中高层管理人员时不宜让绩效考核占据过大的权重。②只有当员工现在从事的工作内容与新岗位的工作内容之间具有较强的相似性时，绩效评估才有效，而在内部选拔中，这种强相似性并不能得到很好的保障。③彼得原理，即个体总是会晋升到他们不能胜任的岗位，以绩效评估作为晋升依据很可能造成企业人力资源的浪费。④在运用绩效评估方法之前，要全面回顾员工过去的绩效情况，并根据工作分析了解员工在不同维度下的绩效表现。

（四）晋升潜力评价

晋升潜力评价又称晋升可能性评估，是对员工晋升到更高层级岗位的潜力的评估，往往需综合考量员工的学历程度、年龄、身体健康状况等，在实质性评估中具有重要意义。研究表明，一名员工越年轻、学历程度越高，其晋升潜力就越大，这对于提升企业创新力大有裨益。晋升潜力评价在企业中应用广泛，不仅适用于内部选拔，还适用于人员培训和开发。

（五）评价中心

评价中心是以测评管理素质为目的的、标准化的评价活动。评价中心通常由多名评价者采用多种测评方法对被测评者进行评价。评价中心主要针对高级管理人员的选拔，被认为是一种有效的测评方法。但是评价中心方法的时间成本与经济成本较高。

评价中心方法有很多优点：①综合多种测评技术对人才进行筛选。评价中心摒弃了机械地套用某一测评方法的模式，根据测评目的有针对性、有选择性、灵活地使用各种测评技术。②标准化的行为解释。运用评价中心方法时，评价人员对被测评者行为和心理状态的观察、评估和判断，都需要严格遵循测评指标和评分标准。③内容效度和表面效度高。评价中心方法主要是在与真实的工作情境十分相似的模拟环境下进行的，因而能够直接观察和测评被测评者解决实际问题的能力，评估结果具有较高的内容效度和表面效度。④兼具选拔与培训。对于内部选拔来说，评价中心方法不仅能够为企业挑选出优秀的管理人才，还能在选拔评估的过程中训练候选人的管理能力，使选拔与培训融为一体（殷雷，2007）。

但评价中心方法也存在不少局限性，需要在运用时谨慎考虑：①评价中心对评价人员的要求较高，需要对评价人员事先进行专门的培训，使评价者充分了解测评指标和评分标准，掌握行为观察和记录的方法。②由于评价中心实施成本高，典型的评价中心方法只适用于高层管理人员的内部选拔，使用范围有限。③评价中心不能测评内部候选人所有的管理特质，如领导威信、成就动机等。因此，在使用评价中心方法时，应当与心理测验等其他评估方法相结合，提升评估结果的效度（殷雷，2007；Spychalski et al.，1997）。

（六）情境模拟面试

情境模拟面试将岗位申请者置于一个事先设计好的特定情境中，让申请者处理各种事件，以评价其工作胜任能力。情境模拟面试主要考察申请者处理紧急事件的能力与反应速度，主要目的是对申请者的动态胜任能力进行考察。

情境模拟面试具有以下特点：①真实可靠性。申请者在模拟工作环境中面临的问题与真实情境相似，在面试中处理问题的过程反映了其在真实的工作情境中的胜任力。②直观性。在情境模拟面试中，申请者将自己的行为过程完全暴露在考察者面前。③标准化。情境模拟面试属于结构化面试的一种，内容、形式、程序、评分都按照统一的标准进行，具有较高的信度和效度。

（七）晋升委员会和评价委员会评估

通过晋升委员会和评价委员会进行内部选拔的评估方法主要运用于公共部门。晋升委员会中往往包含企业高层领导及员工代表、股东代表，其作用在于为内部选拔把好最后一道关。如果入选员工没有通过晋升委员会的最终评审，则无法获得晋升机会。晋升委员会评估方法的优点在于增加了整个内部选拔流程的稳定性，降低了选拔失误的风险；但这种评估方法可能造成选拔环节冗余，降低内部选拔效率。

实质性评估方法的选择同样需要考虑方法使用的便利性、成本、信度、效度和对申请者的影响等因素。实质性评估方法多种多样，其中，资历和经验评估与工作知识测验能够考察员工的专业知识和技能；绩效评估最能直观反映员工的工作能力，虽然不够全面，但不可或缺；晋升潜力评价直接与内部选拔的有效性挂钩；评价中心最为精细全面，但成本较高；晋升委员会和评价委员会评估具有统筹规划、监督并确保选拔公平公正的作用。这些方法各有优劣，综合使用多种评估方法可以使实质性筛选决策更加有效。

三、选择性评估方法

选择性评估方法用于从岗位入围者中选拔出工作获得者。企业在进行选择性评估时除了考察候选人的技能、知识水平等要素外，还常常考虑多方的意见和建议，以保证评估结果的准确性和公正性。不同于外部选拔，内部选拔还要注意处理落选人员问题，因为那些未能通过选择性评估的候选人会继续留在企业中工作。在其他条件相同的情况下，评估者应当优先录用先前入围者。

四、内部选拔方法与外部选拔方法的异同

内部选拔方法与外部选拔方法的相同点在于两者都需要对申请者进行多角度、全方位的评估，考察申请者专业知识技能、领导沟通力、组织协调能力、应急反应能力、身体健康状况等多种素质。内外部选拔方法虽然具体内容不同，但都是以为企业特定岗位招募合适的人才为目标，期望实现人员与岗位相匹配。

在内部选拔中，由于申请者来自企业内部，对申请者十分熟悉的管理者和同事的评价具有很高的参考价值，因此，内部选拔方法中管理者推荐和同事评估占据了较大的权重。而对于外部选拔来说，由于申请者来自企业外部，他们需要向

招聘者证明自身的工作胜任能力，因此，首先要用简历和求职信、申请表、推荐信等来证明自己的工作能力。

在内外部选拔的具体方法设计上，两种选拔路径的关注点有所不同。内部选拔时，因为测评者对申请者比较熟悉，评估重点就放在实际绩效结果和潜力的评价上。而在外部选拔时，因为测评者对应聘者不熟悉，除了评估以往绩效和潜力外，还应重视对应聘者个性特征的了解，如采用人格测验、价值观测试等。

第十一章　人员的筛选与录用

第一节　预测指标选择和多种预测指标的综合方法

一、预测指标的选择方法

在招聘过程中，为了对应聘者的岗位胜任力进行准确评估，企业通常需要选取合适的评估指标对应聘者的各项素质给出量化得分。如果应聘者在这些评估指标上的得分较高，就预计他们进入企业后也会取得较好的绩效，所以这些评估指标也叫预测指标。根据选取的预测指标的数目，可以分为单一预测指标法和多重预测指标法。由于单一预测指标通常无法全面地反映应聘者的综合素质，因此，实践中企业通常采用多重预测指标法，即根据岗位胜任力选取多个预测指标组成综合预测指标体系，同时评估应聘者多方面的素质。本节主要讨论多重预测指标。

企业在采用多重预测指标时需要遵循以下原则：选取的预测指标要有较高的效度，且各个预测指标的内容不重复。同时，要使测量指标的效用最大化，即用最低成本获得最大收益。具体来说，企业在选择预测指标时，需要注意五个方面：一是测评工具的信效度；二是预测指标与效标之间的相关性；三是各个预测指标之间的关系；四是预测指标效用分析；五是预测指标的负面影响。

（一）测评工具的信效度

测评工具的信度、效度是衡量测评工具科学性、有效性的重要指标，在对预测指标进行量化时，要尽量采用信效度高的测评工具。通常情况下，测评工具的信度可以采用内部一致性系数来表示，效度可以通过内容效度或构思效度来衡量。

（二）预测指标与效标间的相关性

预测指标与效标之间的相关性也叫关联效度。关联效度越高，预测指标准确预测未来工作绩效的可能性就越大。通常情况下，预测指标与效标之间的相关性可以通过效度系数大小来表示，即通常通过效度系数的显著性水平来衡量。效度系数的显著性包括效度系数的实践显著性和统计显著性两种。

1. 实践显著性

实践显著性指的是预测指标能增加成功预测工作绩效的概率，主要通过效度系数的大小来反映。

效度系数的大小在 0～1.00 之间，效度系数越大表明预测效果越好。但在实际测量中，效度系数受现实条件的制约很难达到 1.00，通常在 0～0.60 之间。一般认为效度系数高于 0.15 的预测指标具有中等有效性，效度系数高于 0.30 的预测指标具有较高的有效性。为达到有效预测，我们通常采用效度系数不低于 0.30 的预测指标（Herbert et al., 2014）。

2. 统计显著性

统计显著性是指预测指标与效标的关联效度系数在统计上是否达到了显著性水平，用概率或 p 值表示。一般而言，p 值要求低于 5%，即发生错误的概率不超过 5%。因此，若预测指标与效标在 $p < 0.05$ 时显著相关，则认为该预测指标在统计上是显著有效的。

值得注意的是，效度系数的统计显著性受样本量的影响，样本量过小可能导致效度系数在统计上不显著，有可能会错误地拒绝一个有效的预测指标。因此，要有足够的样本量才能减少样本量对效度系数统计显著性的影响。

（三）预测指标之间的关系

预测指标之间的相关性也会对预测指标体系的有效性产生影响。如果多个预测指标之间具有较高的相关度，意味着这些预测指标测量的内容相似，测量内容有较多重叠而产生冗余。为了减少冗余，各个预测指标之间最好是低相关。

当有多个预测指标之间因为内容相似而具有较高的相关度时，可以筛选剔除某些相关性高的预测指标（通常仅保留其中一个预测指标），提高预测指标体系的有效性。例如，学历和受教育年限均反映申请者过去接受教育的经历，那么就没有必要同时使用学历和受教育年限这两个预测指标，选择其中一个指标即可。筛选剔除的方法是测量这些预测指标之间的相关度、每个预测指标和效标之间的相关度，然后对测量结果进行比较分析。如果某个预测指标与其他预测指标之间的相关度低，而与效标之间的相关度高，那么该预测指标通常是有效的；如果预测指标与其他预测指标相关度高，而与效标的相关度低，则表明该预测指标对预测成功没有帮助。

（四）预测指标效用分析

在实践中，不仅要关注测量指标的有效性，还需要根据岗位重要性和实际需求使测量指标的效用最大化。测量指标效用是指某个预测指标的使用能够为人员录用带来的期望收益，主要包括成功录用收益和经济效益两种类型，下面将进行具体介绍。

1. 成功录用收益

成功录用指通过了测评的员工在未来的工作中也取得了成功。成功录用收益指在选拔过程中，增加一个新的预测指标能够提高成功录用的比率。该收益受录用比率、基础比率和新增预测指标的效度的影响。

录用比率指本次招聘中录用的比率，等于本次招聘中录用人数与申请人数的比。录用比率较低主要有两种情况：一种是申请人数多，这时企业可以精挑细选；另一种是录用人数少，这意味着企业的录用条件比较苛刻，期望录用到素质更高的员工。因此，在其他条件相同、录用比率低的情况下，增加预测指标有助于提高成功录用的收益。

基础比率指原来成功录用的比率，等于企业中原有优秀员工数与全体员工数之比。高基础比率可能源自原来选拔方法的有效性，即仅用原来的预测指标就能选到合适的员工。高基础比率也可能源自企业良好的人员配置系统或其他人力资源实践，企业有能力高质量地培养新招聘的员工，使其在未来的工作中获得成功。在其他条件相同、高基础比率的情况下，增加一个新的预测指标能够增加成功录用收益的程度有限。

新增预测指标的效度越高，就越能够准确预测员工未来工作的成功。因此，其他条件相同的情况下，新增预测指标的效度越高，越有助于提高成功录用收益。

企业在评估是否增加新的预测指标时，需要综合考虑录用比率、基础比率和新增预测指标的效度三方面的影响。可以通过泰勒－罗素预期表来对成功录用收益进行评估，该表是根据相关概率原理提出的统计表（Taylor & Russell，1939），见表 11 –1。

表 11 - 1　泰勒 - 罗素预期表

新增预测指标的效度	本次录用比率 = 0.30 时，成功录用收益提高的百分比	
	基础比率（原来成功录用的比率）	
	0.10	0.70
0.20	43%	33%
0.60	77%	40%

表 11 - 1 展示的是录用比率为 0.30、基础比率为 0.10 或 0.70、新增预测指标的效度为 0.20 或 0.60 的情况下成功录用收益的大小。在上述四种情况中，成功录用收益最高的情况是基础比率为 0.10、新增预测指标的效度为 0.60 时，成功录用收益提高了 77%。也就是说，录用比率确定时，基础比率越低，新增预测指标的效度越高，新增预测指标的录用收益就提高得越多。

2. **经济收益**

经济收益是指采用某项预测指标后，因为增加了成功录用的比率而给企业带来的经济收益。预测指标的实践有效性很大程度上取决于它能带来的经济收益。

在已有选拔方法的基础上，企业有目的地增加新的预测指标能否带来更好的经济收益主要受两个方面因素的影响：一是采用该预测指标帮助企业招聘到的优秀员工为企业创造的收益；二是企业使用新预测指标而需要花费的成本。如果企业能够以较低的成本获得更大的收益，就应该在招聘时增加新的预测指标。

（五）预测指标的负面影响

预测指标的负面影响主要是指采用这个指标作为选拔标准可能带来的不良影响。例如，将种族、性别、婚恋状况等作为预测指标，在招聘时将少数族裔和未婚女性申请者排除在外，就违背了法律规定和社会道德规范。

企业虽然是营利性组织，但也不能将追求利润作为唯一的目标，而应更重视对所有利益相关者的责任和义务，否则企业将为此付出代价，不利于企业的长期发展。因此，企业在考虑预测指标的选择与使用时要兼顾效率与公平，避免违法违规，避免违反社会道德规范。

二、多种预测指标的综合方法

如果企业选择了多种预测指标，在人员选拔录用时，就需要确定多个预测指标的综合方法，即如何将各指标的结果进行整合，以做出录用决策。一般而言，多重预测指标的综合方法包括补偿型、多重障碍型和整合型三种类型。

（一）补偿型

在补偿型中，一个预测指标的低分可以由另一个预测指标的高分弥补，企业主要根据应聘者各项测评成绩的总分而非单项测评成绩做出录用决策。补偿型的优点在于考虑了应聘者的多方面素质，可以成功录用拥有最优素质的应聘者。其缺点在于，在某些岗位中，应聘者某一方面的不足难以通过其他方面弥补，如消防员的身体素质难以通过学历弥补。同时，补偿型需要对所有应聘者测试所有指标，容易造成资源浪费和决策压力。

通常情况下，企业通过对各测评指标赋予不同的权重实现对应聘者各项测评成绩的综合考量。根据赋予权重的规则不同，补偿型可以分为诊断预测、单位加权、理性加权和多重回归四种方式（Herbert G et al.，2014）。

1. 诊断预测

诊断预测是指由部门主管结合自身专业知识来确定各个预测指标的重要性，为每个申请者做出总体的评分。这种方法的优点是充分利用了部门主管的专业经验，其做出的录用决策更易被部门主管自身接受。但因为只有部门主管知道预测指标的权重，缺乏客观的评价标准，使用诊断预测的方法有时会使应聘者感到不公平，且决策的质量难以保证。

2. 单位加权

单位加权是指将每个预测指标的得分简单加总得出总分。这种方法的优点是简单直接、易于理解，但其使用的前提是假设各预测指标的重要性都相同，这通常不符合实际情况。

3. 理性加权

理性加权是指由管理者共同讨论、确定各项预测指标权重并加权求和得到总分。这种方法的优点是考虑了各种预测指标的相对重要性，使测评更加科学准确。但这种方法的缺点在于由管理者确定各指标权重的过程过于复杂，且有些指标难以确定可量化的相对权重。

4. 多重回归

多重回归是指由统计分析确定各项预测指标权重再进行加权求和得到总分。确定权重时需要考虑各预测指标与效标之间的相关性、各预测指标之间的相关性。在预测指标数目较少、指标之间相关性不高且大样本的情况下，多重回归法的预测准确性较高。

上述四种补偿型方法中，理性加权法是当前企业招聘中运用最广泛的方法，以下以某公司 B 岗位招聘为例做进一步说明。某公司 B 岗位在人员录用过程中采取理性加权的补偿型方法，其测评要素的权重（P_i）、测评指标的权重（P_{ij}）由管理者事先确定，各项测评指标得分的计算公式为 $X_{ij} \times P_{ij}$，各测评要素得分的计

算公式为 $X_i \times P_i$，总得分的计算公式为 $\sum X_i P_i$。基于上述方法，某一应聘者的综合评价评分表如表 11 – 2 所示。

表 11 – 2　B 岗位理性加权法综合评价评分表

测评要素	测评指标	测评指标的加权得分			测评要素的加权得分		
		X_{ij}	P_{ij}	$X_{ij} \times P_{ij}$	X_i	P_i	$X_i \times P_i$
任职资格	专业知识	80	0.4	32	80	0.3	24.0
	工作经验	80	0.6	48			
能力要求	协调能力	80	0.4	32	76	0.3	22.8
	沟通能力	80	0.4	32			
	创造能力	60	0.2	12			
其他因素	责任意识	80	0.2	16	70	0.4	28
	大局观念	80	0.3	24			
	奉献精神	60	0.25	15			
	成功欲望	60	0.25	15			
总得分		74.8					

注：X_i 表示第 i 个测评要素的得分；P_i 表示第 i 个测评要素的权重。X_{ij} 表示第 i 个测评要素里的第 j 个测评指标的得分，P_{ij} 表示第 i 个测评要素里的第 j 个测评指标的权重。

（二）多重障碍型

在多重障碍型中，应聘者需要通过每一个预测指标的考察才能进入下一阶段选拔流程。多重障碍型在对每一个预测指标进行考察后都会淘汰一定比例的应聘者，只有每个指标都达到规定合格线以上的应聘者才能通过测评。多重障碍型的优点在于每一阶段都会筛除部分候选人，企业可以通过较低成本的筛选指标删去一些明显不符合要求的候选人，提高筛选的效率，降低企业招聘的成本。

（三）整合型

在整合型中，先要通过多重障碍方法对应聘者进行筛选，再根据补偿性原则对各测评指标的成绩加总作为录用的依据。整合型是应用最为广泛的方法，要求应聘人员的各项指标都需要达到合格分数线，再根据各项指标的加权加总得出总分后择优录取。整合型兼顾补偿型与多重障碍型的优点，并有效规避了二者的不足。这种方法既能通过多重障碍原则筛除部分明显不符合要求的候选人，以减轻决策压力，又能通过补偿性原则综合考虑各候选人的素质，做出更优的录用决策。

下面通过一个例子对整合型做进一步介绍。如表 11 – 3 所示，某企业岗位的选拔采取整合型的方法，设置专业水平、学习态度、道德素养、人际交往和团队精神五个测评因素分别对应聘者进行评价，要求每项测评指标达到 60 分的应聘者才能通过并参加最后的综合评价，最终将录取 1 人。

表 11 - 3　某企业岗位的综合评价评分

应聘者	专业水平	学习态度	道德素养	人际交往	团队精神
A	90	80	70	90	80
B	50	90	80	80	90
C	100	80	70	90	80
D	90	80	90	80	90
E	70	90	50	80	90
权重 W	0.2	0.3	0.2	0.1	0.2

其中，第一阶段为多重障碍型，去除存在某项指标未达 60 分的应聘者。例如，B 专业水平未达到 60 分，E 道德素养未达到 60 分，他们由于单项成绩不合格将被淘汰。

第二阶段为补偿模型，对剩余的应聘者采用加权求和的方式计算总分并进行比较。经计算：

A 得分 $= 90 \times 0.2 + 80 \times 0.3 + 70 \times 0.2 + 90 \times 0.1 + 80 \times 0.2 = 81$

C 得分 $= 100 \times 0.2 + 80 \times 0.3 + 70 \times 0.2 + 90 \times 0.1 + 80 \times 0.2 = 83$

D 得分 $= 90 \times 0.2 + 80 \times 0.3 + 90 \times 0.2 + 80 \times 0.1 + 90 \times 0.2 = 86$

按照得分从高到低排列是 D、C、A，根据总分择优录取 D。

第二节　录用标准和录用决策方法

一、录用标准

这里的录用标准指的是录取分数线。在使用多重预测指标时，根据多个预测指标计算出总分后，需要根据应聘者的得分做出录用决策，即划定录取分数线（Herbert G et al., 2014）。

确定录取分数线的方法有多种，每种方法均有其适用情况和优缺点。同时，录取分数线设置的高低会对录用结果产生重要的影响，错误的录取分数线设置可能导致企业拒绝合格的应聘者或接受不合格的应聘者。因此，在录取过程中要选择合适的录取分数线确定方法，设置合适的录取分数线。下面将对录取分数线的确定方法和录取分数线高低对录用结果的影响进行具体介绍。

（一）录取分数线的确定方法

在录用中常用的确定分数线的方法有三种，分别是最低任职资格法、自上而下法和分段法，每种方法均有其适用情况和优缺点。表11-4提供了三种录取分数线的确定方法，列出了25名申请者在一项特殊测试上的得分以及采用上述三种方法时的录用决策结果。

表11-4　分数线在选拔决策中的使用

排序	测试分数	最低任职资格法	自上而下法		分段法
1	100	100	100	第1选择	100
2	98	98	98	第2选择	98
3	97	97	97	第3选择	97
4	96	96	96	第4选择	96
5	93	93	93	第5选择	93	10分
6	92	92	92		92
7	91	91	91		91
8	90	90	90		90
9	90	90	90		90
10	88	88	88		88
11	87	87	87		87	9分
12	85	85	85		85
13	85	85	85		85
14	83	83	83		83
15	81	81	81	......	81
16	79	79	79		79
17	77	77	77		77
18	77	77	77		77
19	76	76	76		76	8分
20	75	75	75		75
21	74	74	74		74
22	71	71	71		71
23	70	70	70		70
24	67	67	67	第24选择	67	7分
25	65	65	65	第25选择	65

注：最低任职资格法列中，第1至第20行标注"合格"，第21至第25行标注"不合格"。

1. 最低任职资格法

最低任职资格法中，录取分数线的设定基于完成工作所需要的最低能力资格，通常由专家设定最低任职资格分数线。高于录取分数线的应聘者为合格，被企业接受；低于录取分数线的应聘者为不合格，被企业拒绝。这种方法适用于招聘说明中明确了任职岗位所需要的最低技能资格水平的情况。

在表 11-4 的例子中，75 分被设定为最低任职资格分数线，低于 75 分的 21～25 号应聘者被认为不能胜任工作，因此被拒绝；75 分以上的 1～20 号应聘者被认为满足了岗位的最低任职资格要求，他们的分数将被平等对待。如有需要，企业将基于其他录用标准从 1～20 号应聘者中选择最终的录用人选。

最低任职资格法适用于企业迫切需要人手且愿意接受任何满足最低任职资格条件人选的情况。在这种情况下，最低任职资格法变形为招聘任何满足最低任职资格的人。这一方法的优点在于可以简化选拔流程、降低招聘成本，使企业可以快速低成本招聘到需要的人。其缺点在于，因为缺乏对应聘者其他方面素质的评估，招聘的结果通常并不理想。因此，这种方法适用于对非关键岗位、临时岗位等犯错成本较低的岗位的招聘。

2. 自上而下法

自上而下法中，录取分数线的设定基于岗位需要招聘的人数。企业将申请者的分数从高到低进行排序，根据岗位需要招聘的人数自上而下依次录取应聘者，直至满足岗位需求。

在表 11-4 的例子中，25 名应聘者的成绩被从高到低排序，企业将根据岗位需求优先录取分数高的应聘者。若岗位需要招聘的人数为 5 人，则根据自上而下法，企业应录取分数排名前五的 1～5 号应聘者，拒绝其余应聘者，对应的录取分数线为 93 分。

自上而下法在企业招聘中的适用范围较广。其优点在于录取分数线基于岗位需要招聘的人数设定，操作简单且易于理解。同时，这种方法充分利用了每位应聘者在测试中的得分信息，其录用结果具有较高的效度和效用。这种方法的缺点在于对录取分数线过度依赖，而忽视了其他潜在的有效预测指标的情况。

3. 分段法

分段法中，企业通过多条分数线将所有应聘者的得分划分为多个分数段，得分在同一分数段中的应聘者被赋予相同的得分或等级，被认为具有相同的任职资格水平。在实践中，各分数段的段宽通常相等，并基于测量的标准误差计算得出。

在表 11-4 的例子中，企业将应聘者的得分划分为 4 个分数段，段宽为 10

分。得分高于90分的应聘者被赋予10分，得分在81～90分的应聘者被赋予9分，得分在71～80分的应聘者被赋予8分，得分在61～70分的应聘者被赋予7分。相同分数段的应聘者被认为拥有相同的任职资格水平。

分段法的优点在于能有效降低高分群体与低分群体之间的差异，从而有利于降低选拔测试的负面影响。其缺点在于并未充分利用所有应聘者在测试中的得分信息。

（二）录取分数线高低对录用结果的影响

录取分数线设置的高低会对录用结果产生重要的影响，设置录取分数线是录用过程中非常重要的环节。图11-1是预测指标得分和效标得分的四分图，展示了录取分数线划定后得到的四种结果：正确拒绝、错误拒绝、正确录用和错误录用。图中，横坐标表示的是预测指标得分，通过录取分数线将应聘者划分为录取（右侧）和不录取（左侧）两部分。纵坐标表示的是应聘者实际的岗位胜任情况，根据工作绩效划分为不胜任（下面）和胜任（上面）两种情况。

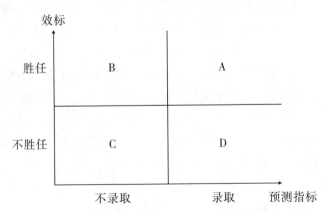

图11-1 录取分数线高低对录取结果的影响

在图11-1中，根据录取分数线和岗位胜任情况，将应聘者分到四个象限（A、B、C、D）中。象限A和C表示企业做出正确的录用决策。象限A中的应聘者被称为正确录用，他们在测评中的得分达到录取分数线，被录用后的业绩能达到企业的要求，表示企业正确地录取了能够胜任工作的应聘者。象限C中的应聘者被称为正确拒绝，他们的测评得分没有达到录取分数线因而未被录取，并且实际上如果被录用，其业绩也达不到企业的要求，表示企业正确地拒绝了不能胜任的应聘者。

象限B和D表示企业做出错误的录用决策。象限B中的应聘者被称为错误拒绝，他们的测评得分未达到录取分数线而未被录取，但实际上如果被录用，其业绩是能达到企业要求的，表示企业错误地拒绝了能够胜任工作的应聘者。象限 D 中的应聘者被称为错误录用，他们的测评得分达到录取分数线，被录用后的业绩却未能达到企业的要求，表示企业错误地录用了不能胜任工作的应聘者。对于这类员工，企业需采取补救培训、更换到其他岗位甚至解雇等措施进行处理，增加了企业成本，降低了企业绩效。

录取分数线的高低会对图 11 - 1 中的结果产生很大的影响，且错误录用和错误拒绝的数量会根据录取分数线的高低变化此消彼长，因此，企业在设置录取分数线时需对两类录用错误进行权衡。企业在选择较高或较低的录取分数线时，需要综合考虑岗位的工作性质、工作内容和涉及的用人成本。

采用更高的分数线意味着错误录用的人数减少，错误拒绝的人数增加，适用于错误录用成本极高或对企业取得竞争优势至关重要的岗位。例如，宇航员的错误录用可能导致宇航员失去生命，错误录用的成本极高，所以适合设定较高的录取分数线。

采用更低的录取分数线意味着错误录用的人数增加，错误拒绝的人数减少，适用于注重社会效应的企业，以及重新培训员工的成本较低且工作内容难度较小的企业。对于注重社会效应的企业而言，选择更低的录取分数线可以使错误拒绝的人数减少，从而实现提供就业机会、关爱弱势群体等目的。此外，对于重新培训员工的成本较低且工作内容难度较小的企业而言，设置较低的录取分数线有利于降低招聘成本，提高招聘速度。但企业需要特别注意的是，较低的录取分数线会导致错误录用的人数增多，若不及时采取培训等提高员工工作胜任力的措施，可能会对企业绩效和企业形象带来负面影响。

二、录用决策方法

企业通过不同选拔环节来筛选应聘者。顺利通过前面各项筛选环节的应聘者被称为入围者。通常情况下，入围者的人数会超过岗位需要录用的人数，因此企业需要确定合适的录用决策方法，从入围者名单中确定最终的录用人选。常用的录用决策方法包括随机录取、排序录取、分组录取和持续录取。表 11 - 5 提供了使用前三种录用决策方法的例子，列出了某企业在某次招聘中的入围者名单及采用三种方法时的录用决策结果。在该例中，企业希望从 6 名入围者中选择 1 名作为最终录用者。下面将结合表 11 - 5 对四种录用决策方法进行具体介绍。

表 11 – 5　不同录用决策方法的使用

随机录取		排序录取		分组录取	
小钱		1. 小赵	第 1 选择	小赵	最优选择
小吴		2. 小钱	第 2 选择	小钱	
小孙	随机选一个	3. 小孙		小孙	可接受
小赵		4. 小李	……	小李	
小李		5. 小周		小周	最后选择
小周		6. 小吴	第 6 选择	小吴	

（一）随机录取

随机录取法中，最终录用者从入围者中随机选择，不再考虑其他的指标要求，每位入围者都有相同的机会被录取。在表 11 – 5 的例子中，企业将通过随机抽签的形式从 6 名入围者中随机抽取 1 名作为最终录取者。

这种方法的优势在于决策迅速，有利于提升录用效率，降低录用成本。同时，录取结果完全随机，保证了录用的公平性，有效扼制了录取过程中可能出现的不正当偏袒行为。这种方法的劣势在于完全忽视了入围者其他方面素质的差异，降低了评估的可靠性与科学性。

由于随机录取法忽视了评估的重要性，该方法使用较少。一个典型的例子是教育领域的小学升初中电脑派位升学机制。电脑派位升学是指在取消小升初考试后，各地区的教育委员会根据就近入学原则将全区中小学组合成若干片，每位小学毕业生将本片内的所有中学根据自己的意向顺序填入登记表中，然后采用"计算机派位"的办法，按学生意向顺序优先的原则，将学生随机派位到本片内的中学。这种升学方式具有操作公开、结果随机的特点，可有效地排除人为干扰，提高录取工作的公平、公正性。同时，可以减少招生过程中出现的误差，减轻招考工作人员的负担，提高招生效率。

（二）排序录取

在使用排序录取法时，需要根据评估结果将入围者按照从优到劣的顺序排列，录用的优先级排序由入围者的排名顺序决定。在表 11 – 5 的例子中，企业基于整个选拔过程中的综合考察对所有入围者进行排序，排名第一的小赵是录用的第一人选，排名最后的小吴是企业最不希望录用的人选。企业将基于排名顺序向入围者发送录用通知书，排名第一的小赵得到第一份录取通知书。如果小赵拒绝了这份工作或从选拔程序中退出，企业将向排名第二的小钱发送录取通知书，依次类推。

这种方法的优势在于综合考虑了候选人的胜任素质，使企业能够优先录用最合适的候选人，从而提高了录取决策的科学性。同时，当有入围者选择退出时，这种方法为企业提供了后备选择，为企业提供了保护和缓冲。这种方法的劣势在于录用流程复杂、耗时长、成本高，需要花费时间与精力确定评估的标准并为每位候选人打分。而录用时间的延长不仅会带来企业成本的增加，也会导致候选人被其他企业录用，造成人才的流失。

（三）分组录取

分组录取法中，企业将入围者归入具有优先级排序的不同组别中，优先录取最优组中的入围者。在表 11-5 的例子中，企业将所有入围者分为最优选择、可接受和最后选择三组，最优选择组中的小赵和小钱是企业最希望录取的人选，企业将使用随机录取或排序录取的方法从两人中选择一人发送录取通知书。

这种方法的优势在于综合考虑候选人胜任素质的同时简化了录用流程，省去了对每位入围者打分排序的步骤，提升了录取的效率。其劣势在于仍需要在最优选择组的入围者中做出选择，需要结合其他录用决策方法同时使用。

（四）持续录取

持续录取法中，招聘过程是持续性的，不存在用于选拔的入围者名单。企业需要不断收集有意向的申请者的资料，当出现职位空缺时，邀请符合该职位最低任职资格的应聘者参加面试并做出录用决策。

这种录用方法适用于高流动率的岗位，如初级的零售、餐饮服务等职位。其优势在于能在短期内获得大量符合条件的入围者，及时满足岗位需求。其劣势在于难以对一组符合条件的入围者进行仔细评估，难以做出最优的录用决策。

第三节　正式录用程序

对候选人做出录用决策后，即进入正式录用程序。正式录用程序包括发放录用通知书、签订劳动合同和进行新员工培训三个步骤。企业首先需要向被录用者发送录用通知书，然后在被录用者接受企业录用后与其签订劳动合同，最后在其入职后进行新员工培训。本节将对正式录用程序的三个步骤进行具体介绍。

一、发放录用通知

正式录用程序的第一步是发放录用通知书。企业将拟定的录用通知书通过合适的方式向被录用者发放，被录用者接到通知后将决定是否接受企业的录用。条款完备的录用通知书具备法律效力，若用人单位或被录用者在接受录用后违约，则应承担赔偿责任。下面对企业发放录用通知书的过程进行具体介绍。

（一）录用通知书的性质

录用通知书是用人单位向劳动者发放的一种书面通知，用以传达企业构建劳动关系的意愿。

在法律性质上，录用通知书是一种要约，在劳动者收到后立即生效，受到法律的约束与保护（朱慧、陈慧颖，2006）。在录用通知书发出到达劳动者后，用人单位不得将其撤销。劳动者收到录用通知书后既可以选择接受并向用人单位承诺，也可以选择放弃。如果劳动者选择接受，则双方的劳动合同成立，录用通知书对双方均产生法律约束力，一方违约将需承担相应的赔偿责任。

企业发放录用通知书后，需要确保劳动者会接受录取而入职。企业应当综合考虑劳动力市场状况、企业需求和劳动者需求，选择合适的录用通知书发放方式，在合法的前提下使录用通知书的内容与劳动者的价值主张相匹配，尽可能提高劳动者接受录取的可能。

（二）录用通知书的内容

企业对录用通知书的内容设置有很大的自主权。在符合相关法律法规要求的前提下，企业可以根据需要设定录用通知书的内容。但这种自主权并不意味着企业能够随便设定其内容。为了尽可能提高劳动者接受录取的可能，企业应当慎重地设计录用通知书的内容，使其不仅包含必要的入职信息，还能有效吸引劳动者前来入职。通常情况下，录用通知书的内容需要包括报到起始时间、劳动合同期限、工作时间、薪资福利、特殊雇用奖励、对员工的限制规定、其他条件和条款、接受录用的承诺。下面对各项内容进行介绍。

1. 报到起始时间

企业的人才需求存在时间的限制，若劳动者不能在规定时间内入职，可能对企业造成损失。因此，企业需在录用通知书中明确劳动者的报到时间，告知劳动者入职期限，减少企业面临的风险。

2. 劳动合同期限

劳动合同的期限根据是否有明确的终止日期分为固定期限与无固定期限两种。不同的劳动合同期限对企业运营和劳动者决策有很大影响，因此，企业应当在录用通知书中明确本次录用将采用的劳动合同类型。

固定期限的劳动合同，是指用人单位与劳动者约定劳动关系有确定终止时间的劳动合同。用人单位和劳动者均有权利在一定条件下终止劳动关系而不必提供相关的合法理由，有助于提高用人单位在企业内部人力资源管理方面的话语权和灵活性。但同时，员工离职的代价降低，企业可能因为员工的突然离职导致职位空缺，对企业绩效造成负面影响。对此，企业可以为固定期限的劳动合同增加条款，要求双方在解除劳动合同时均需提前一段时间提交书面通知。

无固定期限的劳动合同，是指用人单位与劳动者约定劳动关系无确定终止时间的劳动合同。在没有出现法律规定的条件或者双方约定的条件时，双方需继续履行劳动合同规定的义务。这种情况下，用人单位对企业内部人力资源管理的话语权和灵活性降低，但劳动者与用人单位的劳动关系得到更稳定的保障，劳动者更可能接受录用。

3. 工作时间

企业需要根据岗位要求对员工的工作时间进行清晰界定，在录用通知书中使用严谨的措辞进行说明。说明的内容主要包括每日工作小时数和特殊时段（休息日、夜间、节假日等）的工作安排，必要时还需对特殊工作时段的工作要求和额外报酬进行说明。

4. 薪资福利

薪资福利作为用人单位吸引人才和留住人才的一种重要手段，是录用通知书中不可缺少的内容。一般而言，企业中的每个岗位都有相对固定的薪资福利方案。但企业为了吸引被录用者接受录用，也可事先与其沟通谈判，为其提供定制化的薪酬方案。应聘者会根据自己的预期和偏好评估录用通知书中用人单位提供的薪资福利水平，而这一评估很大程度上决定了劳动者是否会接受录用。因此，企业需慎重设计录用通知书中的薪资福利内容，包括基本工资、浮动工资和福利三个组成部分。

基本工资分为统一工资和差异化工资两种类型。统一工资是指企业为所有被录用者提供标准的酬劳，适用于有充足申请人或者申请人资质水平相似的岗位。差异化工资是指企业向不同被录用者提供不同水平的酬劳，适用于被录用者资质水平存在差异、企业希望吸引被录用者接受录用、地理薪酬差异等情况。

浮动工资分为短期浮动工资和长期浮动工资两种类型。短期浮动工资是指与员工短期内的生产、业绩、效率等直接相关的工资，适用于销售等易于评估短期业绩指标的岗位，是企业吸引人才和激励员工的有效方法。长期浮动工资是指员工收入随企业价值的增长而增加，通常以向员工发放股票期权的方式实现。由于股票期权的收益只有在员工长期任职且企业股价上涨的情况下才能实现，因此，长期浮动工资的吸引和激励效果相对较弱，只对那些对企业有充足信心的应聘者才有激励作用。

福利一般包括健康保险、带薪假期、过节礼物和退休金等形式，是员工的间接报酬，需在录用通知书中说明。通常情况下，企业提供标准的福利待遇（如五险一金，即养老保险、医疗保险、失业保险、工伤保险、生育保险及住房公积金）通常无须在录用通知书中做出特定或详细的说明。除了固定或标准福利待遇，企业也会提供特殊福利以吸引特定的人才，如提供家庭补贴、医疗保险、子女入学保障等。

5. 特殊雇用奖励

除薪酬福利外，企业还可能以录用通知书中声明一些特殊雇用奖励，以达成更好地吸引人才、招揽人才、留住人才的目的。特殊雇用奖励主要包括奖金、特殊技能津贴、安家费等。

在录用通知书中说明的奖金又称签约奖金或预付奖金，是企业在劳动者接受录用通知书时一次性偿清的奖金。签约奖金可作为对接受录用通知书的劳动者的一种补偿，以弥补其接受录用而损失的潜在工作机会。同时，这种奖金可用于吸引劳动者到偏远地区或高难度岗位工作，提高企业的人员调配能力。但需要注意的是，签约奖金的使用可能导致其他员工产生不公平感，因此，企业在使用签约奖金时需综合各方面因素谨慎考量。

特殊技能津贴是在员工常规工资之外的一种临时奖金，用以吸引劳动力市场中短缺的特殊技能人才。企业若向被录用者承诺发放特殊技能津贴，则需在录用通知书中说明津贴的数额、持续时间和取消条件。

安家费是企业为方便住得远的员工搬迁入职而提供的搬家福利方案，包括帮助员工寻找新的住所、出售旧住所、提供安家补助、提供搬迁费用、提供生活津贴等。企业如向员工提供安家费，则需要在录用通知书中进行说明。

6. 对员工的限制规定

企业为保护自身利益会对被录用者提出一些限制规定，包括保密协议、竞业限制协议、偿还协议等。企业有义务将上述限制规定在录用通知书中做出明确的说明，以征得劳动者的同意。需要特别注意的是，企业对员工的限制规定需在专业顾问的指导下拟定，必须符合国家法律法规的要求。

7. 其他条件和条款

录用通知书的内容设置相对自由。除了上述条款，任何符合法律规定且有助于企业人才战略实施的条款都可以写入录用通知书。

8. 接受录用的承诺

此外，录用通知书还应说明接受承诺或接受条款。为避免不必要的纠纷，企业通常仅接受被录用者书面形式的接受承诺，并且不接受被录用者对接受承诺的自行修改。最后，录用通知书需要明确接收者回复的截止日期，以保证录用过程的确定性和终止性，维护企业人员招聘程序的有序运转。

（三）准备录用通知书时应注意的事项

企业准备录用通知书时应当注意的事项包括：劳动力市场状况、企业的需求、应聘者的需求、法律法规问题和拟定录用通知的策略。

1. 劳动力市场状况

劳动力市场状况主要指企业所需人才在劳动力市场中的稀缺情况。企业需要据此调整录用通知书的内容，以提高对稀缺人才的吸引力，同时避免对非稀缺劳动力付出不必要的成本。

2. 企业的需求

企业的需求指企业期望通过此次劳动关系的建立而达成的目标，包括短期绩效与长期绩效、人岗匹配程度、愿意支付的用工成本等。企业需要在拟定录用通知书前明确各项需求，并将其反映在录用通知书中。

3. 应聘者的需求

应聘者的需求指应聘者期望通过此次劳动关系的建立而获得的利益。由于企业发放录用通知书的目的是让应聘者接受录用，因此，企业必须明确并尽量满足应聘者期望得到的利益，并在录用通知书中说明，以吸引应聘者入职。

4. 法律法规问题

企业在拟定录用通知书后需仔细检查用语和相关条款是否符合当地法律法规的要求且与企业章程制度一致。企业可以咨询专家团队以保证录用通知的合规性，避免不必要的纠纷。

5. 拟定录用通知的策略

根据企业需求和劳动力市场状况的不同，企业在拟定录用通知书时采取的薪资策略可以分为三种：低于市场平均水平、等于市场平均水平和高于市场平均水平。

低于市场平均水平，即企业提供低于市场平均水平的薪酬方案，目的是以更低的成本吸引不了解目前劳动力市场薪酬水平或急需报酬的应聘者。这一策略虽然可以降低企业的招聘成本，但可能有损企业在劳动力市场中的形象，或者引起被录用者的不满，也有潜在的员工流失风险。

等于市场平均水平，即企业提供与目前劳动力市场平均薪酬水平基本一致的薪酬方案。这一策略不会对应聘者产生较强的吸引力，但也不会给企业带来严重的风险。

高于市场平均水平，即企业提供自身能力范围内最高的薪酬水平，往往是远高于目前劳动力市场的平均薪酬水平，目的是吸引稀缺的人才接受企业的录用。这一策略虽然能够对应聘者产生较强的吸引力，但会大幅度提高企业的人力资源成本，且可能引发其他员工的不公平感。

（四）录用通知书的发放方式

企业在确定录用通知书的内容后，需要选择合适的录用通知书发放方式。根据企业与应聘者之间沟通方式的不同，录用通知书的发放方式可以分为机械式的发放方式和推销式的发放方式。

机械式的发放方式是指企业向应聘者发放录用通知书并等候回复。在这一过程中，企业仅将录取信息单向通知给应聘者，基本上不会征求应聘者意见并修改录用通知书内容。这种方式的优点在于流程简单、高效且成本低。其缺点在于缺乏对录用细节的优化，录用成功率相对较低。

推销式的发放方式是指企业采用销售的方法，即将录用通知书推销给应聘者。在这一过程中，企业与应聘者进行双向的沟通交流，针对录用通知书的内容进行积极反馈，共同优化相关细节。这种方式的优点在于能提高录用成功率，同时有助于企业的录用程序不断优化。其缺点在于过程复杂、耗时耗力、成本较高。

（五）接受录用和拒绝录用

应聘者在收到录用通知书后，既可以选择接受录用并向用人单位承诺，也可以选择拒绝录用。若应聘者选择接受录用，则企业需要确定应聘者理解并接受了录用通知书中的所有条款，并以正确的形式向企业回复接受承诺。同时，企业需要与新员工建立有效的联系，方便后续的入职管理与劳动合同签订。若应聘者选择拒绝录用，则企业需要尽快向其他入围者发送录取通知书。

（六）违约

在发放与接收录用通知书的过程中，用人单位与劳动者都可能产生违约行为。由于录用通知书在法律性质上属于要约，因此，违约方需要承担相应的赔偿责任。在劳动者接受录用并向用人单位承诺后，若用人单位或劳动者强制解除劳动关系，则违约方需承担相应的赔偿责任。

需要注意的是，不论哪方违约都意味着招聘录用失败，会对企业带来人才的损失和招聘成本的浪费，因此，企业应当采取措施尽可能避免违约行为的发生。同时，企业应当提前准备好应急方案，在违约发生后及时采取措施解决违约带来的问题。

二、签订劳动合同

在劳动者接受录用并向用人单位承诺后，用人单位需要与劳动者签订劳动合同。劳动合同，又称劳动契约、劳动协议，是劳动者与用人单位确立劳动关系、明确双方权利和义务的协议。下面将从有效劳动合同的条件、劳动合同包含的内容和劳动合同签订的时间三方面对劳动合同进行具体介绍。

（一）有效劳动合同的条件

有效的劳动合同指符合法定要件、具有法律效力的合同。根据我国劳动合同法的有关规定，有效的劳动合同应当具备四个主要条件（唐烈英，1995）。

第一，当事人双方主体合格。劳动者应年满十六周岁，文艺、体育和特种工艺单位应依法招用未满十六周岁的未成年人。用人单位签订合同者必须是法定代表人或其授权委托人，其他人无权代表用人单位签订合同。

第二，合同内容合法。双方当事人在劳动合同中约定的劳动权利和义务必须符合国家法律和有关行政法规的规定。合同中约定的违法条款不受法律保护。

第三，意思表示真实自愿。双方当事人确立劳动关系是自愿的，且劳动合同约定的权利和义务是将来要付诸实施的，不是虚假的意思表示。

第四，符合法定形式。劳动合同应当以书面形式订立。对于未约定需要公证的劳动合同，公证并不作为劳动合同有效的条件。

（二）劳动合同包含的内容

劳动合同必须包含劳动合同期限、工作内容、劳动保护和劳动条件、劳动报酬、劳动合同终止条件、违反劳动合同的责任、免责条款等内容。其中，免责条款是企业对员工权力做出明确限制并将此权力保留给用人单位的声明，对用人单位而言非常重要。

（三）劳动合同的签订时间

《中华人民共和国劳动合同法》规定："建立劳动关系，应当订立书面劳动合同。已建立劳动关系，未同时订立书面劳动合同的，应当自用工之日起一个月内订立书面劳动合同。用人单位与劳动者在用工前订立劳动合同的，劳动关系自用工之日起建立。"

三、进行新员工培训

新员工进入企业后，企业需要对其进行培训，以帮助其尽快适应岗位工作。下面将从新员工培训的目的、培训的内容、培训计划的制订和培训计划的实施四方面对新员工培训进行具体介绍。

（一）新员工培训的目的

新员工是企业的新鲜血液，对企业获取人力资源与竞争优势、发展业务与达成战略目标具有至关重要的作用。为使新员工能快速适应新的工作环境、满足企业发展需要，企业需要对新员工进行适当的培训。通常情况下，新员工培训的目的包括：规范新员工的行为；使新员工了解企业的历史、文化与制度；增强新员工对企业的忠诚感与归属感；缓解新员工进入新工作环境的紧张情绪；帮助新员工快速胜任新工作任务；等等。

（二）新员工培训的内容

按照组织社会化策略的要求，新员工培训的内容应主要包含以下七个方面：

第一，工作技能，指新员工为了胜任工作所必须掌握的知识、技能等素质。

第二，人际关系，指新员工为了与企业其他员工建立有利于工作目标达成的工作关系，而应当了解的有关企业、工作团队及与工作相关的信息。

第三，组织政治，指有关企业内部正式的或非正式的工作关系，以及权力结构方面的信息。

第四，企业语言，指新员工应掌握的企业或岗位所特有的专业技术语言、简写、俚语和行话等。

第五，企业目标和价值观，指企业创始人和领导者所赞成的目标与价值观，以及企业在运作过程中遵守的准则。

第六，企业历史，指关于企业或部门的传统、习俗、礼节等文化知识。

第七，企业制度，指关于企业规章制度、人力资源管理有关制度、薪酬福利制度、安全规定等方面的信息。

需要注意的是，培训的过程需要人力资源部门和用人部门共同参与。人力资源部门主要负责企业层面的、全体员工都需要了解的内容，包括企业制度、历史、目标与价值观等。用人部门主要负责岗位层面的、仅本部门员工需要了解的内容，如岗位工作技能、人际关系等。

（三）新员工培训计划的制订

新员工培训的过程需要人力资源部门和用人部门共同参与，是一个高度计划的过程，零星、随意、非系统化的培训方式难以达到企业所期望的效果。因此，企业应该确定新员工培训目标，对新员工培训的具体内容与过程进行专门的系统化设计，对新员工培训的内容、方式、时间、范围等进行详细的、系统性的规划。

除了计划的系统性与详细性，企业在制订新员工培训计划时还需注意计划的阶段性。新员工培训计划是一个多阶段的、逐步深入的过程，在不同的阶段应该有针对性地开展不同目的的培训项目。培训初期，应聚焦于企业层面的培训，让新员工熟悉企业信息，加深增加员工对企业的了解。培训中期，应聚焦于岗位层面的培训，让新员工了解岗位素质要求，提升胜任能力，并让其融入部门的人际体系中。培训后期，应聚焦于挖掘员工的个人价值，为其制定晋升方案。

（四）新员工培训计划的实施

企业在制订新员工培训计划后，应该根据计划分配与投入相应的资源，并通过相关控制手段保证计划顺利实施。需要特别注意的是，企业需要在培训计划实施过程中及时给予新员工多维度的评价与反馈，以提高新员工学习的积极性，使新员工培训项目获得更好的效果。

第四节　不同部门在招聘录用过程中的角色

企业的招聘活动可以划分为四个阶段：招聘计划制订阶段、招聘阶段、选拔阶段和录用阶段。每个阶段的招聘活动都需要人力资源部门和用人部门共同参与，且由于部门职能存在差异，不同部门在招聘各阶段中扮演的角色不同。本节将对招聘的四个阶段及不同部门在其中的角色进行具体介绍。

一、招聘计划制订阶段

依据招聘计划发起的部门与信息流动的方向，招聘计划的制订方法可以划分为从上到下法与从下到上法。

（一）从上到下法

从上到下的招聘计划是指，先由人力资源部门根据企业发展战略制定企业人力资源的整体规划，将其细化至各部门，确定各部门的招聘计划并将之传达至各用人部门，再由用人部门以招聘计划为指导，根据部门实际情况确定本部门的具体招聘计划与招聘策略。

从上到下法的最大优点是能使部门招聘计划与企业战略发展紧密结合，有利于企业战略的实施。但其缺点在于，人力资源部门难以完全了解各部门的实际情况，制订的招聘计划可能与部门实际情况不符。因此，人力资源部门在制定人力资源规划时，既要考虑企业战略规划，又要充分考虑各用人部门的实际需求。人力资源部门需要对各用人部门进行实时的需求跟踪，及时改变招聘策略，以适应不断变化的用人需求。

（二）从下到上法

从下到上的招聘计划是指，先由用人部门根据部门实际情况确定本部门的招聘需求，并把招聘岗位的人数、任职资格说明等信息有效传达到人力资源部，再由人力资源部门收集用人部门岗位的需求，与用人部门核对确认，并在此基础上制订出企业的招聘计划和招聘策略。

从下到上法的优点在于，招聘计划的确定由用人部门主导，根据其实际情况制订，可以最大限度地满足用人部门的实际需求。但其缺点在于，制订计划的用人部门可能难以完全理解企业发展战略，使得招聘计划与企业战略不符，不利于企业的长久发展。

二、招聘阶段

招聘阶段可以分为招聘信息确定、招聘渠道选择和招聘信息发布、应聘信息收集与管理三部分。

（一）招聘信息确定

招聘信息一般由人力资源部门根据用人部门的招聘需求确定，主要包括招聘企业信息、招聘岗位信息和信息接收方式。招聘企业信息主要有企业名称、企业简介、岗位需求等；招聘岗位信息具体有岗位名称、岗位职能介绍、任职资格、薪酬福利、招聘人数、工作绩效考核等；信息接收方式包括联系人、联系方式、企业地址等。一般来说，招聘信息应该简洁明了，保证重要的信息能够有效地传达。

（二）招聘渠道选择和招聘信息发布

招聘渠道的选择根据应聘者的来源和岗位特性有所不同。招聘渠道根据应聘者来源，可以分为内部招聘和外部招聘；根据岗位层级和专业技能要求，可以分为高层招聘、中层招聘、基层招聘，或管理系列招聘、技术系列招聘等，不同层级、不同系列员工的招聘渠道都不同。同时，所需应聘者的数量和质量、时间紧迫性、招聘成本等因素也会影响招聘渠道的选择。人力资源部门应根据招聘计划和岗位需求，综合考虑上述影响因素，选择最佳招聘渠道或多种招聘渠道组合发布招聘信息。

（三）应聘信息收集与管理

根据招聘是集中招聘还是分散招聘，确定应聘信息的收集和管理方式。如果是企业统一进行集中招聘，则由人力资源部门收集所有应聘者信息，初步筛选出明显不符合要求的应聘者，并对候选人按招聘部门或岗位分类，为后续选拔做好准备。如果是分散招聘，则由用人单位或部门自行负责应聘者信息的收集与管理。

三、选拔阶段

选拔阶段可以细分为初始性筛选阶段和实质性筛选阶段，每个筛选阶段的筛选目的、主要任务与参与部门均有不同。

（一）初始性筛选阶段

初始性筛选阶段可以筛去明显不符合要求的应聘者，节约后续的筛选成本，主要由人力资源部门完成。在发布招聘信息后，往往有大量的应聘者投递简历，为了节省招聘面试时间和成本，人力资源部门需要对应聘者进行初步筛选。

在筛选标准方面，人力资源部门通常根据应聘者是否满足岗位要求的最低教育水平、工作经验、专业证书、道德水平、身体素质等条件进行筛选。在筛选方法方面，人力资源部门需要根据录用标准，预先确定一个结构化的筛选项目清单，在筛选过程中按照这个项目清单，结合其他条件做出判断与筛选。

在初始性筛选阶段需要特别注意的是简历的真实性问题。人力资源部门必须摆脱应聘者单方面提供的申请资料信息，重视那些被应聘者有意或无意隐瞒的对招聘具有重要意义的信息，尽可能核实简历中重要信息的真实性。

（二）实质性筛选阶段

实质性筛选阶段是根据招聘计划中确定的各项预测指标为应聘者打分，采用补偿型、多重障碍型或整合型方式筛选出符合要求的应聘者。本阶段由人力资源部门和用人部门共同完成，人力资源部门主要负责统筹规划筛选流程、与应聘者联系，用人部门负责具体的评估和筛选工作。

一般来说，人力资源部门应针对应聘者的价值观、求职动机、性格等方面进行评估，并回答应聘者关于企业人力资源方面的问题；用人部门负责考察应聘者的专业知识和专业技能。在本阶段中，人力资源部门和用人部门应做好沟通协调，共同完成对应聘者的正式筛选。

四、录用阶段

录用阶段可以细分为制定录用标准、做出录用决策、办理录用手续和培训新员工四个阶段。

（一）制定录用标准

录用标准的制定应该由人力资源部门和用人部门共同完成。人力资源部门负责制定招聘策略，结合本企业战略和用人部门专家意见选择合适的录用方法与录用程序。用人部门负责确定评估录用的具体判断标准，以确保录用标准具有专业性，与岗位需求相匹配。

（二）做出录用决策

录用决策通常需要人力资源部门和用人部门共同参与，但用人部门在录用决策中起主导作用，并对录用效果承担主要责任。人力资源部门主要为录用决策提供辅助性意见，帮助用人部门做出判断。

（三）办理录用手续

人力资源部门将录用结果反馈给应聘者后，若应聘者接受录取，则人力资源部门将负责帮助应聘者办理录用手续，签订劳动合同，并帮助应聘者与用人部门建立联系。若应聘者犹豫不决，则人力资源部门需要向应聘者积极宣传企业与岗位的优势，及时将应聘者对具体工作的问题与需求反馈给用人部门，共同争取应聘者的加入。

（四）培训新员工

为使新员工能快速适应新的工作环境、满足企业发展需要，企业需要对新员工进行适当的入职培训。新员工培训的过程需要人力资源部门和用人部门协调配合。人力资源部门负责设计和管理入职培训，用人部门负责设计与执行具体的培训活动安排。

虽然人力资源部门和用人部门在招聘过程中的角色任务不同，但它们对企业招聘体系的有效性都至关重要。招聘过程中出现的摩擦矛盾，以及后续工作中的人—岗不匹配现象，多是由于用人部门和人力资源部门在招聘工作中没有明确彼此角色、部门间缺乏沟通交流导致的。因此，企业应建立合适的招聘体系，鼓励人力资源部门和用人部门积极参与招聘各环节，做好各自在招聘中的工作。

第十二章　留任管理

　　前面章节主要介绍了招聘管理中的入口管理，即员工的招聘、选拔和录用。但为了保证企业有充足的人力资源，防止发生人员短缺，仅仅靠招聘、录用新员工等人力资源配置中的入口管理是不够的，还需要做好不合格员工的解聘、优秀员工的保留等出口管理工作。只有保持人力资源入口和人力资源出口的动态平衡，才能保证企业始终具备一支高质量的人力资源队伍。

　　已有员工的保留或淘汰与新员工的招聘和录用都是为了达到企业人力资源充足的目的，它们是同一个问题的两个不同的方面，是调节企业人力资源数量和质量的两个相互依存的环节。如果企业能够吸引优秀员工留在企业工作，减少人才流失，也就能减少招聘需求和招聘的压力。本章就是从出口管理的视角，阐述如何留住优秀员工以降低优秀人才离职率，以及解聘、淘汰不合格员工的思路和方法。

第一节　离职概述

一、离职的概念

（一）离职的定义

　　学术界对离职的研究已有上百年的历史。其中，Mobley（1982）将员工离职定义为：从组织中获取物质利益的个体终止其组织成员关系的过程，即员工与企业结束劳动关系后离开的行为。这个定义在学术界得到广泛的认可。

（二）离职的属性

员工离职对企业具有重要影响，但任何企业都不可能完全避免员工离职，需要客观、辩证地看待员工离职的问题。

1. 重要性

一定比例的员工离职有利于企业优化人才结构、转变经营观念；但频繁的员工离职不仅会造成企业内部知识在数量与质量上的损失，还会促发企业内其他员工的不安定情绪和消极怠工行为（Heavey et al., 2013），甚至导致企业管理文化的断裂，影响企业的长远发展。因此，做好离职管理，避免员工频繁离职，留住高价值员工对企业的持续健康发展非常重要（莫申江等，2015）。

2. 不可避免性

员工离职非常普遍且不可避免。造成离职的原因错综复杂，每个员工都有离职的可能性，每家企业都无法回避员工离职的问题。即使员工没有离职的意愿，企业也没有进行裁员与解聘，依然有员工离开原来的岗位，如退休、伤残、死亡等。

3. 两面性

员工离职对企业来说是把"双刃剑"，既可能为企业带来消极影响，也可能为企业带来积极影响。

员工离职带来的消极影响主要体现在以下三个方面：①员工离职会给企业带来成本损失，如重新招聘新员工的成本、新员工培训成本和一般性管理成本等。有研究显示，员工离职成本占企业税收前成本的17%（Sagie et al., 2002）。②当离职员工具有很强的特殊性（如掌握企业内部的重要隐性知识）时，由于专有知识很难重构和替代，这种离职对企业的负面影响就更加严重。③员工离职还会对其他员工的情绪、企业文化等方面产生消极影响。

员工离职带来的积极影响主要体现在以下三个方面：①一定程度的员工离职有助于企业绩效的提升。有研究认为，员工离职和企业绩效之间不是简单的负相关关系，而是存在倒U型关系（Shaw et al., 2005）。离职率过低，员工会变得停滞不前和思想保守；而离职率由低水平向中等水平转变时，离职有助于提高企业创新性、灵活性和适应性，从而使企业绩效得到恢复或提高。②离职为留任员工创造了内部晋升机会，提高了这部分员工的工作积极性和满意度。低绩效员工的离职，不但不会给留任员工造成工作负担，反而会增加留任员工的工作满意度（Krackhardt & Porter, 1985）。③员工离职可能有助于企业间信息交换。Corredoira和Rosenkopf（2009）通过对半导体公司的研究认为，员工离职有利于员工离开的企业和流入的企业之间信息的双向流动，原企业也可以从中获益。Somaya 等人（2008）从员工流向的企业类型（原企业的竞争者或潜在合作者）的视角，引入社会资本理论，认为员工离职若能促进建立新企业和原企业的社会联结，则有助于提升企业绩效。

二、离职的类型

通常情况下，离职可以分为自愿离职和非自愿离职。自愿离职的离职决策主要由员工做出，包括可避免的自愿离职和不可避免的自愿离职两种类型；非自愿离职的离职决策主要由企业做出，包括解聘与裁员等形式。

（一）自愿离职

1. 定义

员工自愿离职是指由员工发起的出自其本意的解除劳动关系、离开其所在企业的行为。根据企业能否事先采取措施避免员工的离职行为，自愿离职可以分为可避免的自愿离职和不可避免的自愿离职。

2. 可避免的自愿离职

可避免的自愿离职是指企业可以通过加薪、升职、调动等措施，避免员工自愿离职。

企业采取措施挽留员工会产生成本，根据成本效益原则，企业会依据员工对企业的价值大小采取不同措施来挽留员工。对于绩效水平高、拥有丰富经验和关键职业资质、难以被替代的高价值员工，企业愿意花费更多资源、采取更多措施避免员工离职；相反，对于绩效水平低、处于非核心岗位、可替代的低价值员工，企业会花费较少资源，甚至不采取措施挽留。

3. 不可避免的自愿离职

不可避免的自愿离职是指企业无法干预阻止员工自愿离职，包括员工由于退休、读书、照顾家庭、离开城市、配偶调任等个人原因导致的自愿离职。

员工的自愿离职是否可以避免，取决于企业对此事的处理能力与认知，即企业为阻止员工自愿离职愿意花费哪些资源、企业认为哪些类型的自愿离职能够避免。

（四）非自愿离职

1. 定义

非自愿离职是指由企业发起的，员工被迫与企业解除劳动关系离开其所在企业的行为，一般是因为员工没有遵守企业工作准则或没有达到企业绩效要求而引发。根据针对的员工数量，非自愿离职可以分为解聘和裁员两种。

2. 解聘

解聘是指由于员工违反企业的规章制度或未能达到绩效要求而被迫离开当前企业的非自愿离职行为。

根据被解聘者是否存在过错，《中华人民共和国劳动合同法》将解聘划分为过失性辞退和无过失性辞退。过失性辞退是指企业在劳动者有过错的情况下解聘员工的行为，通常发生在：员工在试用期间被证明不符合录用条件时；严重违反劳动纪律或者用人单位规章制度时；严重失职，营私舞弊，对用人单位造成重大损失时；被依法追究刑事责任时。无过失性辞退是指劳动者不存在过错的情况下被企业解聘辞退，通常发生在：劳动者患病或非因工负伤后不能从事原工作也不能从事用人单位另行安排的工作时；劳动者经过培训或调整岗位仍不能胜任工作时；劳动合同订立时所依据的客观情况发生重大变化，致使劳动合同无法履行，经双方协商不能就变更劳动合同达成协议时。

3. 裁员

裁员是指企业为提高绩效而削减员工造成的员工非自愿离职。裁员具有群体性，通常针对多个员工。

根据企业进行裁员的动机，裁员可以分为经济性裁员、结构性裁员和优化性裁员三种类型。经济性裁员是由于市场因素或企业经营不善，导致企业经营状况出现严重困难，盈利能力下降，面临生存和发展的危机，企业为降低人力资源成本被迫采取的裁员行为。结构性裁员是由于企业的业务方向发生变化导致内部人力资源结构重组、分立、撤销而引发的裁员。优化性裁员指企业为保持人力资源的质量，辞退虽通过绩效考核但给企业带来负面影响或不能满足企业发展需要的员工。其中，结构性裁员和优化性裁员属于主动裁员，经济性裁员属于被动裁员。

三、各种离职的原因分析

了解员工离职的原因是进行离职管理的重要基础，企业只有深入分析、充分了解各类型离职的原因，才能对症下药，采取正确合理的管理对策。下面根据离职的不同类别分别对自愿离职、非自愿离职的原因进行分析。

（一）自愿离职的原因分析

员工自愿离职的原因可以分为内部原因和外部原因，内部原因又可细分为离职的合意性感知和离职的容易度感知两部分，外部原因主要是其他就业机会。

1. 离职的合意性感知

离职的合意性感知，即员工离职的意愿，包括员工对企业的薪酬福利水平、工作压力、人际关系、管理公平性等方面的合意程度的感知。离职的合意性感知主要受员工的工作满意度和组织承诺的影响（凌文辁等，2001）。其他变量对离职的合意性感知的影响大多通过这两个变量起作用。

员工的工作满意度是指员工对其工作的总体满意程度，主要受工作内容、升迁、薪酬、上司、工作伙伴等因素的影响。已有大量研究证明，员工的工作满意度对离职的合意性感知有显著影响，即员工的工作满意度高，则离职的合意性感知就低，离职的可能性也低（赵西萍等，2003）。

组织承诺是指员工对企业及其目标和价值观的认同，并且希望维持企业成员身份的状态，可以划分为情感性承诺、持续性承诺和规范性承诺。组织承诺受员工个体因素、工作因素、企业因素等多种因素的影响。已有研究证明，员工的组织承诺越高，离职的可能性越低（凌文辁，2001）。

2. 离职的容易度感知

离职的容易度感知，即员工离职的难度，包括员工对离职成本、离职难易程度的感知。离职的容易度感知主要受员工工作嵌入度、员工职业资质的通用性和劳动力市场状况三方面因素的影响。

（1）员工工作嵌入度指阻止员工离开企业的各种力量，是员工与工作情境之间关系的密切程度。Mitchell等人（2001）认为，工作嵌入度可以分为联系、匹配和牺牲三个维度，这三个维度直接影响工作嵌入的程度。

1）联系维度是指员工通过各种途径与企业中的其他成员建立正式或非正式关系的程度。员工在企业中任职时间越长，建立联系的人就越多，其离职的可能性就越小。

2）匹配维度是指员工因与企业和岗位匹配而在企业中感到舒适的程度。员工个体价值观、未来职业目标和发展计划等与企业的主流文化、目标和工作要求相匹配时，员工与企业具有一致性，则员工离职的可能性降低；否则，员工会感到无所适从，形成挫败感，离职的可能性提升。

3）牺牲维度是指员工离职后可能丧失的与工作有关的物质利益和心理上的预期好处。如失去令人感兴趣的项目、人脉资源、工作经验、健康与养老金等。

（2）员工职业资质的通用性是指员工的职业资质在其他企业的适配程度。员工职业资质的通用性高意味着该员工的职业资质在其他企业也适用，则员工有更多可替代的选择，离职相对更容易。

（3）劳动力市场状况是指影响员工离职的各种宏观环境因素，包括经济形势、劳动力供需状况、社会文化、用工制度等。当经济处于繁荣时期时，失业率较低，就业岗位较多，找工作相对容易，员工自愿离职的可能性较大；相反，当经济处于危机或衰退时期时，失业率较高，就业岗位减少，找工作难度较大，员工自愿离职的可能性较小。同时，劳动力供需状况会影响离职的难易程度。当劳动力市场中本行业人员供不应求时，员工找工作更加容易，员工离职的可能性更高。此外，社会文化、用工制度等因素也会影响员工离职的难易程度，进而影响员工自愿离职的可能性。如日本企业采用终身雇佣制，在这种制度和文化的影响下，日本员工的自愿离职率较低。

3. 其他就业机会

其他就业机会是指其他企业为员工提供的工作机会。当其他就业机会增加或有其他企业愿意为员工提供更优工作机会时，员工离职的可能性增加。

（二）非自愿离职的原因分析

非自愿离职可以分为解聘与裁员两类。下面对员工被解聘与企业裁员的原因进行介绍。

1. 员工被解聘的原因分析

员工被解聘的原因可以分为员工存在过错和员工不存在过错两类。根据前文的介绍，员工不存在过错的解聘叫作无过失性辞退，员工可能因为患病或负伤、培训和换岗后仍不能胜任工作、劳动合同订立时的客观情况有变等原因被企业解聘。员工存在过失的解聘叫作过失性辞退，员工可能因为违反法律法规或企业规章制度、绩效低、不满足企业发展需要等原因被企业解聘。

在过失性辞退中，员工违反法律法规和企业规章制度或绩效低的主要原因又可以分为个体差异因素和企业情境因素两类。

（1）个体差异因素，包括负面情绪、归因风格、人口特征等个体变量。负面情绪方面，负面情绪越大的员工越有可能受到外部环境的影响，从而更长时间沉浸在消极的工作态度中，导致违规行为和低绩效。大量研究表明，员工负面情绪会导致工作中的消极行为，降低员工绩效（Judge et al.，2006）。

归因风格影响员工的归因过程,当员工受到挫折时,若进行外部归因则更可能导致消极态度与负面行为。悲观主义归因、消极归因等归因风格可能导致员工低绩效和违规行为。有研究表明,进行悲观主义归因的员工,在工作上更容易产生精神不振、意志消沉、旷工、酗酒等行为。

　　不同人口特征的员工产生负面行为和低绩效的可能性有所差异。大量研究指出,员工性别、年龄、工作年限等人口特征变量与员工负面行为和低绩效有间接关系。由于男性比女性具有更高的攻击性,男性比女性更容易产生负面行为。由于年长的员工身体状况差,年长员工比年轻员工更容易产生负面行为。工作年限短、工资低的员工更可能产生负面行为(Henle et al., 2005)。

　　(2)企业情境因素,包括企业公平感、心理契约、工作因素等外部事件变量。员工的不公平感会引发员工的负面行为。当员工感觉没有被企业公平地对待时,会产生负面情绪并通过减少工作投入、迟到、旷工、降低工作效率等方式发泄情绪,缓解心中的不公平感(Spector et al., 2006)。

　　心理契约指员工与企业对彼此的期望。其中员工对企业的期望包括薪酬水平、岗位安排、晋升机会等。当企业没有满足员工的期望时,员工对企业的信任降低,从而减少工作投入,导致员工负面行为的产生(Johnson et al., 2013)。

　　工作因素包括工作内容、工作量、工作压力、工作环境、工作时间、工作与自身兴趣匹配程度等。工作压力过大、工作环境恶劣、工作时间失衡等会降低员工工作满意度,导致员工产生负面行为。

2. 裁员的原因分析

　　企业裁员的主要原因可以分为削减人员、优化职能和系统简化三种类型(Cameron,1994),它们分别对应前面介绍的经济性裁员、结构性裁员和优化性裁员三种裁员类型。

　　(1)削减人员。削减人员是大多数企业裁员的主要原因,是由于企业自身的经营问题或者市场的变化威胁到企业的盈利能力和生存而引起的裁员。企业为了资金周转,短期内很难发现新的利润增长点,亟须降低成本。因此,企业被迫降低人力资源成本,缩减人员。削减人员作为短期战略,有着难以控制风险、缺乏灵活性等缺点。并且当企业未来经营情况好转时,企业又将面临员工短缺的问题。

　　(2)优化职能。优化职能是由于企业调整内部员工结构而引起的裁员。企业为了实现变革行政体系、精简工作职能等目的,重新设计工作、分配资源,并对冗余员工进行辞退,从而提高企业的整体效率。

　　(3)系统简化。系统简化是指企业为了保障人力资源质量,削减给企业带来负面影响、不能满足企业发展要求的员工。企业对竞争力不足、技术过时等不能为企业带来效益反而会阻碍企业发展的员工进行削减，以此激发留任员工的活力，保障企业人力资源质量，增强企业生命力。

第二节　企业降低离职率的方法

一、企业降低离职率的思路

企业降低离职率的总体思路分为三步：离职率调查和评估、管理干预、干预效果评价及改进。首先，企业通过收集与分析员工离职有关数据、进行分类比较或与行业标杆比较、进行离职损益分析等方法全面评估员工离职情况，对员工离职问题进行合理界定。其次，针对出现的离职问题进行管理干预，确定干预目标和思路，采取相应的干预措施。最后，对干预的效果进行评价，并提出后续的改进计划。

二、离职率调查和评估

离职率调查和评估是员工离职管理的基础环节。企业通过收集离职员工的人数、岗位信息、离职原因和去向等离职数据，并结合对数据的分类分析、与其他标杆企业的对比分析、离职损益分析等方法对企业离职情况进行全面评估，进而对企业离职问题进行合理界定。

（一）离职数据的获取与分析

为了确保离职评估的有效性，应全面收集本企业员工的离职信息。离职信息的收集方法包括离职记录、员工面谈、内部调研、意见收集等，主要收集的内容包括离职员工的人数、岗位信息、人口统计特征、知识技能、离职前的表现、离职原因和去向等信息。

企业对收集的数据进行整理与分析，得出衡量企业离职状况的相关指标。其中，离职率是衡量离职状况的重要指标，可以用某一时段离职员工人数占当期员工总数的百分比表示，即：

$$离职率 = \frac{当期离职人数}{期初人数 + 当期新进总人数} \times 100\%$$

一般离职率可从每年近乎为 0 到高达 100%，并且随行业不同而存在差异。企业可通过计算企业整体离职率、各部门和各岗位离职率，归纳员工离职的原因和去向，将目前离职数据与企业以往离职数据做比较，得出各项数据的变化趋势和规律。

在对离职信息进行分析的过程中，企业可加强对离职原因、离职人员意见的收集和整合，以便发现企业发展中存在的问题。企业还可建立离职员工数据库，以便高效开展离职数据的收集、整理和分析工作，确保分析结果的科学性、实用性和高效性。

（二）离职率的标杆比较

离职率的标杆比较是企业进行离职评估的重要方法之一。企业目前的员工离职率数据不仅可以与企业以往数据进行纵向比较，还可以采用标杆比较的方法与竞争对手或行业标杆进行横向比较。

离职率的标杆比较是将本企业的员工离职率与竞争对手或相关标杆企业的员工离职率进行比较，分析各自企业的优点，并结合本企业的实际情况进行创造性学习、借鉴和改进的过程。离职率的标杆比较能够明确本企业员工离职率与标杆企业员工离职率的差距及在行业中的相对水平，有助于对本企业的离职状况有更全面、合理的认知。

离职率标杆比较的实施通常需要经过四个步骤：第一步，组建离职分析团队，注意团队成员应在专业知识和技能方面具备多元性与互补性。第二步，根据企业情况选定标杆企业，通常为企业的竞争对手或相关领袖企业。第三步，获取标杆企业员工离职率的相关信息，可以通过访谈、问卷、档案、观察等方法收集相关信息。第四步，分析本企业员工离职率与标杆企业员工离职率的差距及在行业中的相对水平，分析标杆企业在离职管理方面做得好的原因，并结合企业实际情况进行学习与借鉴，确定改进措施。

（三）离职损益分析

离职损益分析同样是企业进行离职评估的有效方法，是指通过分析离职产生的直接或间接的成本和收益，估算一段时间内离职产生的收益或损失，并分析如何提高收益、减少损失的过程。离职损益分析包括三部分：分析员工离职产生的成本、分析员工离职产生的收益、估算员工离职损益。

1. 员工离职产生的成本分析

员工离职产生的成本主要包括离职产生的招聘成本、培训成本、岗位空缺成本和其他或有成本。

离职产生的招聘成本，即企业为填补离职岗位的空缺付出的成本，包括招聘人员的人力资源成本、招聘过程中宣传和组织的费用等。估算公式为：

$$离职的年招聘成本 = \frac{企业年招聘费用}{企业年新入职人数} \times 招聘到离职空缺岗位的年人数$$

离职产生的培训成本，包括在职培训费用、正式培训费用、导师职业指导、社会化成本，以及截至新员工熟练掌握工作技能前的生产力损失。估算公式为：

$$离职的年培训成本 = \frac{企业年培训费用 - 老员工培训费}{企业新入职人数}$$
$$\times 招聘到离职空缺岗位的年人数$$

离职产生的岗位空缺成本，指从员工离职到新员工接替这一时间段内，企业因职位空缺而产生的利益损失。估算公式为：

$$离职的年空岗成本 = \sum 企业某收入层年离职人数 \times 某收入层离职的空岗成本$$

其他或有成本，指因离职可能发生也可能不发生的损失。例如，营销人员离职可能导致企业损失高忠诚度的顾客；核心技术人员离职可能导致企业技术工程的执行和创新产品的研发受损；管理人员离职可能导致工作进度停滞；经验丰富的员工离职后可能加入竞争对手的企业从而加剧竞争。企业在进行离职成本分析时应根据实际情况，估算发生可能性大的或有成本。

2. 员工离职产生的收益分析

离职员工产生的直接收益主要包括两部分：其一，员工离职降低了企业人力资源成本，这种收益会一直延续到下一位员工入职为止。即便是招募正式员工，企业也可通过录用成本更低的人员来节约企业人力资源成本。其二，企业可通过淘汰低素质、低绩效的员工，引进高素质员工，创造更多价值与收益。通常可通过计算新员工与已离职员工绩效的差值对上述收益进行估算。

同时，离职也会带来间接收益。如淘汰低素质、低绩效的员工会给留任员工带来危机感，促使留任员工更努力工作，从而提升企业总体绩效。针对这种间接收益的量化，企业通常会选取同行业相似水平但离职率较低的企业进行对比，其年经济效益差的一定百分比即可作为离职的年间接收益。

3. 估算员工离职产生的损失或收益

基于以上分析，企业可估计一段时间内员工离职产生的成本与收益，二者的差值即员工离职产生的损失或收益。企业通过估算离职产生的损益，分析损益产生的原因，提出相应的管理措施提高收益、减少损失。

（四）离职问题界定

在对企业离职状况进行调查与分析后，管理者需要评估企业离职情况并界定离职问题。

首先，管理者需要判断三个问题以界定企业离职情况：目前离职情况是否属于高离职率、是否为企业带来重大的损失、是否需要正式干预。前两个问题的主要依据是企业员工离职率的纵向比较、标杆比较和离职损益分析；第三个问题需根据前两个问题的结果并依据企业对离职原因的调查进行具体分析。

当企业离职率较低且未给企业带来较大损失时，管理者通常不需要进行正式管理干预。当企业离职率较高或给企业带来较大损失时，管理者需根据员工离职原因判断是否可以进行管理干预。若离职原因主要来自员工自身或外界客观环境，则企业难以通过内部管理干预进行改进；若离职原因来自企业且能够通过管理干预加以改善，则管理者需要据此制定管理干预措施。

若需要进行管理干预，管理者需进一步明确企业存在的离职问题。管理者可通过企业员工离职状况的调查（例如，离职原因、各部门各职位离职情况等）、离职率的标杆比较、离职损益分析等方法确定造成企业高离职率或重大离职损失的原因，由此明确企业存在的留任管理问题。

三、管理干预

管理干预是解决离职问题的重要举措。当企业进行离职率调查和评估后确定需要采取干预措施改善企业员工离职情况时，企业需要及时采取针对性措施进行干预，防止员工离职率居高不下，使企业面临生存与发展危机。具体而言，企业对员工离职的管理干预要经历目标设定和措施制定两个步骤。

（一）目标设定

管理干预始于目标的设定，清晰可行的目标有助于后续管理干预的顺利实施，是干预措施解决企业问题、达成预期效果的重要保障。

首先，管理者根据界定的离职问题设定战略层面的总目标。其次，由于离职干预的资源有限，管理者需根据战略目标和企业实际情况确定干预的重点，界定实施部门与目标群体，可优先考虑离职率较高的特定职位、高价值员工、新入职员工等。最后，管理者将战略目标展开细化至各部门、各层次，设定不同层次的离职管理目标。

在设定干预目标时，管理者要注意保证目标的具体性、可观测性、挑战性、可控性与时效性。具体性指目标设定不能笼统，而需要细化至各部门、各层次，确保目标被各层次员工充分理解，为各层次员工提供明确的行为指引。可观测性指目标设定需尽可能量化，确保目标在实际中可观测。挑战性指目标不能轻易实现，而是需要经过一定的努力才可达成。可控性指目标的达成在一定能力范围之内，可以通过努力达成。时效性指目标的设定不是一成不变的，而是需要随企业离职情况的变化而动态调整。此外，企业在进行目标设定时还需充分收集各级员工的意见，让员工有机会参与决策与目标设定过程，以便于后续决策的推行实施。

（二）干预措施

通常情况下，企业主要对员工的自愿离职进行管理干预。根据离职的原因，企业应有针对性地采取措施减少员工的自愿离职。前文提到，员工自愿离职的原因包括离职的合意性感知、离职的容易度感知和存在其他就业机会，因此，企业可以采取相应措施从降低员工离职意愿、提高员工离职的难度和提供内部选择机会三方面进行管理干预。

1. 降低员工离职意愿

影响员工离职意愿的主要因素包括工作满意度、组织承诺、员工个人原因或事件。其中，企业可通过最大限度地提高员工工作满意度来降低员工自愿离职的意愿。研究表明，激励是提高员工工作满意度的重要措施。企业可通过内部激励和外部激励提高员工工作满意度，进而降低员工离职的意愿。

（1）内部激励指与工作直接相关的激励措施，涉及工作难度、工作内容、员工权限等方面。企业常用的内部激励措施包括：适当提高工作难度和挑战性，提高工作吸引力；采用定期岗位轮换制度，丰富工作内容；扩大授权，提高员工工作自由度、独立性和自主权；及时进行工作反馈，提高工作完成感和成就感；在任务分配时明确任务内容、目标及重要性。

（2）外部激励指不与工作直接相关的激励措施，涉及薪酬福利、任务奖励、企业制度等方面。企业常用的外部激励措施包括：提高工作报酬；调查员工需求，根据企业资源与能力提供满足员工需求的奖励；完善激励制度，确保员工完成任务后能及时得到承诺的报酬和奖励；确保企业内部奖励机制的公平、公正和公开。

2. 提高员工离职难度

在企业中提高离职难度的方法主要包括建立完善的培训体系和增加离职成本。

（1）建立完善的培训体系。培训是员工提高工作技能、获得晋升与自我发展的重要途径，也是企业为长远发展培养人才的重要方法。企业可以通过培训提高员工离职的难度。第一，企业可以加强专业技能的培训、减少通用技能的培训，使员工通过培训获得的技能仅限于本企业特定岗位使用，从而增强员工对当前岗位的黏性。第二，企业需要注重对员工价值观念的培训，使员工的价值观念与企业的价值主张保持一致，加强员工对企业价值主张的认可，提高员工对企业的忠诚度。同时，企业还可加强培训体系建设，通过建设富有吸引力的培训体系和培训制度，让员工认识到企业培训对于员工提升技能与自我发展的重要价值，离开企业意味着放弃培训带来的价值。

（2）增加离职成本。具体包括提供延迟性薪酬福利和设置辅助机构。延迟性薪酬或福利指根据企业与员工的某种约定或安排，在满足一定期限条件后为员工发放的薪酬或福利。辅助机构指设置在员工活动的固定区域、有助于提高员工及其家庭生活质量的机构，如员工入职时分得的便利的住宅、儿女在企业当地的教育保障等。

3. 提供内部选择机会

提高内部就业的其他机会也是减少员工离职的重要措施。然而，当前大部分企业在员工选拔制度设计方面不够完善，普遍重视外部人才的招聘而忽视了内部人才的晋升或调岗。因此，企业需加强内部员工选拔的制度建设，为员工提供丰富的内部就业机会与晋升路径。同时，企业可实施轮岗制度，在提高工作挑战性和丰富性、提高员工归属感和责任感的同时，拓宽员工的工作技能，使员工提前具备内部晋升或调岗的岗位胜任素质，为将来的晋升与调岗做准备。

四、干预效果评价及改进

企业在实施管理干预前后都需要对干预措施进行评价，分为实施前的可行性评估和实施后的效果评估。然后，企业根据评价结果制订相应的改进计划。

（一）实施前的可行性评估

在正式实施干预措施前，企业需要对措施的可行性进行评估，评估内容包括方案成功的可能性、实施的成本、实施的难度及实施的时间和范围。需要注意的是，干预措施应兼顾有效性和经济性，应在充分考虑企业人力资源目标和人力资源现状的基础上，确定各项计划的优先级，集中企业有限的资源解决最重要的问题，在保证决策有效性的基础上最大限度地节约实施成本。

此外，为了评估干预措施的可行性，企业可以在方案实施前进行小范围的调研。调研对象包括管理者、员工和专家顾问，调研问题包括干预方案设计的可接受性、方案认可程度和改进意见等。实施前的调研有助于企业对干预方案的可行性进行全面评估，并在正式实施前对方案进行改进和完善。同时，以员工为对象的调研还为员工提供了参与企业决策的渠道，有助于员工深入认识企业的现状和遇到的困境，从而加深员工对企业决策的理解，促进方案的顺利实施。

（二）实施后的效果评估

离职干预措施实施后，企业需对实施效果进行评估，评估内容包括员工工作满意度的变化、离职率的变化和员工后续离职意向的变化三个方面。企业可通过员工满意度调查、员工离职率比较以及员工后续离职意向监测对上述三方面的实施效果进行评估。

1. 员工满意度调查

员工工作满意度是员工自愿离职的重要预测指标，因此，企业离职干预措施的实施应尽可能提高员工工作满意度。企业可在干预措施实施前后举行两次员工工作满意度的问卷调查，如果在干预措施实施后员工的满意度明显上升，则证明干预措施在提高员工工作满意度、降低员工自愿离职意愿方面是有效的。

2. 员工离职率比较

对干预措施实施前后的离职率进行统计和比较，可以直观地反映离职干预措施是否有效。企业可以在干预措施实施前后对离职情况进行调查统计，并分析比较实施前后的离职率数据。如果实施后的离职率明显下降，则证明干预措施在降低员工离职率方面是有效的。

需要注意的是，在调查和比较离职率数据时，企业除了关注总体离职率的变化情况外，也需关注不同部门、岗位的离职率变化。企业需根据原定的干预目标，重点关注关键部门与关键群体的离职率变化情况。

3. 员工后续离职意向监测

干预前后员工离职意向的变化情况也是反映管理干预是否有效的重要指标。员工的离职意向往往体现在日常的工作态度和行为中，如病假事假的频率增多、工作专注度降低等。部门主管或人力资源部专员可通过留意干预措施实施前后员工日常工作态度和行为的变化，观测员工离职意向的变化，若员工离职意向减弱，则证明干预措施在降低员工离职意向方面是有效的。

（三）改进计划

在对离职干预的实施效果进行评估后，企业需要决定是否制订改进计划。通过对比预期目标和评估结果，若评估结果表明干预措施的执行能够基本达成预期目标，则无须制订改进计划；若评估结果表明干预措施的实施效果与预期目标存在较大差距，则需制订改进计划。企业需针对此差距循环执行"调查和评估、管理干预、干预效果评价及改进"的过程，直至预期目标能基本实现。

第三节　员工解聘和裁员的管理

一、解聘和裁员的理论基础

适当的解聘与裁员有利于企业长久健康地发展，其理论基础主要包括企业再造理论和企业行为目标假说。

（一）企业再造理论

企业再造理论是 20 世纪 90 年代起源于美国的一种企业经营管理的理论。该理论要求企业摒弃一贯的运营模式和工作方法，以工作流程为中心，重新设计企业的经营、管理及运营方式，以适应不断变化的市场环境。在指导企业实践时，其具体要求主要包括优化重构人员组织架构、优化升级企业价值链和优化重组企业业务流程。其中，重构人员组织架构要求企业能根据市场环境的变化调整人员配置战略，通过工作再设计、解聘、裁员等方式重构企业人员组织架构，以降低企业员工成本、提升运作效率、达成目标业绩，实现企业核心竞争力的提高，使企业的人员配置能适应不同市场环境下的多样化需求（Shpak et al.，2018）。

因此，根据企业再造理论，企业的人员配置不是一成不变的，而是需要根据不断变化的市场环境进行动态调整，通过适当的裁员与解聘，使企业的人员配置不断适应企业发展的需求。

（二）企业行为目标假说

企业行为目标假说认为，在市场经济环境中，企业的一切行为目标均是以利润为核心展开，利润最大化是企业的首要任务。若仅考虑劳动力成本，企业利润最大化时的雇用状态为雇用员工的边际收益等于边际成本，即企业雇用的最后一个员工给企业带来的收益与企业为其支付的报酬相等（唐金广，2003）。

当企业雇用员工的收益大于员工所得报酬时，企业应增加雇用人数以获得更高利润；反之，当企业雇用员工的收益小于支付给员工的报酬时，企业应减少雇用人数以获得更高利润。由于企业用工的收益与成本受劳动力市场、产品市场、企业生产方式等多种因素的影响，企业实现利润最大化的最佳员工数量不断变化。当企业现有员工数高于最佳员工数时，企业可能采取裁员的方式减少员工数量，从而实现利润最大化。

二、员工解聘管理

员工被解聘的原因包括员工存在过失和员工不存在过失两种情况。此部分内容主要聚焦于前者，具体分为对工作绩效差者的解聘和对违反纪律者的解聘两种类别。

（一）对工作绩效差者的解聘

一般而言，企业对工作绩效差的员工的管理包括三个步骤：首先，企业通过考核等方式识别低绩效的员工。其次，企业通过信息收集分析导致员工低绩效的原因，给出可行的改进方案。最后，企业综合考虑各种方案对员工做出留用或解雇的决策，通常通过绩效管理实现上述过程。由于员工工作绩效可以细分为任务绩效与组织公民行为，针对两种不同类型的绩效问题，企业采取的管理方法有所差异。

任务绩效是指与员工的岗位职责要求高度相关的各类绩效指标的完成度。员工任务绩效低的主要原因是员工不具备胜任岗位所必需的知识、技能等素质，因此，对于任务绩效低的员工，企业可以优先考虑加强对员工的培训和指导，协助员工尽快提升岗位胜任能力。但是当该员工的知识能力素质与岗位所需胜任能力极度不匹配，或员工经过企业的培训后仍无法胜任岗位时，企业应该考虑将该员工降职转岗或解雇该员工。

组织公民行为是指员工给团队带来的心理性影响与社会性影响。有负面组织公民行为的员工可能由于个人负面情绪、团队人际矛盾等因素给团队整体绩效带来负面影响。对于此类员工，企业需要与员工及其所在的团队和上级管理者进行充分沟通，了解问题产生的原因并采取相应的管理措施。若问题是由于企业内部制度不合理或上级管理人员过失导致，则企业应对员工表达歉意并及时对管理制度进行修改与完善；若问题是由于员工与团队不匹配导致，则企业应考虑对团队成员的人员配置进行调整；若问题是由于员工个人原因导致，则企业应及时向员工指出问题并提醒其改正，但若提醒后员工仍不能及时调整改正，则企业应该考虑将该员工降职转岗或解雇该员工。

（二）对违反纪律者的解聘

员工违反纪律包括违反相关的法律法规、违反职业道德与企业规章制度等情况，管理者应该视情节严重程度采取相应的管理措施。对于情节较轻者，应进行渐进式惩罚；对于情节严重者，应予以解聘处理。

对于违纪情节较轻的员工，企业通常不会在员工第一次违纪时即对员工进行严厉的惩罚与解聘，而是采用渐进性惩罚的方式，给予员工改正行为的机会。具体而言，企业对违纪员工的渐进性惩罚可以分为五个阶段：第一，企业通过全面的调查与分析识别员工存在的问题与产生问题的原因。第二，针对员工违反纪律的情况制定惩罚方案与改进方案。第三，告知员工违反纪律的情况，商讨改进的方案，并说明如果不加以改正将面临的后果。第四，企业监督员工进行行为改进。第五，评估员工行为改进的成果，对仍存在违纪行为的员工重复上述步骤并加重对员工的惩罚，对多次告知后仍存在违纪行为的员工进行解聘。

（三）解聘需要注意的事项

企业解聘员工时，有以下三点注意事项。

第一，保证解聘程序的公平性和科学性。在解聘管理过程中，企业对员工的奖惩与处置要保证公平公正，做到奖罚分明、标准统一、循序渐进，不能主观地对部分员工存在偏袒或歧视。此外，为保证解聘程序的科学性，企业还需建立相应的申诉程序，积极接收员工的反馈，及时对问题进行调整修正。

第二，保证解聘流程合法合规。企业对员工的解聘需要严格按照相关法律流程进行规范的操作，避免在解聘过程中产生法律纠纷和劳务纠纷。解聘的一般流程为：首先，部门管理者需通过口头或书面等较为正式的形式提前告知员工有关企业决定单方面解除劳动关系的信息。其次，相关部门需要向人力资源部门递交辞退申请书，由人力资源部门出具《解除劳动合同审批表》，并筹备后续的交接工作和财务清算等相关事项。最后，经相关部门审批确认无误，且该员工相关社会保险转移、工资福利结算等杂项全部办理交接完成后，企业将发放《解除劳动合同证明》，完成对员工的解聘。此外，企业还需要保存好员工的相关证明文件，例如员工的违纪证明、绩效水平评估证明、企业内部公开发布的公告文件等，做好解聘员工的档案管理。

第三，谨防企业的商业机密泄露。被解聘的员工可能将企业机密信息向行业竞争对手泄露，给企业带来负面影响。因此，企业在解聘某些持有企业机密信息的员工时，应与员工签署竞业禁止协议和保密协议，明确员工对于企业商业机密保密的内容范围和保密期限，并告知员工如果违反了协议规定将面临的法律风险和经济风险。同时，企业也应按照协议约定给予员工相应的赔偿或补偿。

三、裁员的过程管理

裁员过程可以划分为裁员之前、裁员期间和裁员之后三个阶段，企业需根据裁员的不同阶段采取不同的管理措施。

（一）裁员之前

在裁员开始前，企业需要制订裁员计划。首先，根据战略目标确定裁员目标，包括裁员标准、裁员对象、裁员数量等；其次，确定裁员策略，包括企业计划对被裁者和留任者给予哪些帮助与支持；再次，根据裁员的目标、策略和法律法规的要求确定合法、公正、科学的裁员流程；最后，根据裁员流程制定出详细周密的裁员执行方案和时间计划，并为裁员执行期间涉及的人力、物力、财力做准备。

制订裁员计划后，企业需要在实施裁员前将裁员信息预先通知给各个部门的员工。一方面，预先通知能够给员工充分的时间消化裁员信息，可以有效缓解在实施裁员过程中员工的过激反应，有助于后续裁员的顺利实施。另一方面，企业可以根据员工对裁员计划的反馈，对不足之处进行调整修正，提高裁员计划的科学合理性。

（二）裁员期间

在裁员期间，企业应向内部员工提供及时、有效、完整的裁员信息。准确的信息可以减少员工的不确定感，减轻被裁者和留任者的焦虑情绪，提高企业士气；同时，及时有效的信息可以阻止谣言的传播，增强员工对企业裁员决策的认知与认同，促进裁员过程的顺利高效实施（牛雄鹰，1999）。相反，若企业未向员工及时传达有效的裁员信息，则可能导致员工士气下降、消极怠工，降低员工工作绩效并阻碍裁员的实施。为了保证企业裁员信息能及时有效地向员工传递，企业需使用各种渠道将裁员有关信息尽可能及时准确地向全体员工传达。

同时，企业还需保证裁员实施过程的公平、公正、公开，确保裁员按照计划开展。一方面，企业需要将裁员的原因、标准和流程等信息向员工公开，与员工进行充分的沟通，确保员工对裁员有正确、清晰的认知；另一方面，企业需加强对裁员实施过程的监管，并开放反馈渠道鼓励员工对裁员的实施进行监督，确保裁员实施过程的公平、公正。

（三）裁员之后

企业在裁员后要做好对被裁者和留任者的过渡管理，包括对被裁者提供就业帮助与资金支持，以及对留任者提供沟通、培训与资金保障。

对于被裁者，企业需为其提供再就业的帮助，包括：帮助员工明确未来职业规划；对员工进行再就业培训，帮助员工提高市场竞争力，增强再就业的能力和信心；为员工提供失业安置，帮助员工在企业内部或外部寻找再就业的机会。同时，企业还需为被裁者提供必要的资金支持，如下岗津贴、提前退休金等，减轻被裁者下岗后的经济负担（牛雄鹰，1999）。

与此同时，企业需要与留任者进行充分的沟通，为其提供必要的心理咨询、岗位培训，并保障资金的正常发放和落实，具体管理方案将在本章第四节中介绍。

（四）裁员需要注意的事项

企业裁员时有以下三点注意事项。

第一，保证裁员流程合法合规。我国有关企业裁员的法律法规和相关制度包括宪法、劳动法、一般劳动法律、劳动行政法规、地方性劳动法规、司法解释及已批准生效的国际劳工条约等，对企业裁员的条件、程序、人员范围和应当提供的经济性补偿等方面做出了具体的要求。企业在裁员管理中要正确、灵活、适度地运用相关法律法规，避免因违反相关规定和要求造成不必要的成本、矛盾、损失等，阻碍企业发展（唐金广，2003）。

第二，加强与员工的沟通。企业与员工的充分沟通在裁员之前、裁员期间和裁员之后的管理中都发挥着重要作用。企业在实施裁员时不能只关注裁员结果，还要加强对员工的关注，尊重员工的感受，与员工进行充分的沟通。

第三，谨防企业的商业机密泄露。与解聘员工相似，若裁员涉及某些掌握企业机密信息的员工时，也需与员工签署竞业禁止协议和保密协议，明确员工对于企业商业机密保密的内容范围和保密期限，并告知员工如果违反协议规定将面临的法律风险和经济风险。同时，企业也应按照协议约定给予员工相应的赔偿或补偿。

第四节　裁员幸存者的管理对策

一、裁员幸存者的概念

幸存者的概念最早由研究灾难幸存者的心理学学者提出，指经历灾难后存活下来的生还者。此后，人力资源管理领域的学者将幸存者的概念引入裁员管理的相关研究中。1992 年，Brockner 首次提出裁员幸存者的概念，用于描述企业裁员后的留任员工。

二、裁员对幸存者的影响

裁员幸存者的心理反应及其行为特征是复杂的、矛盾的。综合已有的研究结果，裁员对幸存者的影响可以分为对幸存者的身心状态的影响、工作态度与工作行为的影响、企业态度与组织公民行为的影响三个方面（Brockner，1992）。

同时，不同条件下的裁员对幸存者的影响不同。Mishra 和 Spreitzer（1998）在相关研究结果的基础上提出幸存者反应模型。该模型根据裁员对幸存者的利益影响（建设性与破坏性）和幸存者对裁员的态度（主动的与被动的）两个维度，将幸存者对裁员的反应划分为服从型、希翼型、恐惧型和愤恨型四种类型（见图 12 – 1）。

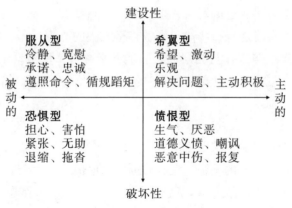

图 12 – 1　幸存者反应模型

根据裁员对幸存者的利益是否造成损害，可以将裁员幸存者分为建设性的幸存者和破坏性的幸存者。对于建设性的幸存者，裁员并未对其利益构成损害，因此，建设性的幸存者愿意配合管理层实施裁员；反之，破坏性的幸存者认为裁员对其利益构成损害，因此对裁员采取抵制、不合作的态度或行为。

根据幸存者对裁员采取的态度，可以将裁员幸存者分为主动的幸存者和被动的幸存者。主动的幸存者面对裁员时敢于发表自己的看法，并试图采取行动推进或妨碍裁员进行下去；反之，被动的幸存者只是消极、被动地接受裁员的后果，如被动地等待管理层决定削减成本的措施。

下面根据幸存者反应模型的四个分类，分别介绍每种情况下裁员对幸存者的身心状态、工作态度与工作行为、企业态度与组织公民行为三方面的影响。

（一）恐惧型

利益受到损害且对裁员采取被动态度的裁员幸存者属于恐惧型。该类幸存者认为，他们没有足够的条件和能力应对裁员带来的问题，并将裁员视为一种威胁或不利因素。在身心层面，恐惧型幸存者会产生震惊、失望、担忧等心理状态，形成高度的认知压力和失去控制的无助感。在工作态度与工作行为层面上，恐惧型幸存者会产生消极的工作态度，工作中会表现出注意力不集中、逃避和犹豫不决等行为反应。在企业态度与组织公民行为层面，恐惧型幸存者认为企业裁员对其构成利益损害而对企业产生消极的态度，如降低企业忠诚度。

（二）服从型

利益没有受到损害且对裁员采取被动态度的裁员幸存者属于服从型。该类幸存者认为裁员没有侵害自己的利益，采取中立的态度看待裁员工作的实施。在身心层面，服从型幸存者能保持冷静、宽慰甚至感激的心理，不会在情绪上产生强烈波动。在工作态度与工作行为层面，服从型幸存者采取被动的态度应对工作，遵从上级指令、循规蹈矩，在形势悲观时仍留守岗位，被动地等待情况好转等。

（三）愤恨型

利益受到损害且对裁员采取主动态度的裁员幸存者属于愤恨型。该类幸存者会将裁员视作对自身利益的损害。在身心层面，愤恨型幸存者会因裁员带来的潜在威胁激起高度的负面情绪，如愤怒、厌恶和怨恨。在工作态度与工作行为层面，愤恨型幸存者会由于负面情绪产生消极的工作态度和行为。在企业态度与组织公民行为层面，愤恨型幸存者认为企业的裁员行为违反了员工与企业的心理契约，因而产生消极的态度，并会采取破坏性行为，如积极鼓吹对企业的不满并试图影响其他员工对企业的态度。

（四）希翼型

利益没有受到损害且对裁员采取主动态度的裁员幸存者属于希翼型。该类幸存者高度认同企业的裁员决策，是企业裁员的积极鼓吹者。在身心层面，希翼型幸存者会产生高度的积极情绪，相信自己有充足的能力应对裁员带来的问题，对未来抱有积极乐观的心态。在工作态度与工作行为层面，希翼型幸存者的工作积极性、主动性提高，产生积极的工作态度与行为。在企业态度与组织公民行为层面，希翼型幸存者会产生积极的态度，在企业中的主人翁意识提高，会主动采取行动帮助企业获得更好的业绩。

三、裁员对幸存者的影响机制的研究

上述研究结果表明，企业裁员可能对裁员幸存者产生一定的影响，导致其产生积极或消极的反应。因此，探讨裁员过程中影响幸存者反应的因素非常重要。

已有研究认为，裁员过程中影响幸存者反应的因素可以分为企业因素、工作因素与个人因素三种类型。

（一）影响幸存者反应的企业因素

影响幸存者反应的企业因素主要包括组织公平和领导诚信。

1. 组织公平

这里的组织公平是指员工对企业在裁员过程中的措施是否科学合理、是否公平地对待所有员工的感知。裁员幸存者的组织公平感越高，就越有可能产生积极的反应。组织公平可以分为结果公平、程序公平和人际公平。这三个维度对裁员幸存者的反应均有显著影响。

（1）结果公平指员工对分配结果的公平性的感知。通常情况下，裁员幸存者以企业对被裁员工采取的措施（如补偿水平）为判断结果公平的重要依据。结果公平会影响裁员幸存者对企业的忠诚感与承诺水平。

（2）程序公平指员工对企业裁员决策实施过程的公平性的感知。裁员过程的程序公平通常体现在企业解雇员工时所依据的企业章程与条例的客观程度，以及企业是否提前做出裁员通知两方面。研究表明，裁员过程中的程序公平可以增强裁员的可预测性，从而正向影响幸存者的组织承诺水平（Gretchen et al., 2002）。

（3）人际公平指员工在与企业中其他成员进行人际交往时获得的情感和智力方面的尊重程度，包括人际交往公平与信息沟通公平。人际交往公平指企业给予员工的尊重与关怀的公平程度，例如，企业对被裁员工提供离职方案、求职帮助、职业咨询、离职补偿等关怀活动，可以提高裁员幸存者对人际交往公平的感知。信息沟通公平指员工得到企业决策的准确、公开信息的公平程度，例如，裁员中明确的解释和声明有利于提高裁员幸存者对信息沟通公平的感知。研究表明，人际公平能正向影响裁员幸存者的组织承诺水平（Kernan & Hanges, 2002）。

2. 领导诚信

领导诚信指员工认为管理者具有诚实守信、言行一致、表里如一、诚恳负责的品质和行为的程度。研究表明，领导诚信水平高有利于减少裁员幸存者玩忽职守等负面行为，降低幸存者辞职的可能性，提高幸存者的组织承诺水平（Niehoff et al., 2001；Gretchen, 2002）。

（二）影响幸存者反应的工作因素

影响幸存者反应的工作因素主要包括工作不确定性和工作再设计。

1. 工作不确定性

工作不确定性是指员工对其当前工作的某些方面产生怀疑，难以准确预测某个决策、选择或决定的后果。企业实施裁员时，幸存者会感到很大的不确定性和压力，从而产生较多的负面反应。但随着裁员过程进入善后阶段，幸存者感到的不确定性和压力会逐渐减少或稳定，从而使幸存者的负面反应逐渐减少与改善（Armstrong-Stassen, 2002）。

2. 工作再设计

工作再设计是指企业裁员后对幸存者的工作任务和职责进行一定的调整。在企业裁员的背景下，工作再设计主要关注工作内在质量的变化，包括工作丰富性和工作自主性两个方面。

工作丰富性方面，由于裁员造成企业员工的精简，因此可能带来员工工作量和工作丰富性的增加。裁员后工作丰富性的提升有助于提高幸存者的工作动机及其应对裁员的灵活性和主动性，促使其对裁员做出更积极的反应。需要注意的是，裁员后工作丰富性的提高需要企业为幸存者提供足够的新工作所需素质与技能的培训。若培训缺失或不到位，幸存者反而会感到更大的工作压力，对完成工作缺乏信心，做出被动与消极的反应（Hackma & Oldham，1980）。

工作自主性方面，裁员后管理者倾向于通过中央集权加强对幸存者的制约，以降低管理风险，从而导致幸存者工作自主性降低，以消极被动的态度应对裁员事件。

（三）影响幸存者反应的个体因素

影响幸存者反应的个体因素主要包括冗余状态和心理授权。

1. 冗余状态

冗余状态指员工所在岗位在裁员中需要被削减的可能性。研究表明，处于冗余状态的员工有更大的工作压力，在裁员开始时的工作满意度、组织信任和组织承诺水平较低，并且与裁员结束时没有显著差异（Armstrong-Stassen，2002）。

2. 心理授权

心理授权指员工的授权体验，即员工感知到的上级授权行为是否发生的主观心理状态。研究表明，心理授权高的幸存者对自我有更高的认知与评价，面对裁员时的恐惧与不安全感减少，认为自己能应对裁员带来的问题与挑战，甚至影响裁员事件的发展，从而做出更积极的反应（Gretchen et al.，2002）。同时，高心理授权会促使幸存者增强个体的主观能动性，提高个体在企业中的主人翁意识，有助于提高幸存者的企业忠诚度（Wiebe，1991）。

四、对幸存者的管理对策

裁员幸存者作为裁员后留任企业的员工，他们在裁员前、裁员时和裁员后阶段的心理和行为反应将影响裁员目标的实现。因此，管理者必须根据裁员幸存者的心理特征和反应及时做出适当的管理干预，以消除或缓解幸存者的负面反应，并激励幸存者对裁员事件做出积极和建设性的反应。下面分别介绍裁员实施前、实施时和实施后对幸存者的管理建议与对策。

（一）裁员实施前

裁员实施前，保证组织公平有利于幸存者在面对裁员时做出更积极的反应。企业在实施裁员前需尽量提高员工感知的组织公平水平，包括保证裁员程序的公平性、确保裁员相关信息传达的准确性。

1. 保证裁员程序的公平性

在裁员前，企业应严格制定与企业目标和未来战略规划相符的裁员目标，并制订完整周密的裁员实施计划，确保被裁减对象的选择标准符合企业精简的目标且向全体员工公开，确保裁员程序对每一位员工公平公正。

企业在设计裁员程序时需特别注意两点：首先，企业在面临员工冗余时应提前对相关员工做出声明与警告，确保所有员工尤其是处于冗余职位的员工的提前知情权，以便其提前做出准备或寻求帮助。其次，企业可通过与权威第三方协商的方式确定企业精简的最佳方案与程序规划，有利于保证裁员标准的科学合理性和客观公正性，降低高层领导者主观偏好对决策的影响，杜绝暗箱操作。

2. 确保裁员相关信息传达的准确性

企业在确定明确的裁员目标并决定实施裁员计划后，应当基于透明公开的原则及时向员工传达相关信息，本着坦诚的态度与员工进行充分沟通。企业需及时向员工传达具体明确的裁员原因、裁员标准、裁员流程，并为被裁员工提供关怀，如为他们提供离职方案、求职帮助、职业咨询、离职补偿等。同时，企业还需选择合适的裁员信息公开渠道，确保信息传递的可接触性和高效性。此外，企业还需建立畅通便捷的员工信息反馈渠道，积极接受员工关于裁员的反馈，解决员工面临的问题，及时对裁员整体设计做出调整与修正。

（二）裁员实施时

裁员实施过程中，真诚友善的领导行为有利于向员工传达积极的态度，提高员工对企业的信任与忠诚度，促使员工面对裁员时产生更积极的反应。同时，对裁员相关人员进行相关培训，有利于裁员的顺利实施和达成更优的裁员效果。因此，企业在裁员实施过程中需要注意强化领导行为，并对相关人员给予培训支持。

1. 强化领导行为

在裁员实施过程中，管理者应保持公正、开放、真诚、友善的态度为员工提供充分的帮助与指导，努力向员工传达积极的信息。其中，领导者需特别关注与员工利益有关的事宜，从员工利益的角度出发解决问题，帮助员工从根本上满足需求，让员工感受到领导者与企业的真诚。

2. 给予培训支持

企业实施裁员过程中涉及的主体包括裁员执行者、被裁员工与幸存员工。为保证裁员的顺利进行，企业需对这三类主体都给予相应的培训支持。对于裁员执行者，企业需着重培训其对裁员目标、整体裁员流程和实施细节的理解，提高其应对裁员时出现的各种问题的能力，保障裁员过程的平稳实施。对于被裁员工，企业需为其提供离职方案、求职选择等相关的培训，帮助其解决离职困难，以及寻找新的就业机会。对于幸存员工，企业的培训应包括心理支持培训和业务素质能力培训两方面。心理支持培训注重提高幸存者的自信心水平与抗压能力，帮助其提高应对裁员后各种问题的自我效能；业务素质培训注重提高幸存者的业务素质，为其胜任裁员后的新工作、提高工作绩效提供支持。

（三）裁员实施后

工作再设计和员工心理授权对于幸存者应对裁员的反应有重要影响。因此，企业在裁员实施后需注重对幸存者工作的再设计，并采取措施提高员工的心理授权。

1. 工作再设计

裁员后，留任员工的工作任务发生变化，因此，企业应对幸存者的工作进行再设计。企业需要根据战略目标对幸存者与工作任务进行系统性分析和重新规划，在对幸存者给予相应培训支持的基础上，为幸存者提供合理的、具有激励性的工作。在此过程中，企业需着重关注幸存者工作内容的设计，提高工作内容的丰富性与自主性，增强新工作对幸存者的吸引力，促使幸存者积极应对裁员后的工作变化。

2. 提高心理授权

裁员后，企业还应努力提高裁员幸存者的心理授权。企业可以赋予他们更多的决策自主权，开放更多渠道激励员工积极参与企业的管理和决策。同时，企业还可以在工作设计中给予他们更多的授权，提高其工作的自由度和自主性。

第十三章　招聘管理信息系统建设

第一节　招聘管理系统的管理和有效性评估

20 世纪 90 年代至 21 世纪初，人力资源管理理论和实践的发展使人们认识到人力资源在企业发展中的重要作用。企业管理不仅包括相关的财务管理、生产管理、销售管理等，也包含人力资源的管理与调配。在这样的背景下，企业人力资源配置规范化和最优化的管理思想被逐渐延伸到招聘管理系统中，从而推动了企业将招聘管理模块纳入企业管理信息系统中。

一、招聘管理系统的管理

招聘管理系统能够节约人力资源管理成本，提升人力资源配置效率，所以一些优秀企业都有完善的招聘管理系统。

（一）招聘管理职能部门的设计

招聘管理职能部门的设计通常是指企业对员工进行合理的组织和配置，使他们能够高效地工作，达到企业目标。招聘管理职能的安排受企业规模大小和企业战略的影响。规模大的企业需要设立人力资源部门和专门负责招聘管理的工作单元；在规模小的企业中，招聘管理工作通常由管理者直接负责。实行多元化战略的企业一般不会建立集中的招聘管理单元，而是通过建立各事业部的人力资源部门来实现灵活和专业的支持。实行集中化战略的企业则一般会建立高度集中的人力资源部门和招聘管理单元，这样可以带来规模效应，同时达到一致性和公平性（赫伯特等，2017）。

（二）招聘管理岗位的安排

招聘管理岗位的类型多样，既包括设置在人力资源部的招聘管理岗位，也包括具体用人单位的管理者、企业的招聘委员会等。招聘管理岗位的工作任务、职责范围也有很大差异，既有专门负责招聘、测评等专业型的岗位，也有肩负各种人力资源职能工作的通才型岗位。招聘管理人员的职业发展包括传统和非传统两种职业路径：传统路径即从招聘管理专员逐渐晋升为招聘管理经理、人力资源经理；非传统路径包括不同部门间的晋升、转岗和流动。

（三）招聘管理策略的制定

策略和流程对于招聘管理工作非常重要：策略为招聘提供指引；流程规定程序或者采取行动的方式，提供行动过程的规范。

策略和流程对招聘管理系统的作用主要有三个方面：第一，策略和流程使招聘管理有明确的战略重心，有利于企业从战略层面思考招聘管理系统的意义和功能。第二，策略和流程为企业的招聘选拔活动提供了规则框架，能够保障人事活动的公平性。第三，一致的策略和规范的流程有利于招聘管理活动按计划执行，减少不一致行动带来的成本。

（四）招聘管理系统的构建

招聘活动需要收集大量的信息，通过招聘管理系统可以实现更快的信息收集与整合，为人员选拔录用提供更为客观、完善的信息报告，降低工作人员的信息整理压力，提升管理效率，控制管理成本。所以，招聘管理系统对于招聘活动而言非常重要。招聘管理系统能够对人员招聘、选拔、录用等各项活动进行系统的追踪和记录（见表 13 - 1）。

表 13 - 1　招聘管理系统的构成要素

招聘管理任务	招聘管理活动
合法性	策略和流程的书面指导 证明工作关联性的数据分析
计划	跟踪人员需求的历史数据 预测劳动力供给 替换和继任计划

（续表 13 - 1）

招聘管理任务	招聘管理活动
工作分析	岗位名称和职能的数据库 岗位胜任力的数据库 将岗位说明与职业信息网络系统相比较
外部招募与选拔	岗位信息发布报告 周期性招募需求 应聘者日志、状态及追踪报告 招募来源的有效性 电子简历发送 以关键词搜索申请材料 新的招募报告（人员、素质、安排） 选拔系统的确认
内部招募与选拔	员工继任计划 在内部网上发布岗位信息 技能数据库 通过评价中心来跟踪流程 工作绩效报告 个人发展计划
最终匹配	跟踪工作录取率 合同拟定 跟踪员工社会化过程
人员配置系统管理	系统成本报告 投资回报率 记录保存功能
员工保留	工作满意度数据的收集和分析 追踪不同时间和地区的员工流动率 绩效管理和/或渐进性惩处

二、招聘管理系统的有效性评估

企业应该针对整个系统运行的效果来评估招聘管理系统的有效性，评估可以从招聘管理流程的运行、结果和成本、使用者的满意度三个方面展开。

（一）招聘管理流程的运行

招聘管理流程控制着员工的招聘、选拔、留任和流动，对招聘管理流程的评估就是对其流程标准化的评估。标准化的流程能够消除偏差和瓶颈，提高运营效率。首先，标准化的招聘管理流程可以收集内容一致的应聘者信息；其次，可以为所有应聘者提供一致的反馈；再次，可以提高招聘管理流程的公平性；最后，标准化的招聘管理流程更具有合法性。因此，对招聘管理系统运行的评估，首要的就是评估其是否根据标准化的流程进行，若发现偏离则需要确定原因，以进行修正。

（二）招聘管理的结果和成本

1. 招聘管理结果的评估思路

招聘管理流程的标准化为评估招聘管理的结果提供了基础，依据标准化流程可以建立标准化的评估指标。对招聘管理结果的评估可以分为以下四个步骤。第一，从岗位、部门和企业的层面评估人员配置需求。第二，根据企业优先事项建立招聘管理系统的策略和流程，并在此基础上形成科学的评估指标。招聘管理系统的评估指标可以用来修正招聘策略和流程。第三，衡量招聘管理系统的结果。第四，将招聘管理系统的结果与标杆进行比较。通过建构招聘管理结果评估的闭环，形成动态评估，不断改进招聘管理结果。

评价招聘管理系统的效果可以采用科学的分割样本技术，即将不同的招聘管理项目分为实验组和控制组，通过对比两组的人员配置结果来评估该招聘项目的效果。除了分隔样本技术，评价招聘管理系统效果还可以使用纵向设计，即比较某一业务单元使用新的人力资源招聘策略和流程前后的长期效益数据。

2. 招聘管理结果的评估指标

在人员配置的整个流程中，可以通过构建一些量化的指标来反映招聘管理系统运行的效率和效果，企业可以从成本、及时性、产出和反应这四个方面进行测量（见表 13-3）。这些评估指标是反映招聘管理效率的晴雨表，这些数据在对比不同单元的招聘管理系统效率和效果，以及在不同时间段中比较效果和趋势、判断招聘管理活动转变的有效性等方面也发挥着重要作用。

表 13 – 2　一般的人员配置评估指标

配置环节	成本	及时性	产出	反应
人员配置系统	人员配置成本	回复请求的时间	成功录取率	沟通便捷性对所提供服务的满意度
招募	广告费 平均招募成本	每周的招募量	招募的数量	应聘者的质量
选拔	平均测评成本	填补空缺所需的天数 招聘周期	能力 劳动力的多样性	应聘者的质量 应聘者满意度
最终匹配	平均培训成本 平均雇用成本	开始的时间 执行的时间 匹配周期	填补岗位的数量 工作绩效	新员工的满意度
员工保留	挽留成本替换成本	对外部机会的及时反应	自愿离职率非自愿离职率	员工的工作满意度

（三）招聘管理系统使用者的满意度

由于招聘管理系统连接着企业内部的使用者和企业外部的应聘者，因此，评价招聘管理系统使用者的满意度，需要从企业和应聘者两个角度进行分析。

在企业方面，人力资源部门通过招聘管理系统来获取适当数量和类型的新员工，以满足企业人员配置在数量、质量和结构上的需求。用人单位对招聘管理系统服务满意度的测量，可以从沟通便捷性、及时性、人员配置质量等方面进行调查。调查的结果有助于招聘管理系统的升级，加快填补空缺岗位的速度，提高职位应聘者的质量，调动应聘者的积极反应。

在应聘者方面，应聘者对自己在招募、选拔和录用决策过程中是否受到公平的对待十分重视。对应聘者的调查应该具有针对性，对被拒绝的应聘者、接受工作机会的应聘者和拒绝工作机会的应聘者分开测量，可以从反馈速度、过程公平、测评客观性、招聘人员素质、经历满意度等方面进行调查。

了解企业内外部使用者对招聘管理系统的满意度，有利于招聘管理系统的变革和升级。

第二节　招聘管理信息系统的发展

招聘管理信息系统作为人力资源管理信息系统的功能模块之一，无疑在现代企业的人力资源管理实践中起着重要的作用。人力资源管理信息系统于 20 世纪 60 年代出现后不断发展，在 20 世纪 90 年代功能日趋完善，招聘管理信息系统就此诞生。回顾招聘管理信息系统的发展历程，是为了洞悉各个阶段的特征及其发展原因，并借此分析出推动该系统不断改进完善的因素，从而在变革迭代时把握住机遇。

接下来，首先简要介绍招聘管理信息系统与人力资源管理信息系统的关系；其次，对招聘管理信息系统发展历程进行梳理，提取出招聘管理信息系统发展的特征与动因；最后，在目前企业对招聘管理系统的需求与信息技术发展的背景下，总结出招聘管理信息系统发展的趋势。

一、招聘管理信息系统与人力资源管理信息系统

正如招聘管理工作是人力资源管理的基础工作，招聘管理信息系统也是人力资源管理信息系统的重要功能模块。人力资源管理信息系统的发展带动了招聘管理信息系统的发展，招聘管理信息系统的发展促进了人力资源管理信息系统的完善，二者相互联系，是部分与整体的关系。

结合人力资源管理信息系统等相关概念，可以将招聘管理信息系统定义为运用成套的硬件设备及软件技术，既系统又快速地获取、分析、处理与招聘录用相关的数据，实现企业各部门流程的相互衔接和信息的高度共享，以配置足够数量和质量的劳动力队伍，为企业人才的获取和使用提供决策依据的系统。它标志着现代化的信息技术与招聘管理理念方法的结合，是企业人力资源管理信息系统的重要板块。

二、招聘管理信息系统的发展

（一）招聘管理信息系统的起源

20 世纪 60 年代，随着计算机网络技术的发展，越来越多企业看到电子化人

力资源管理的优势，随即开始了人力资源管理系统的信息化。但由于技术的局限和传统思维的影响，最初人力资源管理信息化的范围仅局限于薪酬计算、报表制作等财务功能，并未渗透到人力资源管理的其他模块，本质上并未改变人力资源管理的业务流程。然而，逐步完善的信息技术和日益激烈的市场竞争使越来越多的企业管理者意识到建设人力资源管理信息系统的必要性。人力资源管理信息系统从基础的薪酬计算工具逐渐转变为辅助企业战略决策的重要手段，信息化也逐渐由薪酬管理、统计分析等功能渗透到人力资源管理的其他功能模块，招聘管理信息系统由此诞生。

在学术界，对招聘管理的研究大致可分为两大类：一类是招聘管理实践研究，即有针对性地对某一行业、领域或某家企业的招聘管理进行有针对性的研究；另一类是研究招聘管理的理论与方法。由于国外的相关研究开展较早，国外在相关领域的理论方法和框架模型都要更加系统和完善。总体上，学者们对招聘管理的研究呈现出从实践到理论再到定量模型的变化。定量模型的发展在一定程度上为招聘管理信息系统的出现奠定了基础。

（二）招聘管理信息系统的发展

由于特殊的国情，我国招聘管理信息系统出现得较晚。但是随着21世纪初经济的发展及人力资源市场的壮大，我国的招聘管理信息系统也迅速发展起来，相关法律法规的出台为系统的发展指明了正确的方向。

20世纪80—90年代，我国劳动力资源配置方式发生重大转变，即由原来的国家统包统配逐步向企业与员工双向选择的开放式用工变化，催生了人力资源管理系统中招聘管理模块的发展。

20世纪末至21世纪初，我国经济发展驶入快车道，民营企业收获发展红利，越来越多的劳动力涌入民营企业，由此带动了招聘管理系统的进一步发展。

随着2007年《中华人民共和国劳动合同法》颁布以及2012年《中华人民共和国劳动合同法》修订，我国人力资源行业相关的法律法规陆续出台，招聘管理系统得以基本确立并向规范化方向发展。随着人力资源管理信息系统从薪资计算发展到数据统一管理、实时共享，招聘管理信息系统也从单一的功能模块发展为企业内部交互的重要业务系统。

（三）招聘管理信息系统的发展特征

1. 非标准化

与财务管理信息系统相比，招聘管理信息系统的发展较为滞后。究其原因，招聘管理与财务管理属于不同的业务范畴，其思维方式与工作流程大相径庭。财务上的准则较为清晰，标准统一，易于建立适用于不同行业、不同企业的统一系统进行管理。招聘管理涉及人的因素较多，变数较大，标准难以统一。不同行业、不同企业对人员的需求、人才的标准各不相同，面临的劳动市场状况也是千差万别，因此，很难有一个理想的招聘管理信息系统满足所有企业的需求。招聘管理信息系统大多数是企业定制，依靠企业内部自身的发展实践进行优化调整。

2. 协同性

招聘管理信息系统作为人力资源管理信息系统的一个功能模块，伴随着人力资源管理信息系统的发展而发展，所以具有很强的从属性。而作为一个功能模块，招聘管理信息系统不能单独发挥作用，它必须与其他的功能模块，如绩效管理、薪酬计算等系统相互协作，才能真正实现为企业招揽人才、录用人才和留任人才的目的。

3. 信息技术依赖性

招聘管理信息系统是在计算机网络技术不断发展的背景下出现并发展的，其本身具有很强的技术依赖性。传统的招聘管理理论与实践需要有信息技术的支撑，才能真正运用于人力资源管理信息系统中，并且充分发挥其优势。这也对人力资源管理部门的工作人员提出了很高的网络技术要求。

（四）招聘管理信息系统的发展动因

1. 人力资源管理系统的信息化

人力资源管理系统的信息化可以分为三个阶段：第一代人力资源管理信息系统可以将员工的个人信息和相关薪资信息储存在计算机上，从而实现一些人力资源管理的基础功能，比如在结薪时就可以通过计算机自动计算每位员工应发放的工资。

到了 20 世纪 70 年代末，在第一代系统的基础上继续完善的第二代人力资源管理信息系统实现了对非财务信息和历史信息的录入，从而为报告的制作和薪酬结构的分析提供了强力支持。

到了 20 世纪 90 年代末，单纯利用系统整理数据已经不能满足企业人力资源管理的需求，企业对人力资源管理信息系统在数据分析、研判预测、辅助决策功能，以及跨平台、自动化等方面提出了更高要求。为满足此需求，第三代人力资源管理信息系统应运而生。

集成几乎所有人力资源数据不仅能够实现统一管理，而且还能有效地为企业的战略决策提供支撑，大大提升人力资源管理的战略地位。同时诸多功能的完善也标志着招聘管理信息系统的诞生。作为人力资源管理信息系统第三代中最为重要的一种功能模块，招聘管理信息系统在帮助企业决策上起着十分重要的作用（许航杭，2013）。

2. 招聘管理理论的发展

招聘管理的研究与心理学、管理学等学科的发展密不可分。彼得·德鲁克首次提出人力资源，称人力资源区别于其他资源的关键特征是人具有主观能动性。随着人力资源管理理论的不断成熟，人们开始运用相关理论来解释生产过程中的员工问题，进而形成招聘管理理论的最初形态。

随着大数据的发展，招聘管理理论进入了新时代，一些学者开始研究大数据在企业招聘和岗位设置等工作中的应用途径，以便更好地促进人—岗匹配，有效改善企业的人力资源管理效率（韩琰，2020）。在岗位胜任力模型的指导下，有学者利用人工神经网络模型，成功搭建了一套完善的工具体系以满足路面工程的招聘管理需求。定量分析方法与传统招聘管理思想的结合为招聘管理系统的完善和发展注入了新的动力（李文博，2020）。

3. 计算机技术及市场环境

计算机技术的蓬勃发展促进了人力资源管理信息系统的出现，进而随着技术的不断更新促使招聘管理信息系统出现。在20世纪60年代，计算机技术颠覆了社会经济的许多方面：一方面，计算机技术本身确实有其独特之处，它可以替代手工劳动力，并且具有人工难以实现的低失误、高效率的优势；另一方面，计算机作为一项应用技术，可以广泛应用到各个领域，招聘管理信息系统就是计算机技术在人力资源管理领域形成的产品之一。

市场竞争压力是招聘管理信息系统发展的另一重大动因。进入21世纪以来，经济发展进入快车道，互联网时代的到来和社会财富的暴增使一些中小企业如雨后春笋般纷纷涌现，企业管理者在思考如何应对传统竞争者的同时，也需要预防新的替代者的威胁。随着信息技术的发展，人力资源管理者的技术意识逐渐觉醒，主动将信息技术融入人力资源管理工作中，带动了招聘管理信息系统的进一步发展。

三、招聘管理信息系统的发展趋势

（一）集成化

人力资源管理工作十分繁杂，招聘管理工作更是如此。在早期的管理中，人力资源管理信息系统缺乏相应的功能模块，事务性的工作占据了人力资源管理人员很大一部分时间。在不断的实践探索中，这部分工作逐渐被整合归入人力资源管理信息系统，与系统中已经存在的模块数据相互关联，同时实现了一键查询、一键导出的目标，极大地简化了操作，提高了效率。

（二）高交互

随着信息化管理的不断深化，各类信息的关联也在不断增强，与招聘管理相关联的信息也从员工基本信息扩展到了员工培训、绩效、留任等信息，这要求招聘管理信息系统涵盖的信息更加专业化、系统化。在实践中，一方面要求人力资源从业者科学创建数据，避免冗余，提高数据质量，从而方便交互（王娟，2021）；另一方面也要求技术人员和开发者注重招聘管理信息系统与人力资源管理系统其他模块、企业管理信息系统其他子系统的协同，以及人机交互的便捷性。

第三节　招聘管理信息系统的实践

在"互联网＋"和"智能＋"快速发展的时代，企业管理精细化、数字化、智能化的要求越来越高。这种转变意味着企业要加快构建以人为本、理念先进、机制灵活的招聘管理信息系统，通过科学技术手段全方位提升招聘管理的质量和效率，增加人力资本的投资收益。

接下来首先简要介绍招聘管理信息系统的适用范围。其次，在对劳动密集型企业与知识密集型企业的特征进行梳理的基础上，分别介绍招聘管理信息系统在劳动密集型企业与知识密集型企业中的实践应用案例。最后，针对企业需求与信息技术的发展，基于招聘管理信息系统的应用现状，探究目前存在的问题及对策，并提出未来的实践展望。

一、招聘管理信息系统的适用范围

招聘管理信息系统一般适用于大型的、业务较为复杂的企业。这类企业一般拥有大量的员工和分支机构，人员配置工作较为复杂，使用信息系统可帮助企业科学有效地进行招聘管理，能比较明显地改善企业的招聘管理情况，提升企业的经营效率。

招聘管理信息系统通常与先进信息技术相结合，充分发挥其信息化辅助决策分析的作用。企业需要资金引进先进技术，也需要现代化的管理思想和管理氛围支持招聘管理信息系统工作的开展。

二、招聘管理信息系统在劳动密集型企业中的应用

（一）传统劳动密集型企业的特征

1. 劳动力是主要投入元素

劳动密集型企业的主要投入元素是劳动力，价值创造主体是一般工作者。多数员工的工作内容较为简单、技术要求较低、可替代性较强。相较于知识密集型企业来说，劳动密集型企业的劳动力素质较低。

2. 人员流动率较高

劳动密集型企业的用人需求往往存在季节性波动，加上传统的劳动密集型企业的人员招聘及人员配置管理的水平普遍较低，人员流动率较高。

3. 直线制组织结构

企业生产对劳动力的依赖性较强，员工是劳动密集型企业创造利润的根本。这种企业的组织结构一般是自上而下的直线管理制，管理方式制度化，偏向于命令式。企业的管理目标是提高效率，以降低成本为主要驱动力。

对于劳动密集型企业而言，招聘管理信息系统的应用能够发挥集约效应，提升员工管理的效能。它根据企业不同部门、不同时期的用工需求合理调配人员，促进员工队伍与企业生产需要之间的动态平衡，能在一定程度上减少企业人员的流动，降低企业的招聘、培训等一系列用人成本，由此提高企业生产效率。

（二）劳动密集型企业应用案例——蒙牛乳业的人力资源共享服务中心系统①

为顺应企业战略的需要，蒙牛乳业（集团）股份有限公司人力资源部在2019年正式推出了人力资源共享服务中心系统作为转型的抓手，凭借简捷的流程、清晰的规划和有效的监管，获得了广大员工的认可。

蒙牛人力资源共享服务中心系统在招聘管理方面主要有三大贡献。

---

① 此部分内容参照了《蒙牛集团 HRSSC 十月速成宝典（2020）》。

一是流程可视化，信息集成化。在搭建人力资源共享服务中心的过程中，蒙牛对招聘管理流程进行了梳理和线上运营，实现了全业务流程的文件化与可视化管理，使流程规范和总体优化都取得了明显效果。信息系统充分发挥了集约效应，有效控制了员工数量，释放人力资源生产力。

在招聘管理信息集成化方面，蒙牛实现了11个系统平台的互联互通。业务流程在线上操作、流转，极大地提高了招聘管理的信息化水平。同时，业务数据在线上自动流转，系统会及时跟踪业务办理进度。这种信息集成有效地防范了风险，提高了业务效率。

二是形成数据中心，支持多维数据分析。蒙牛人力资源共享服务中心借助系统化、结构化设计，形成了招聘管理数据中心。数据中心支持多维数据分析，为管理决策提供依据。除此之外，蒙牛还搭建了人力资源共享服务中心工单监控进行内部运营管理，线上线下相结合对招聘管理的数据进行分析。

同时，在人力资源共享服务中心提供的移动端应用中，管理者可以随时随地审批业务流程。人力资源共享服务中心支持定制分析报表工具，为管理者提供决策支持。管理者可以实时查看员工的能力发展和绩效达成，实现敏捷化招聘管理。

三是自动化应用，提升工作效能。在招聘管理方面，人力资源共享服务中心的自动化应用取得了可观的效果。具体到流程线上审批、工单驱动业务、员工自助式解决问题、文档电子化管理、自助打印证明文件等方面，人力资源共享服务中心实现了人员配置流程的优化和人员效能的提升，比同样工作量的全职人力工时在投入上减少了27%。

三、招聘管理信息系统在知识密集型企业中的应用

（一）知识密集型企业的特征

1. 知识是主要投入元素

知识密集型企业是以知识为主要投入要素，以知识型员工和知识信息为载体，将知识创新作为企业主要绩效指标，对知识进行创造、转移或应用的经济企业。

2. 组织结构扁平化、网络化、团队化

知识密集型企业的组织结构通常是扁平化、网络化和团队化的。企业的人员配置相对灵活，各部门之间的协同作用较强。

3．以人为本，倡导可持续创新

高素质人才在市场上相对稀缺，知识密集型企业往往需要通过一系列的竞争来吸引、抢夺人才。知识密集型企业会更加重视人才的个性化发展需求，对他们的职业发展进行持续的跟踪和推进，倡导人才可持续发展。

（二）知识密集型企业应用案例——强生的 AI 创新招聘模式①

强生成立于 1886 年，是世界上规模最大、产品多元化的医疗卫生保健品及护理品公司。强生在公司高速发展期，需要大量知识型人才来实现企业战略目标。由于招聘量增长迅速，固有招聘模式已无法满足公司人力资源的需要。

2018 年，公司采用新模式、新技术，优化招聘管理，帮助解决招聘难题。强生对招聘模式进行大胆尝试，由原来的一刀切转变为量身定制，并引入多种数字化技术、AI 技术作为支持，对内满足招聘业务的需求，提升招聘人员和寻访人员的体验，对外通过社交媒体等技术，提升雇主品牌知名度，增强企业对知识型人才的吸引力。

强生的 AI 创新招聘模式分为以下三个步骤。

一是对招聘需求进行分类。招聘团队首先将招聘需求按照研发能力、专业技术、招聘成本和到岗速度四个维度进行评价，每个维度按照需求的高低相应设置四个等级，利用多维数据分析对不同岗位进行量身定制。

例如，研发类岗位的研发能力要求达到 100%，专业技术要求为 75%，招聘成本较高，对人员到岗速度要求低。在针对该类岗位进行招聘时，可从渠道和时间等方面着重考察应聘者的相关专业能力。而数字营销类岗位则侧重专业技术和人员到岗速度，需要一定的招聘成本，对研发能力没有过高要求。因此，招聘该类岗位员工时不仅要考察应聘者的专业能力，还要注意招聘效率。

根据上述分类，将现有招聘业务划分为五种不同类型：高级管理人才、关键领域的行业专家、经营业务的合伙人或中层管理人员、批量的专业人才、校园的高潜人才。在此基础上，又根据成本、业务黏性、人才获取的难易程度和人才地图，详细描述每种类型的特征，为量身定制招聘工作打下基础。

二是根据分类，制定解决方案。针对不同的招聘业务类型，招聘流程和招聘方法都有所不同。因此，强生按照招聘的业务类型、招聘人员的意愿和能力素质，重新组建招聘团队，直接对接空缺岗位部门经理，提高不同岗位招聘工作的专业性。

---

① 此部分内容参照了《强生用这个招聘模式大幅降低了招聘成本》。

此外，人才搭建团队针对现有和未来潜在的职位，借助技术手段，搜寻潜在候选人，建立人才储备库。同时，人才信息团队通过对市场上的数据进行系统分析，为招聘团队提供战略性的建议和支持。

强生人力资源部门根据招聘人员的工作强度随着岗位招聘周期呈现波峰、波谷的变化趋势，设置了灵活的工作模式和沟通方式。他们基于一款商业智能工具软件的数据进行每天 15 分钟、每周 30 分钟、双周 40 分钟的团队会议，分析目前各岗位招聘遇到的问题和改进方向。

三是利用强大的 AI 技术支持。根据招聘流程，强生的招聘管理系统建立了四个互联互通的子系统支持，即人才数据系统、应聘者申请和测评的微信小程序、AI 应聘者分析和匹配系统及应聘者追踪系统。除微信小程序外，其余均为公司统一的人力资源系统，它们不仅与总部系统一脉相承，而且在中国本土落地的过程中延伸出许多优化创新之举。

以 AI 应聘者分析和匹配系统为例，其中内置中国人工智能解决方案，可以结合公司过去的招聘数据、工作岗位描述和应聘者简历，并集合专有和本地化的解决方案组件，如专门针对中国应聘者的简历解析、语言理解和工作流程工具，彻底改变传统招聘的简历筛选模式。当招聘人员进入平台查看相关职位时，系统会自动匹配人才库中的应聘者并给予推荐，招聘人员可以根据实际情况选择是否让应聘者进入后续面试。系统会根据招聘人员的选择进行简单的机器学习，并推荐更加合适的候选人，从而帮助企业从人工招聘转向数据及智能招聘。招聘团队能够投入更多时间和精力对难度较高的工作岗位进行精准招聘，花更多时间深入了解应聘者，制定更公平的招聘决策。

强生通过新招聘模式的调整及 AI 的应用，降低同期猎头使用比例、优化招聘预算使用结构等，节省了大量成本。强生新一轮招聘经理的满意度达到了 100%。

四、招聘管理信息系统的应用现状、问题及实践展望

（一）招聘管理信息系统的应用现状

近年来，中国人口红利逐渐摊薄，劳动力成本不断上升，员工的个性化职业成长需求愈发明显。如何通过高效、科学的招聘管理留住人才并做到人尽其才，成为一个企业未来可持续发展的重要影响因素。

一部分走在世界前沿的企业管理者将人力资源管理信息化提升到了企业战略的高度，开始引入招聘管理信息系统对人员的招聘、晋升、淘汰、轮换和储备进

行管理。例如，阿里巴巴、腾讯、百度等互联网企业搭建智慧人事系统，华为进行人力资源三支柱模式变革，强生集团利用 AI 技术进行招聘模式创新，等等。

应用信息系统进行招聘管理有效提高了企业的招聘效率和招聘效果，使人才引进更加科学。然而，据目前的研究来看，许多中小企业的招聘管理信息系统仍处于初步开发和探索阶段，招聘管理信息化仍需企业从管理理念和技术上不断探索和革新。

（二）招聘管理信息系统存在的问题及对策

从目前的应用情况来看，企业的招聘管理信息系统普遍存在以下三个问题。

一是管理观念僵化。不少企业对人力资源管理的定位仍未跳出管控或辅助的角色，管理制度和理念趋于僵化。同时，招聘的管理者对企业业务和战略不够熟悉，导致人力资源管理信息系统进行数据分析时难以实现跨部门的通力合作。

二是系统工具落后。目前很多企业基本实现了全员在线、全流程在线的业务型招聘管理信息化，但信息化管理运作的数据化、智能化水平经常跟不上企业的实际需求。管理者缺乏精益运营、业务协同的意识，不重视系统工具的革新。

三是分析方式匮乏。每个企业都积累了大量的人员数据，但如何利用数据提升效能一直是个难题。缺乏分析意识、分析工具和分析方法是招聘管理信息化普遍面临的痛点。

针对上述存在的问题，可以从以下三个方面进行改进。

一是招聘管理职能定位革新。招聘管理需要跳出纯管控或辅助的角色，招聘者要熟悉企业的业务和战略，成为企业的战略合作伙伴。

二是系统工具革新。招聘管理信息系统工具的优化和改进将大大提升管理效率。人力资源工作者需要转型为人力资源产品经理，结合业务部门的需求，以用户体验为导向，和 IT 团队一同协作，不断升级系统工具。

三是分析方式革新。人力资源工作者需要学会利用数据资产为企业助力。管理者可以使用实时数据分析仪表板，在第一时间得到系统对员工活力、离职风险等方面的预警。管理者还应掌握数据模型的预测结果，优化调整各项人力资源策略。

（三）招聘管理信息系统的实践展望

企业需要顺应发展趋势，围绕发展需求，反思目前招聘管理工作的不足。以下是对全员人力资源管理信息化提出的实践展望。

一是提升核心业务支撑。借助最新电子信息技术，在定岗定编、招聘选拔、录用决策等方面开展探索性研究，促进智能化转型，提升招聘管理信息系统集约化、精益化水平。

二是强化数据共享应用。按照建运并重原则，构建人力资源管理平台运营机制，实现资源数据的内外部共享、共建。同时，做好数据治理，实现数据全方位、全过程的自动化梳理、诊断和分析。

三是夯实信息系统安全。企业要注意防范信息系统的安全风险，基于数据分级授权策略，做到权岗相符。同时，从信息采集、传输、交互等环节加强预警、监控和应急处理措施，形成安全技术防护体系。

第四节　大数据在招聘管理中的应用

根据麦肯锡提出的概念，大数据是一种在数据获取、数据存储、数据管理和数据分析方面远超过传统数据工具的大规模数据集合。大数据表示庞大规模的数据，具有规模性、多样性、高速性、价值密度低的特点（孟小峰、慈祥，2013）。目前，大数据已经被应用到政府监管、企业商用等领域，例如，国家的个人信用体系、电商平台的商品推荐等均是基于大数据技术。本节主要探讨大数据在招聘管理环节中的应用。

一、大数据在招聘管理中的应用历程

大数据与人力资源管理的交叉研究是一个新兴领域，目前相关研究有限，该领域正处于快速发展的阶段。

（一）萌芽期

有实际意义的大数据管理学文章，可以追溯到 2012 年 McAfee 等人的文章。文中做出了一个有趣的论断：你无法管理自己无法衡量的内容。该文章认为大数据在管理学中的作用，主要是作为提取、整理、衡量已有数据的工具。使用大数据可以使管理人员根据证据而不是凭直觉进行决策，因此，它具有革新管理的潜力，这个观点是这个领域大部分研究的基石。

虽然作者认为人才管理成本会随着大数据的发展而下降，但文中并没有系统地论证这个观点，也没有提出具体的数据。在当时，还没有关于大数据在人力资源管理应用方面的文章，这与当时大数据技术尚不成熟、大数据应用尚存较大局限有关。

（二）发展期

2015 年，我国印发了《促进大数据发展行动纲要》，对我国的大数据发展工作进行了全面系统部署。2016 年，《中华人民共和国国民经济和社会发展第十三个五年规划纲要》发布，在纲要中明确提出实施国家大数据战略，把大数据作为基础性战略资源，全面实施促进大数据发展行动，加快推进数据资源共享和开发应用，助力产业转型升级和社会治理创新。这一系列的举措引发了学术界对大数据的研究热潮。同年，由于全球大数据技术趋于成熟，一批互联网公司表现亮眼，吸引了无数投资者和学者的眼光。因此，在各种期刊中，带大数据关键词的文章数量也开始上升。

Angrave 等人（2016）的文章指出，大数据与人力资源数据分析在企业运营上的运用不一定必然带来良性的结果。这是因为不少企业在人力资源管理过程中常出现人力资源管理团队不懂数据，而数据分析团队不懂人力资源管理的现象。他们认为，必须驱动两者真正的融合，不然反而会损害企业的利益，更会使企业人力资源管理落后于时代前沿。这些观点为之后的诸多优化提供了思路。

该文章为使用大数据进行人力资源数据分析提出了三点意见：第一，人力资源从业人员需要从战略上理解人力资本对企业成功的贡献；第二，如果要产生有意义的见解，分析需要根植于对数据背景的敏锐理解；第三，这些指标和工具允许识别、确定关键的人才群体，即能够为企业绩效产生重大战略影响的群体。

二、招聘管理过程中的大数据类型

在大数据时代背景下，人力资源数据包括的范围越来越广泛。与招聘管理有关的数据包括基础数据、知识能力数据、绩效数据和发展潜力数据等方面。

（一）基础数据

基础数据是指应聘者的个人信息数据，主要包括年龄、学历、专业技能、个人专长、实践经验、职位、工作年限、离职频率等真实反映个人整体素质的信息，这些信息可以为招聘录用提供一些客观的参考依据。这些数据相对真实地反映了应聘者的成长经历，企业可以利用这些数据对应聘者的综合素质进行全面分析，以适配工作岗位。

（二）知识能力数据

知识能力数据是指能够反映应聘者在工作中的知识、能力变化的数据，包括培训经历、解决问题效率、参加比赛的结果、奖惩情况、职位变动等，这些数据反映了个人发展的综合情况。关于知识和能力的数据可以用于应聘者之间的横向比较分析，也可以用于应聘者自身的纵向发展分析，这有助于企业更全面地了解应聘者的发展情况，对不同应聘者的个人能力有清晰认知，从而为招聘、录用、晋升提供决策依据。

（三）绩效数据

绩效数据是反映应聘者在一定时期内工作任务完成情况的综合统计，包括资源利用率、总任务完成时间、单个任务完成时间、任务完成错误率、延迟率等。通过收集的绩效数据，企业可以对应聘者的工作知识、工作能力进行客观、真实的评估。同时，还可以根据客观情况，分析造成应聘者间效率差异的深层次原因，制订合理的人力资源培训计划，有针对性地开展员工能力培训，提高员工工作效率，进而改善企业绩效。

（四）发展潜力数据

潜力数据是对应聘者的工作潜力和未来发展进行预估的一项数据，包括工作效率提升、收入水平、晋升频率、绩效改进等信息。企业通过对应聘者潜力数据的分析，可以进一步发现优秀人才，并帮助其提升职业能力，从而更好地促进企业自身的进步和发展。同时，对潜力数据的分析有助于企业更好地制订企业人力资源培训计划，真正发挥每个员工的潜能，不断提高企业核心竞争力。

三、大数据在招聘管理各环节中的应用

目前，大数据分析技术已经十分成熟，并已成功应用于招聘管理领域。大数据在人员招聘、选拔、培训和留任等方面发挥着重要作用。

（一）大数据在人员招聘中的运用

在人员招聘环节，大数据的运用可以极大地提高人—岗匹配程度。应用大数据技术后，企业可以通过互联网平台收集应聘者的个人性格、工作能力、职业倾向、学历和工作经验等各种数据，深入分析应聘者的综合素质。在传统的招聘形

式中，应聘者的基础资料多为自我汇报，容易造成个人信息不透明、资历能力不匹配的情况。而在大数据信息分析的基础上，人事部门能对应聘者的综合状况有更全面和深刻的把握，方便人员筛选和评价，招聘到最能满足企业需求的人才。同时，基于对应聘者综合素质的数据分析，可以实现职位的最佳匹配，以弥补传统招聘的主观缺陷，使招聘更加准确可靠（叶红春、王昕正，2019）。

除了提高人—岗匹配程度以外，大数据招聘还可以降低企业招聘成本、提高招聘效率。借助大数据技术，企业可以进行更大规模的信息搜集和更精确的供需预测，拥有更多样的招聘渠道，获得更便捷的面试途径，极大地减少招聘开支。企业通过大数据能够更加及时、准确地获得企业的员工缺口和岗位需求数据，从而指导后续的招聘工作，减少无谓开支。大数据的运用可以帮助企业快速、准确地选择招聘渠道，确认广告投放位置，在最合适的平台或渠道快速找到匹配的求职者，极大地提高招聘效率和招聘的准确度。

（二）大数据在人员选拔中的应用

人才评估作为招聘管理的核心模块，越来越受到企业的重视。目前采用的人才评价方法主要为专家评估打分法和综合指标评价法，这些方法可以在一定程度上衡量员工表现，但是结果往往带有一定的主观性。针对传统人才评价方法的缺陷，运用大数据可以在员工选拔和分类、晋升等方面进行改进。

以员工胜任力模型为例，传统人才评价方法需要进行访谈、问卷调查、实地调研、数据分析等一系列步骤，程序烦琐、工作量大。现在依托大数据技术，企业可以通过建立员工信息系统，将大量的员工信息记录并储存于信息系统中，借助计算机来分析员工的专长、个性等指标，涉及的范围更加广泛，且分析更加精确、快捷。这种改变重构了胜任力模型，使模型内容更加丰富，评价指标更加多样，评价结果更加精准，评价结果可成为后期选聘员工的重要参考。

（三）大数据在人员培训中的应用

员工是企业的宝贵资源，为员工提供培训可以帮助员工获得更多的知识和技能，进而提高工作效率，使企业在激烈的市场竞争中获得人力资源优势，提高企业竞争力。

传统培训一般由企业根据培训目标，聘请外部高级讲师或内部专业人员来现场授课，需耗用大量的人力、物力和财力。但是受制于学习内容的单一性和普适性，传统线下培训难以满足不同员工的学习需要，培训效果大打折扣。

随着大数据技术的发展，信息共享和访问变得越来越便捷，不同的员工可以根据自己的需求，在任何时间、任何地点个性化地学习培训课程。在此情境下，企业可以利用大数据和互联网技术，系统地开发多类课程，提供海量学习资源。不同的企业可以根据企业发展和员工需求，选择直接购买或者个性化定制某些课程，提高培训的效率和效果。

此外，在线系统还可以记录每个人的学习数据，包括学习时长、学习类别、学习偏好、测试成绩、答疑互动等，并根据每个人的历史数据为其推荐可能感兴趣的课程。通过此项技术，员工个人可以更好地判断自己的学习情况，及时温故知新；企业也可以更好地监控员工的学习情况，了解不同员工对技能的掌握程度，以针对不同员工分配个性化的任务，更好地发挥员工所长。

（四）大数据在留任中的应用

不少企业在留任管理的过程中，未调查过员工对企业的满意度，不知道员工离职的真正原因。在企业层面，人事部门可以利用人员数据库，结合企业策略和员工绩效，以及员工满意度的变化，比较不同部门、不同时期、不同领域人才的入职和离职情况，评估企业人员流动数据，得出人员离职的原因。在员工个体层面，人员内部数据也能分析不同时期员工的心理状态，及时发现问题，提高员工留任率。

四、总结

尽管企业在数字化管理的过程中面临着资金挑战、信息安全性和可靠性等各种各样的问题和障碍，但在21世纪，人力资源管理与计算机互联网技术的融合是大势所趋。人力资源部门可以运用大数据分析技术，对已有的大量数据进行深度挖掘，能更客观地分析、指导和规划企业人力资源管理，为企业创造更大的价值。

参 考 文 献

[1] 卞冉，林培剑，车宏生. 人事选拔中的应聘者反应研究述评 [J]. 心理科学进展，2013，21 (7): 1317 – 1330.

[2] 蔡圣刚，潘国雄. 现代人员素质测评 [M]. 北京：科学出版社，2015.

[3] 陈爱吾. 人员素质测评 [M]. 北京：中国财政经济出版社，2017: 95 – 115.

[4] 陈斌开，马燕来. 数字经济对发展中国家与发达国家劳动力市场的不同影响：技能替代视角的分析 [J]. 北京交通大学学报：社会科学版，2021 (2): 1 – 12.

[5] 陈贡. 团队角色理论及其应用 [J]. 人才资源开发，2005 (11): 88 – 89.

[6] 陈民科，王重鸣. 评价中心的开发程序与构思效度 [J]. 人类工效学，2002 (2): 27 – 30, 34.

[7] 陈永忠，陈婷玮，戴雅萍. 浅议人力资源管理中的工作分析和设计 [J]. 经济研究导刊，2012 (29): 206 – 208, 238.

[8] 翟东彦. 刘劭《人物志》的人才与教育测评思想研究 [D]. 长沙：湖南师范大学，2012.

[9] 中华人民共和国人力资源和社会保障部. 网络招聘服务管理规定 [S/OL]. (2020 – 12 – 18). http://www.gov.cn/zhengce/zhengceku/2020 – 12/25/content_ 5573141.htm.

[10] 中国信息通信研究院. 中国数字经济发展白皮书（2021 年）[EB/OL]. [2022 – 10 – 20]. http://www.caict.ac.cn/kxyj/qwfb/bps/202201/t20220126_ 396162.htm.

[11] 中国信息通信研究院. 工业互联网产业经济发展报告（2020 年）[EB/OL]. [2022 – 10 – 20]. http://www.caict.ac.cn/kxyj/qwfb/bps/202012/t20201229_ 367255.htm.

[12] 傅显舟. 西肖尔音乐才能测量（普通组美中结果比较）[J]. 中国音乐，1988 (3): 11 – 13.

[13] 高日光，郭英. 人员测评理论与技术 [M]. 上海：复旦大学出版社，2014: 238 – 239.

[14] 葛玉辉，荣鹏飞. 工作分析与设计 [M]. 北京：清华大学出版社，2014.

[15] 韩琰. 基于大数据技术应用的招聘效率提升研究 [D]. 贵阳：贵州财经大学，2020.

[16] 赫伯特·赫尼曼，蒂莫西·贾奇，约翰·卡迈尔－米勒. 组织人员配置：招募、选拔和雇用 [M]. 7 版. 北京：中国人民大学出版社，2017.

[17] 加里·德斯勒. 人力资源管理 [M]. 15 版. 北京：中国人民大学出版社，2021.

[18] 解亚宁，戴晓阳. 实用心理测验 [M]. 北京：中国医药科技出版社，2006.

[19] 金荣华. 基于考试视角的选士制度演变与科举制度成败机理分析 [J]. 中国考试，2020

（2）：72－78.

［20］金盛华. 论创造力的本质与测量［J］. 北京师范大学学报，1992（1）：68－75.

［21］李芳玲. 面向用户的招聘类网站评价研究［D］. 南京：南京大学，2016.

［22］李国杰，程学旗. 大数据研究：未来科技及经济社会发展的重大战略领域：大数据的研究现状与科学思考［J］. 中国科学院院刊，2012，27（6）：647－657.

［23］李厚本，简小鹰. 基于大学生求职行为特征的企业招聘策略［J］. 企业经济，2012，31（8）：69－72.

［24］李明德. 管理心理学［M］. 2版. 成都：四川大学出版社，2001.

［25］李明斐，卢小君. 胜任力与胜任力模型构建方法研究［J］. 大连理工大学学报：社会科学版，2004（1）：28－32.

［26］李文博. 开滦集团后勤服务公司人力资源配置实践效果评价研究［D］. 秦皇岛：燕山大学，2020.

［27］李艺潇. 创造力测评方法述评［J］. 长春教育学院学报，2014，30（8）：59－60.

［28］李育辉，唐子玉，金盼婷，等. 淘汰还是进阶？大数据背景下传统人才测评技术的突破之路［J］. 中国人力资源开发，2019，36（8）：6－17.

［29］李志，谢思捷，赵小迪. 游戏化测评技术在人才选拔中的应用［J］. 改革，2019（4）：149－159.

［30］李洲. 行为面试法和情景面试法在项目经理选拔中的综合运用［D］. 上海：上海交通大学，2012.

［31］廖泉文. 人力资源管理［M］. 3版. 北京：高等教育出版社，2018.

［32］林崇德. 心理学大辞典［M］. 上海：上海教育出版社，2003.

［33］凌文辁，张治灿，方俐洛. 中国职工组织承诺的结构模型研究［J］. 管理科学学报，2000（2）：76－81.

［34］凌文辁，张治灿，方俐洛. 影响组织承诺的因素探讨［J］. 心理学报，2001（3）：259－263.

［35］刘万伦，戴敏燕. 智力研究的演变与展望［J］. 浙江师范大学学报（社会科学版），2015，40（3）：70－76.

［36］刘小平，邓靖松. 现代人力资源测评理论与方法［M］. 2版. 广州：中山大学出版社，2012.

［37］刘瑛. 浅析企业裁员管理［J］. 天津市工会管理干部学院学报，2015，23（1）：20－23.

［38］刘远我. 评价中心技术刍议［J］. 中国人力资源开发，2007（5）：57－59，94.

［39］刘远我. 人才测评：方法与应用［M］. 4版. 北京：电子工业出版社，2020.

［40］刘哲. 大数据时代下网络招聘有效性研究［D］. 长沙：中南林业科技大学，2017.

［41］罗伯特·马希斯，约翰·杰克逊. 人力资源管理［M］. 15版. 赵曙明，张宏远，译. 北京：电子工业出版社，2018：82－83.

［42］马志远. "互联网＋"时代下网络招聘存在的问题和对策研究［J］. 现代营销：信息版，

2019（9）：200 – 201.

［43］蒙牛集团 Mengniu HRSSC 十月速成宝典：人力资源共享服务中心价值大奖"最佳创建奖"获奖案例［EB/OL］.（2020 – 07 – 28）. http：//www. hrecchina. org/45563de3 – 86eb – 8205 – 1221 – cc6b9934658d/cd44ab73 – 1314 – 4e30 – ca6b – 4f0ba930f182. shtml.

［44］孟小峰，慈祥. 大数据管理：概念、技术与挑战［J］. 计算机研究与发展，2013，50（1）：146 – 169.

［45］莫申江，王夏阳，陈宏辉，等. 由敬畏到人心：组织伦理系统破解员工离职困局的新视角——以山东老家饮食连锁公司为例［J］. 管理世界，2015（2）：137 – 152，188.

［46］牛雄鹰. 国企裁员方略：企业裁员的过程分析［J］. 中国人力资源开发，1999（5）：14 – 15.

［47］强生用这个招聘模式大幅降低了招聘成本：中国招聘与任用价值大奖"最佳招聘渠道创新奖"获奖案例［EB/OL］.（2020 – 09 – 06）. https：//www. sohu. com/a/416764892_ 183808.

［48］邱伟年. 锦标赛理论与高管团队的激励［J］. 现代管理科学，2006（8）：84 – 85，98.

［49］上海市人工智能技术协会. 2021 年世界人工智能行业发展蓝皮书［EB/OL］.（2021 – 09 – 26）. https：//wenku. baidu. com/view/e8746ae39dc3d5bbfd0a79563c1ec5da50e2 d6c6. html?_ wkts_ = 1677486155958&bdQuery = 2021% E5% B9% B4% E4% B8% 96% E7% 95% 8C% E4% BA% BA% E5% B7% A5% E6% 99% BA% E8% 83% BD% E8% A1% 8C% E4% B8% 9A% E5% 8F% 91% E5% B1% 95% E8% 93% 9D% E7% 9A% AE% E4% B9% A6.

［50］邵祖峰，胡斌，张金隆. 动态环境下工作分析定性模拟方法研究［J］. 工业工程，2006（5）：61 – 67.

［51］宋江平. 工作分析面临的挑战与对策［J］. 人力资源管理，2011（7）：64.

［52］孙武. 结构化面试研究［D］. 厦门：厦门大学，2008.

［53］唐金广. 裁员管理研究［J］. 北京工商大学学报：社会科学版，2003（2）：53 – 55.

［54］唐丽颖. 素质测评方法与工具［M］. 北京：中国劳动社会保障出版社，2013.

［55］唐烈英. 论劳动合同实施［J］. 西南民族学院学报：哲学社会科学版，1995（3）：26 – 32.

［56］汪纯孝，邓桂枝，凌茜. 员工招聘程序公正性计量尺度的实证研究［J］. 广东社会科学，2002（6）：58 – 62.

［57］王登峰，崔红. 中国人人格量表（QZPS）的编制过程与初步结果［J］. 心理学报，2003（1）：127 – 136.

［57］王娟. 医院人力资源信息管理系统的应用实践与发展探讨［J］. 经济师，2021（8）：248 – 249.

［59］王小华，车宏生. 评价中心的评分维度和评分效果［J］. 心理科学进展，2004（4）：601 – 607.

［60］王智宁，高放，叶新凤. 创造力研究述评：概念、测量方法和影响因素［J］. 中国矿业

大学学报：社会科学版，2016，18（1）：55－67.

[61] 翁清雄，余涵. 评价中心与情境判断测验：两种人事选拔方法的对比研究 [J]. 中国人力资源开发，2019，36（10）：117－131.

[62] 吴志明，张厚粲. 评价中心的构想效度和结构模型 [J]. 心理学报，2001（4）：372－378.

[63] 萧鸣政. 人员测评理论与方法 [M]. 4版. 北京：中国劳动社会保障出版社，2021.

[64] 萧鸣政. 人员测评与选拔 [M]. 4版. 上海：复旦大学出版社，2021.

[65] 徐建平，周瀚，李文雅，等. 结构化面试中面试官的评分及影响因素 [J]. 心理科学进展，2014，22（2）：357－368.

[66] 徐世勇，李英武. 人员素质测评 [M]. 北京：中国人民大学出版社，2017.

[67] 徐雪芬，辛涛. 创造力测量的研究取向和新进展 [J]. 清华大学教育研究，2013，34（1）：54－63.

[68] 许航杭. 人力资源管理系统的设计与实现 [D]. 成都：电子科技大学，2013.

[69] 许明月. 招聘与人才测评 [M]. 天津：天津大学出版社，2017：270.

[70] 许志星. 人才甄选原理、工具及方法 [M]. 北京：经济科学出版社，2017.

[71] 杨京，王效岳，白如江，等. 大数据背景下数据科学分析工具现状及发展趋势 [J]. 情报理论与实践，2015，38（3）：134－137，144.

[72] 杨新荣. 中国古代人事管理思想及其对现代人力资源管理的借鉴 [J]. 湖南社会科学，2017，183（5）：91－97.

[73] 叶红春，王昕正. 大数据背景下企业人力资源管理应用研究 [J]. 人才资源开发，2019（11）：65－67.

[74] 殷雷. 关于评价中心若干问题的探讨 [J]. 心理科学，2006（4）：997，1007－1009.

[75] 殷雷. 评价中心的基本特点与发展趋势 [J]. 心理科学，2007（5）：1276－1279.

[76] 俞恩奇. 论人力资源甄选中的人格测试 [J]. 科技管理研究，2011，31（8）：113－114，123.

[77] 袁庆宏，钱珊珊，王春艳. 员工离职研究综述与展望 [J]. 中国人力资源开发，2017（4）：6－14.

[78] 张冠军. 线上面试在人事考试工作中的应用 [J]. 新疆职业教育研究，2021，12（2）：58－60.

[79] 张伟强. 新员工培训的有效实施策略 [J]. 中国人力资源开发，2006（8）：49－51，55.

[80] 张新颜. 小升初"摇号"政策的负面影响及改进 [J]. 教学与管理，2018（16）：8－9.

[81] 张引，陈敏，廖小飞. 大数据应用的现状与展望 [J]. 计算机研究与发展，2013，50（S2）：216－233.

[82] 赵曙明，赵宜萱，周路路. 人才测评：理论、方法、实务 [M]. 北京：人民邮电出版社，2018：249.

[83] 赵曙明，张敏，赵宜萱. 人力资源管理百年：演变与发展 [J]. 外国经济与管理，2019，

41（12）：50-73.

［84］赵西萍，刘玲，张长征. 员工离职倾向影响因素的多变量分析［J］. 中国软科学，2003（3）：71-74.

［85］赵修文，谢婷，刘雪梅，等. 工作价值观对员工跨界行为的影响机制：调节焦点与内部动机的作用［J］. 中国人力资源开发，2021，38（7）：60-74.

［86］郑日昌，蔡永红，周益群. 心理测量学［M］. 北京：人民教育出版社，1999. 43-63.

［87］中国互联网络信息中心. 第48次《中国互联网络发展状况统计报告》［EB/OL］. (2021-09-15). https://www.cnnic.net.cn/n4/2022/0401/c88-1132.html.

［88］中国网络招聘行业发展半年报告［J］. 艾瑞咨询系列研究报告，2020（11）：448-480.

［89］周文霞，肖平. 国外裁员幸存者综合征研究综述［J］. 外国经济与管理，2008（2）：60-65.

［90］朱慧，陈慧颖. 劳动关系缔结中录用通知书的法律效力［J］. 中国人力资源开发，2006（11）：77-79.

［91］朱园园，梁彩兴，曹建智. 乳制品企业销售人员甄选模式优化管理［J］. 黑龙江畜牧兽医，2016（12）：40-42.

［92］Aguado D, Rico R, Sánchez-Manzanares M, et al. Teamwork Competency Test（TWCT）: A step forward on measuring teamwork competencies［J］. Group Dynamics: Theory, Research, and Practice, 2014, 18（2）: 101-121.

［93］Angrave D, Charlwood A, Kirkpatrick I, et al. HR and analytics: Why HR is set to fail the big data challenge［J］. Human Resource Management Journal, 2016, 26（1）: 1-11.

［94］Anyim F C, Ikemefuna C O, Shadare A O. Internal versus external staffing in Nigeria: Cost-benefit implications［J］. Journal of Management and Strategy, 2011, 2（4）: 35-42.

［95］Armstrong-Stassen M. Designated redundant but escaping lay-off: A special group of layoff survivors［J］. Journal of Occupational and Organizational Psychology, 2002 75（1）: 1-13.

［96］Assouline M, Meir E I. Meta-Analysis of the relationship between congruence and well-being measures［J］. Journal of Vocational Behavior, 1987, 31（3）: 319-332.

［97］Ballantyne I, Povah N. Assessment and development centers［M］. 2nd ed. New York: Routledge, 2004.

［98］Baxter J C, Brock B, Hill P C, Rozelle R M. Letters of recommendation: A question of value［J］. Journal of Applied Psychology, 1981, 66（3）: 296-301.

［99］Belbin R M. Management teams: Why they succeed or fail［M］. 3rd ed. Human Resource Management International Digest, 2011, 19（3）.

［100］Bennis W. Why leaders can't lead［M］. New York: Jossey-Bass, 1997.

［101］Bird A, Beechler S. Links between business strategy and human resource management strategy in U. S. -Based Japanese subsidiaries: an empirical investigation［J］. Journal of International Business Studies, 1995, 26（1）: 23-46.

［102］ Bracken B A, McCallum R S. Universal nonverbal intelligence test ［M］. Riverside Publishing Company, 1998.

［103］ Brockner J, Grover S, Reed T F, et al. Layoffs, job insecurity, and survivors' work effort: Evidence of an inverted-U relationship ［J］. Academy of Management Journal, 1992, 35 (2): 413 – 425.

［104］ Brockner J, Grover S, Reed T, et al. Survivors' reactions to layoffs: We get by with a little help for our friends ［J］. Administrative Science Quarterly, 1987, 32 (4): 526 – 541.

［105］ Brockner J, Wiesenfeld B M, Reed T, et al. Interactive effect of job content and context on the reactions of layoff survivors ［J］. Journal of Personality and Social Psychology, 1993, 64 (2): 187 – 197.

［106］ Brockner J, Wiesenfeld B M, Martin C L. Decision frame, procedural justice, and survivors' reactions to job layoffs ［J］. Organizational Behavior and Human Decision Processes, 1995, 63 (1): 59 – 68.

［107］ Cable D M, Judge T A. Person-organization fit, job choice decisions, and organizational entry ［J］. Organizational Behavior and Human Decision Processes, 1996, 67: 294 – 311.

［108］ Cameron K S. Strategies for successful organizational downsizing ［J］. Human Resource Management, 1994, 33 (2): 189 – 211.

［109］ Campbell-Jamison F, Worrall L, Cooper C. Downsizing in Britain and its effects on survivors and their organizations ［J］. Anxiety, Stress, and Coping, 2001, 14 (1): 35 – 58.

［110］ Campion M A, Palmer D K, Campion J E. A Review of Structure in the Selection Interview ［J］. Personnel Psychology, 1997, 50 (3): 655 – 702.

［111］ Cohen S G, Bailey D E. What makes teams work: Group effectiveness research from the shop floor to the executive suite ［J］. Journal of Management, 1997, 23 (3): 239 – 290.

［112］ Collings D G, Scullion H, Morley M J. Changing patterns of global staffing in the multinational enterprise: Challenges to the conventional expatriate assignment and emerging alternatives ［J］. Journal of World Business, 2007, 42 (2): 198 – 213.

［113］ Corredoira R A, Rosenkopf L. Should auld acquaintance be forgot? The reverse transfer of knowledge through mobility ties ［J］. Strategic Management Journal, 2009, 31 (2): 159 – 181.

［114］ De Cooman R, Gieter S D, Pepermans R, et al. Person-organisation fit: Testing socialization and attraction-selection-attrition hypotheses ［J］. Journal of Vocational Behavior, 2009, 74 (1): 102 – 107.

［115］ Dougherty T W, Turban D B, Callender J C. Confirming first impressions in the employment interview: A field study of interviewer behavior ［J］. Journal of Applied Psychology, 1994, 79 (5): 659 – 665.

［116］ Eder R W, Harris M M. The state of employment interview practice ［M］. London: SAGE

Publications, 1999: 369 – 398.

[117] Edström A, Gaibraith J R. Transfer of managers as a coordination and control strategy in multinational organizations [J]. Administrative Science Quarterly, 1977, 22 (2): 248 – 263.

[118] Farr J L. Response requirements and primacy-recency effects in a simulated selection interview [J]. Journal of Applied Psychology, 1973, 57 (3): 228 – 232.

[119] Gilliland S W. The perceived fairness of selection systems: An organizational justice perspective [J]. Academy of Management Review, 1993, 18 (4): 694 – 734.

[120] Gordon E. Implications for the use of the "Musical Aptitude Profile" with college and university freshman music students [J]. Journal of Research in Music Education, 1967, 15 (1): 32 – 40.

[121] Graves L M, Karren R J. The employee selection interview: A fresh look at an old problem [J]. Human Resource Management, 1996, 35 (2): 163 – 180.

[122] Greiner L E. Evolution and revolution as organizations grow [J]. Harvard Business Review, 1998, 76 (3): 55 – 63.

[123] Gretchen M S, Aneil K M. To stay or to go: Voluntary survivor turnover following an organizational downsizing [J]. Journal of Organizational Behavior, 2002, 23 (6): 707 – 729.

[124] Hakel M D, Ohnesorge J P, Dunnette M D. Interviewer evaluations of job applicants' resumes as a function of the qualifications of the immediately preceding applicants: An examination of contrast effects [J]. Journal of Applied Psychology, 1970, 54 (1): 27 – 30.

[125] Hartwell C J, Campion M A. Getting on the same page: The effect of normative feedback interventions on structured interview ratings [J]. Journal of Applied Psychology, 2016, 101 (6): 757 – 778.

[126] Heavey A L, Holwerda J A, Hausknecht J P. Causes and consequences of collective turnover: A meta-analytic review [J]. Journal of Applied Psychology, 2013, 98 (3): 412 – 453.

[127] Henle C, Giacalone R A, Jurkiewicz C L. The role of ethical ideology in workplace deviance [J]. Journal of Business Ethics, 2005, 56 (3): 219 – 230.

[128] 赫伯特·赫尼曼, 蒂莫西·贾奇, 约翰·卡迈尔－米勒. 组织人员配置: 招募、选拔和雇用 [M]. 北京: 中国人民大学出版社, 2014: 395 – 414.

[129] Higgins C A, Judge T A. The effect of applicant influence tactics on recruiter perceptions of fit and hiring recommendations: A field study [J]. Journal of Applied Psychology, 2004, 89 (4): 622 – 632.

[130] Hollandsworth J G, Kazelskis R, Stevens J, et al. Relative contributions of verbal, articulative, and nonverbal communication to employment decisions in the job interview setting [J]. Personnel Psychology, 1979, 32 (2): 359 – 367.

[131] Horn C A, Smith L F. The Horn art aptitude inventory [J]. Journal of Applied Psychology,

1945, 29 (5): 350 – 355.

［132］ Huber G P, Glick W H. Organizational change and redesign: Ideas and insights for improving performance ［M］. Revised ed. Oxford: Oxford University Press, 1993: 19 – 65.

［133］ Hughes G L, Prien E P. Evaluation of task and job skill linkage judgements uesd to develop test specifications ［J］. Personnel Psychology, 1989, 42 (2): 283 – 292.

［134］ Hunter J E, Hunter R F. Validity and utility of alternative predictors of job performance ［J］. Psychological Bulletin, 1984, 96 (1): 72 – 98.

［135］ Imada A S, Hakel M D. Influence of nonverbal communication and rater proximity on impressions and decisions in simulated employment interviews ［J］. Journal of Applied Psychology, 1976, 62 (3): 295 – 300.

［136］ Jansen P, Jongh F D. Assessment centers: A practical handbook ［M］. Hoboken: Wiley, 1998: 25 – 26.

［137］ Johnson J L, O'Leary-Kelly A M. The effect of psychological contract breach and organizational cynicism: Not all social exchange violations are created equal ［J］. Journal of Organizational Behavior, 2003, 24 (5): 627 – 647.

［138］ Joseph D L, Newman D A. Emotional intelligence: An integrative meta-analysis and cascading model ［J］. Journal of Applied Psychology, 2010, 95 (1): 54 – 78.

［139］ Judge T A, Scott B A, Ilies R. Hostility, job attitudes, and workplace deviance: Test of a multilevel model ［J］. Journal of Applied Psychology, 2006, 91 (1): 126 – 138.

［140］ Judge T, Kammeyer-Mueller J D. Staffing organizations ［M］. 10th ed. New York: McGraw-Hill Education, 2021.

［141］ Kane J S, Lawler E E. Methods of peer assessment ［J］. Psychological bulletin, 1978, 85 (3): 555 – 586.

［142］ Katzenbach J R, Smith D K. The discipline of teams ［J］. Harvard Business Review, 1993, 71 (7 – 8): 111.

［143］ Kaufman A S. K-ABC: Kaufman assessment battery for children: Interpretive manual ［J］. American Guidance Service, 1983.

［144］ Kernan M C, Hanges P J. Survivor reactions to reorganization: Antecedents and consequences of procedural, interpersonal, and informational justice ［J］. Journal of Applied Psychology, 2002, 87 (5): 916 – 928.

［145］ Knapp P R, Mujtaba B G. Strategies for the design and administration of assessment center technology: A case study for the selection and development of employees ［J］. Journal of Business Studies Quarterly, 2011, 2 (2): 154 – 171.

［146］ Kopelman M D. The contrast effect in the selection interview ［J］. British Journal of Educational Psychology, 1975, 45 (3): 333 – 336.

［147］ Krackhardt D, Porter L W. When friends leave: A structural analysis of the relationship between turnover and stayers' attitudes [J]. Administrative Science Quarterly, 1985, 30 (2): 242 – 261.

[148] Kristof-Brown A, Barrick M R, Franke M. Applicant impression management: Dispositional influences and consequences for recruiter perceptions of fit and similarity [J]. Journal of Management, 2002, 28 (1): 27 – 46.

[149] Lewicki R J, Bunker B B. Trust in relationships: A model of development and decline [M] // Conflict, Cooperation, & Justice: Essays inspired by the work of morton deutsch. Josse-Bass/ Wiley, 1995: 133 – 173.

[150] Lewin A Y, Volberda H W. Prolegomena on coevolution: A framework for research on strategy and new organizational forms [J]. Organization Science, 1999, 10 (5): 519 – 536.

[151] Lubbe D, Nitsche A. Reducing assimilation and contrast effects on selection interview ratings using behaviorally anchored rating scales [J]. International Journal of Selection and Assessment. 2019, 27 (1): 43 – 53.

[152] Mael F, Ashforth B E. Alumni and their alma mater: A partial test of the reformulated model of organizational identification [J]. Journal of Organizational Behavior, 1992, 13 (2): 103 – 123.

[153] Maltarich M A, Nyberg A J, Reilly G. A conceptual and empirical analysis of the cognitive ability-voluntary turnover relationship [J]. Journal of Applied Psychology, 2010, 95 (6): 1058 – 1070.

[154] Maurer S D. A practitioner-based analysis of interviewer job expertise and scale format as contextual factors in situational interviews [J]. Personnel Psychology, 2002, 55 (2): 307 – 327.

[155] Mayer J D, Salovey P, Caruso D R. Emotional intelligence: New ability or eclectic traits? [J]. American Psychologist, 2008, 63 (6): 503 – 517.

[156] McAfee A, Brynjolfsson E. Big data: The management revolution [J]. Harvard Business Review, 2012, 90 (10): 60 – 66, 68, 128.

[157] McClelland D C. Testing for competence rather than for "intelligence" [J]. The American Psychologist, 1973, 28 (1): 1 – 14.

[158] McCormick E J, Jeanneret P R, Mecham R C. A study of job characteristics and job dimensions as based on the position analysis questionnaire (PAQ) [J]. Journal of Applied Psychology, 1972, 56 (4): 347 – 368.

[159] McCormick E J. Application of job analysis to indirect validity [J]. Personnel Psychology, 1959, 12 (3): 402 – 413.

[160] McDaniel M A, Hartman N S, Whetzel D L, et al. Situational judgment tests, response instructions, and validity: A meta-analysis [J]. Personnel Psychology, 2007, 60 (1): 63 – 91.

[161] McDaniel M A, Whetzel D L, Schmidt F L, Maurer S D. The validity of employment

interviews: A comprehensive review and meta-analysis [J]. Journal of Applied Psychology, 1994, 79 (4): 599 – 616.

[162] Middendorf C H, Macan T H. Note-taking in the employment interview: Effects on recall and judgments [J]. Journal of Applied Psychology, 2002, 87 (2): 293 – 303.

[163] Mishra A K, Spreitzer G M. Explaining how survivors respond to downsizing: The roles of trust, empowerment, justice, and work redesign [J]. Academy of Management Review, 1998, 23 (3): 567 – 588.

[164] Mitchell T R, Holtom B C, Lee T W, et al. Why people stay: Using job embeddedness to predict voluntary turnover [J]. Academy of Management journal, 2001, 44 (6): 1102 – 1121.

[165] Mobley W H. Some unanswered questions in turnover and withdrawal research [J]. Academy of Management Review, 1982, 7 (1): 111 – 116.

[166] Murphy K R, Balzer W K. Systematic distortions in memory-based behavior ratings and performance evaluations: Consequences for rating accuracy [J]. Journal of Applied Psychology, 1986, 71 (1): 39 – 44.

[167] Naglieri J A. Essentials of CAS assessment [M]. New York: John Wiley & Sons Inc, 1999.

[168] Naglieri J A. Planning, attention, simultaneous, and successive theory and the cognitive assessment system: A new theory-based measure of intelligence [J]. Contemporary Intellectual Assessment: Theories, Tests, and Issues, 1997, 247 – 267.

[169] Niehoff B P, Moorman R H, Blakely G L, et al. The influence of empowerment and job enrichment on employee loyalty in a downsizing environment [J]. Group & Organization Management, 2001, 26 (1): 93 – 113.

[170] Oldham G R, Hackman J R. Work design in the organizational context [J]. Research in Organizational Behavior, 1980 (2): 247 – 278.

[171] Ones D S, Viswesvaran C, Schmidt F L. Comprehensive meta-analysis of integrity test validities: Findings and implications for personnel selection and theories of job performance [J]. Journal of Applied Psychology, 1993, 78 (4): 679 – 703.

[172] OʹReilly C A, Chatman J. Organizational commitment and psychological attachment: The effects of compliance, identification, and internalization on prosocial behavior [J]. Journal of Applied Psychology, 1986, 71 (3): 492 – 499.

[173] Ployhart R E, Weekley J A, Baughman K. The structure and function of human capital emergence: A multilevel examination of the attraction-selection-attrition model [J]. Academy of Management Journal, 2006, 49 (4): 661 – 677.

[174] Prewett-Livingston A J, Veres III J G, Field H S, et al. Effects of race on interview ratings in a situational panel interview [J]. Journal of Applied Psychology, 1996, 81 (2): 178 – 186.

[175] Rees C J, Doran E. Employee selection in a total quality management context: Taking a hard

look at a soft issue [J]. Total Quality Management, 2001, 12: 855 – 860.

[176] Rego A, Cunha M P E, Simpson A V. The perceived impact of leaders' humility on team effectiveness: An empirical study [J]. Journal of Business Ethics, 2018, 148 (1): 205 – 218.

[177] Robbins S P. Organizational behavior: Concepts, controversies, applications [M]. 8th ed. Washington: Prentice Hall College Div, 1997.

[178] Rousseau D M, Sitkin S B, Burt R S, et al. Not so different after all: A cross-discipline view of trust [J]. Academy of Management Review, 1998, 23 (3): 393 – 404.

[179] Sagie A, Birati A, Tzuner A. Assessing the cost of behavioral and psychological withdrawal: A new model and an empirocal illustration [J]. Applied Psychology: An International Review, 2002, 51 (1): 67 – 89.

[180] Sagie A, Magnezy R. Assessor type, number of distinguishable dimension categories, and assessment centre construct validity [J]. Journal of Occupational and Organizational Psychology, 1997, 70 (1): 103 – 108.

[181] Saigado J F, Anderson N, Moscoso S, et al. A meta-analytic study of general mental ability validity for different occupations in the european community [J]. Journal of Applied Psychology, 2003, 88 (6): 1068 – 1081.

[182] Salas E, Rozell D, Driskell J E, et al. The effect of team building on performance: An integration [J]. Small Group Research, 1999, 30 (3): 309 – 329.

[183] Salgado J F, Anderson N, Moscoso S, et al. International validity generalization of GMA and cognitive abilities: A european community meta-analysis [J]. Personnel Psychology, 2003, 56 (3): 573 – 605.

[184] Salovey P, Grewal D. The science of emotional intelligence [J]. Current Directions in Psychological Science, 2005, 14 (6): 281 – 285.

[185] Saragih R, Prasetio A P. Effective human resources practice and employee engagement: The mediating roles of organizational support [J]. Journal of Management & Marketing Review, 2020, 5 (1): 74 – 83.

[186] Schmitt N, Gooding R Z, Noe R A, et al. Meta-analyses of validity studies published between 1964 and 1982 and the investigation of study characteristics [J]. Personnel Psychology, 2006, 37 (3): 407 – 422.

[187] Schneider B. The people make the place [J]. Personnel Psychology, 1987, 40 (3): 437 – 453.

[188] Schuh A J. Contrast effect in the interview [J]. Bulletin of the Psychonomic Society, 1978, 11 (3): 195 – 196.

[189] Shaw J D, Gupta N, Delery J E. Alternative conceptualizations of the relationship between voluntary turnover and organizational performance [J]. The Academy of Management Journal,

2005, 48（1）：50 - 68.

［190］Shpak N, Sorochak O, Gvozd M, et al. Risk evaluation of the reengineering projects：A case study analysis ［J］. Scientific Annals of Economics and Business, 2018, 65（2）：215 - 226.

［191］Somaya D, Williamson I O, Lorinkova N. Gone but not lost：The different performance impacts of employee mobility between cooperators versus competitors ［J］. The Academy of Management Journal, 2008, 51（5）：936 - 953.

［192］Spector P E, Fox S, Penney L, et al. The dimensionality of counterproductivity：Are all counterproductive behaviors created equal? ［J］. Journal of Vocational Behavior, 2006, 68（3）：446 - 460.

［193］Spence M. Job market signaling ［J］. The Quarterly Journal of Economics, 1973, 87（3）：355 - 374.

［194］Spreitzer G M. Psychological empowerment in the workplace：Dimensions, measurement, and validation ［J］. Academy of Management Journal, 1995, 38（5）：1442 - 1465.

［195］Spychalski A C, Quiñones M A, Gaugler B B, et al. A survey of assessment center practices in organizations in the United States ［J］. Personnel Psychology, 1997, 50（1）：71 - 90.

［196］Srivastava R, Shukla S, Basma P. An analysis on recruitment and selection process of agent adopted by various life insurance companies ［J］. Adhyayan：A Journal of Management Sciences, 2015, 5（2）：84 - 95.

［197］Steiner D D, Rain J S. Immediate and delayed primacy and recency effects in performance evaluation ［J］. Journal of Applied Psychology, 1989, 74（1）：136 - 142.

［198］史蒂文 L. 麦克沙恩, 玛丽·安·冯·格利诺. 组织行为学 ［M］. 吴培冠, 张璐斐, 译. 机械工业出版社, 2017：29 - 31.

［199］Stevens M J, Campion M A. Staffing work teams：Development and validation of a selection test for teamwork settings ［J］. Journal of Management, 1999, 25（2）：207 - 228.

［200］Taylor H C, Russell J T. The relationship of validity coefficients to the practical effectiveness of tests in selection：Discussion and tables ［J］. Journal of Applied Psychology, 1939, 23（5）：565 - 578.

［201］Terpstra D E, Rozell E J. The relationship of staffing practices to organizational level measures of performance ［J］. Personnel Psychology, 1993, 46（1）：27 - 48.

［202］Thomton G C, Zorich S. Training to improve observer accuracy ［J］. Journal of Applied Psychology, 1980, 65（3）：351 - 354.

［203］Thornton III G C, Byham, W C, Peter W. Assessment centers and managerial performance ［M］. New York：Academic Press, 1982.

［204］Turban D B, Keon T L. Organizational attractiveness：An interactionist perspective ［J］. Journal of Applied Psychology, 1993, 78（2）：184 - 193.

［205］Werbel J D, Gilliland S W. Person-environment fit in the selection process ［J］. Research in

Person and Human Resources Management, 1999, 17: 209 – 244.

[206] Wexley K N, Yukl G A, Kovacs S Z, et al. Importance of contrast effects in employment interviews [J]. Journal of Applied Psychology, 1972, 56 (1): 45 – 48.

[207] Wiebe D J. Hardiness and stress moderation: A test of proposed mechanisms [J]. Journal of Personality and Social Psychology, 1991, 60 (1): 89 – 99.

[208] Wiesner W H, Cronshaw S F. A meta-analytic investigation of the impact of interview format and degree of structure on the validity of the employment interview [J]. Journal of Occupational Psychology, 1988, 61 (4): 275 – 290.

[209] Woehr D J, Authur W. The construct-related validity of assessment center ratings: A review and meta-analysis of the role of methodological factors [J]. Journal of Management, 2003, 29 (2): 231 – 257.

[210] Wood S. Human resource management – performance research: Is everyone really on the same page on employee involvement? [J]. International Journal of Management Reviews, 2020, 22 (4): 408 – 426.